ストーリーでわかる 初めてのM&A

会社、法務、財務はどう動くか

弁護士法人トライデント
弁護士・公認会計士
横張 清威 著
KIYOTAKE YOKOHARI

日本加除出版株式会社

はしがき

「Ｍ＆Ａはよく分からないので不安だ」

Ｍ＆Ａに初めて携わる会社担当者や弁護士、公認会計士などの専門家は、そう感じていることと思います。

その原因は、Ｍ＆Ａでは、経営、法務、財務において幅広い知識と経験が要求されるということにもありますが、実際にどのようにＭ＆Ａが進展していくのかイメージがつかないということにもあるでしょう。

本書は、難解とされるＭ＆Ａにつき、実際にどのような作業が実施されており、どのような点に配慮すべきかを具体的なストーリーを交えて解説を行っています。このストーリーは、読者が興味を持っていただくよう若干デフォルメしていますが、デューデリジェンスを実施した際の様子を把握してもらうため、可能な限り事実に沿った形で表現しています。

また、通常Ｍ＆Ａの解説本では、会社・法務・財務のパートが分けて説明されていますが、実際にはこれらの要素は密接に関連しています。そのため、ストーリーではこれらの要素を分けることなく、時系列に沿って各々の立場について解説しています。

このように、本書は、Ｍ＆Ａやデューデリジェンスが未経験の会社担当者や弁護士、公認会計士等の各種専門家を対象としています。また、ある程度Ｍ＆Ａの経験がある方には、他の専門家や会社担当者がどのようなことをしているのか理解する目的で本書を参考にしていただければと思います。

本書を通じて、我が国のＭ＆Ａの活発化に少しでも寄与できれば幸いです。

令和元年11月

弁護士法人トライデント
弁護士・公認会計士　横張　清威

目　次

Scene 1　M＆A担当　1
　1　買主の情報入手　7
　2　M＆A担当者　8
　3　DDアドバイザー　9

Scene 2　秘密保持契約（NDA）　12
　1　秘密保持契約書（NDA）　16
　　(1)　M＆AにおけるNDA　16
　　(2)　秘密保持契約の法務チェック　20
　2　DDアドバイザーの依頼時期　24

Scene 3　事前交渉　26
　1　M＆Aスキーム　33
　　(1)　株式譲渡　34
　　(2)　事業譲渡　35
　　(3)　会社分割　36
　　(4)　合併　38
　　(5)　株式交換　38
　　(6)　株式移転　39
　2　事前交渉　39
　3　資料の受け渡し方法　40
　4　非上場会社の決算書　40

Scene 4　基本合意書締結　42
　1　基本合意書　48
　2　情報の管理　55
　3　適時開示　56

Scene 5　DDの依頼　58
　1　デューデリジェンスの意義　66
　2　DDアドバイザーの選定　68
　3　費用　69

Scene 6　キックオフミーティング　70
　1　キックオフミーティングの役割　77
　2　業務範囲（スコープ）　77
　3　リスクの指摘　79
　4　委任契約書　79

Scene 7　スケジュール調整　81
　1　日程調整　87
　2　子会社等　88
　3　海外子会社　89

Scene 8　依頼資料リスト　91
　1　依頼資料リスト　99
　2　重複回避　107
　3　優先順位　108

Scene 9　チェックリスト作成　109
　1　チェックリスト　116
　2　調査事項ごとの労力　121
　(1)　法務　121
　(2)　財務　122
　3　資料提出の遅れ　123
　4　法務と財務の連携　124

Scene 10　現地調査　125
　1　現地調査の事前準備　133
　2　現地調査での注意点　135
　3　独占禁止法　136

Scene 11　工場見学　138
　1　工場（オフィス）見学の重要性　144
　2　工場（オフィス）見学の確認事項　145

目次

Scene 12　株式　147
1　株券発行会社の確認　154
2　過去の株式譲渡の確認　155
3　株券交付が欠けていた場合の対応　155
4　名義株主　157
5　現地で資料の出が悪い場合　158

Scene 13　議事録　160
1　議事録の種類　166
2　クライアントとの情報共有　167

Scene 14　資産　169
1　本業にかかわる資産　177
2　固定資産　179
3　その他の資産　180

Scene 15　契約書　181
1　契約書確認の重要事項　187
2　契約書の選定　191
3　口頭契約　191
4　スタンド・アローン問題　192

Scene 16　分析　193
1　収益力分析　197
2　キャッシュ・フロー分析　198
3　貸借対照表分析　200
4　事業計画分析　200

Scene 17　労務問題　202
1　未払時間外手当　210
2　退職金　214
3　過労死　215

Scene 18　負債　217
1　負債　224
2　税金　226
3　偶発債務　226

Scene 19　知的財産権　229
　1　知的財産権　234
　2　ライセンス契約　235
　3　紛争　235

Scene 20　子会社　237
　1　重要性検討　241
　2　スコープ検討　242
　3　子会社等との取引　242

Scene 21　インタビュー　244
　1　事前準備　255
　2　インタビューの姿勢　256
　3　実施方法　256
　4　買主担当者の関与　257
　5　QAシート　257

Scene 22　海外子会社　259
　1　調査の対象にすべきか　265
　2　どの程度の調査を行うのか　266
　3　調査の留意点　268

Scene 23　許認可　270
　1　許認可の注意点　275
　2　コンプライアンス　276
　　コラム　語学　278

Scene 24　バリュエーション　279
　1　バリュエーションの必要性　286
　2　バリュエーションの種類　286
　3　マーケット・アプローチ　288
　4　インカム・アプローチ　289
　5　コスト・アプローチ　291
　　コラム　入札方式　292

Scene 25　報告会　293
　　1　報告書の形式　303
　　2　報告会の注意事項　304
　　3　追加調査　305

Scene 26　入札・最終契約書　306
　　1　交渉　315
　　2　最終契約書の注意事項　318

事項索引　337
著者紹介　341

主な登場人物

遠出 太郎（とおで・たろう）
弁護士4年目、31歳。飯嶋法律事務所の勤務弁護士、簿記2級取得。

飯嶋 啓介（いいじま・けいすけ）
52歳、飯嶋法律事務所のボス弁。

新堂 明（しんどう・あきら）
弁護士10年目、34歳。元飯嶋法律事務所の勤務弁護士、現在は独立して法律事務所を共同経営。

西野 彩（にしの・あや）
公認会計士9年目、31歳。大手監査法人を退職し中小会計事務所を共同経営。太郎の幼なじみ。

堀田 紘一（ほった・こういち）
48歳、上場会社バウムクラストの経理部長。M&Aに携わるのは初めて。

この物語はフィクションです。登場する人物・団体・名称等は架空であり、実在のものとはいっさい関係ありません。

Scene 1
M＆A担当

　ふと窓の外に目を向けると、つい先ほどまで眩しかった光景が嘘のように漆黒に染まっていた。
　日常の雑務に心を奪われ続けていた時間が終わり、ほどなくして一人残された執務室で堀田紘一は社長から今朝がた手渡された書類に目を落としていた。
　NNS[1]。
　「ノンネームシート」と題打ってあるその書類は、丸1日堀田の机の引き出しで寝かされたあと、ようやく日の目を見ることになった。
　『どうしてこんな役を引き受けたんだろう』
　腹の底からため息をつき、意を決して最初のページを指でつまみ上げた。

　堀田はバウムクラストの経理部長である。細身で少し小柄でカチッとした髪型。細い銀縁の眼鏡に真面目そうな顔つき。特に数字が得意であったわけでもないのに、気が付けば経理畑を長年歩んでいる。今年で48歳になることを思えば、今さら経理畑から足を洗う必要もないだろう。
　バウムクラストは洋菓子の製造・プロデュースを本業とする上場企業だ。上場会社というと聞こえはいいが、3年前にマザーズに上場したばかりのベンチャー企業に過ぎず、以前勤務していた一部上場企業経験からするとどうしても役員のイケイケ感が馴染めなかった。5年ほど前の上場準備段階で、上場企業の経理部の経験を買われて転職した。給料は若干上がった。だが、残業時間は若干では済まなかった。

---

[1] ノンネームシートの略。譲渡検討企業の概要を会社名が特定されない程度の匿名された内容でまとめた資料。より詳細な内容を記載したインフォメーション・メモランダム（IM）、インフォメーション・パッケージ（IP）などもある。

1

|厳秘|

○○M＆A仲介会社

ノンネームシート（NNS）

事業内容：和菓子製造販売事業
所在地　：東日本
売上高　：約40億円
従業員数：約300人
譲渡理由：後継者不在
………

　上場準備期間中は、まさに死に物狂いだった。堀田より一回りほど若い役員連中は、自ら上場を望んだはずなのに、上場に際して要求される様々な縛りを説明するたび、「こんな面倒なことできませんよ」と無下に却下した。何度も証券会社担当者に嫌味を言われた。監査法人の若い担当者にも「上場をもう1期遅らせませんか」と苦笑いされながら告げられた。なだめたり脅したり、あらゆる手段を講じて役員連中を渋々ながら納得させた。上場の内諾が下りたとき、誰よりも嬉しさを噛みしめた。シャンパンタワーで祝賀会を催している役員連中を横目で見つつ、ひとり自宅の小さなリビングで自分自身に乾杯した。

　それから数年経過し、社内の経理体制も落ち着きを取り戻した、そんな最中であった。社長の佐藤が役員会で「MAをやりたいと思う」とぶち上げた。今まで洋菓子分野を本業としてきたが、今後は様々な食品分野に対してもチャレンジしたい、ただ一から研究開発すると時間がかかり過ぎるのでM＆Aにより手っ取り早く事業拡大したいとのことだった。他の若い役員連中はこぞって賛成した。役員一歩手前の堀田は黙って会議の成り行きを見守っていた。

　M＆Aの担当は社長がやるのかと考えていた矢先、堀田の耳に社長の声

が飛び込んできた。

「悪いんだけれども、堀田さん。MAの窓口をお願いできませんか。どうしてもMAということになると数字が絡むので、経理部長の堀田さんにしかお願いできなくて」

社長がバツの悪そうな顔で両手を合わせて、お願いのポーズを作っている。普段使わない敬語を堀田に使っている。バウムクラストの上場の際に何度も目の当たりにした光景だ。社長の佐藤は、ベンチャー上場企業の社長にありがちな、イケイケ青年がそのまま大人になったような人物だ。肩幅が広く背も高い。顔もいいし口も達者なので、学生時代からヒエラルキーの頂点にいただろうことは想像に難くない。ヒエラルキーの下位にいた堀田としては、生理的に軽い嫌悪感を抱いてしまう。

「ちょっと待ってくださいよ、社長。私は前職でもM＆Aの経験は全くありませんし、こういった事項はトップである社長が対応された方がよいのではないでしょうか」

自己防衛本能が働いたのか、とっさに口をついた。上場のときのように一人だけ苦労を背負わされるのはご免だという感情が追って湧き出た。

「もちろん最終判断は私がやりますよ。ただ、どうしても社長業があるから、MAの実務担当は他の人にお願いしたいと思っているのです。堀田さん、お願いしますよ。MAで事業拡大した暁には、堀田さんの処遇も十分検討しますから」

他の役員は何も言わずに堀田の顔を凝視している。どうやら、M＆Aの実務担当は、堀田の知らぬ間に既に役員レベルで決着がついているといわざるを得なかった……。

社長は買収先を探すためにMA仲介会社[2]と既に契約を結んでいた。MA仲介会社からすぐさま2、3件ほど案件が持ち込まれたようだが、いずれも

---

[2] M＆Aの際に会社や事業の買い手もしくは売り手探しを手伝う会社。ファイナンシャル・アドバイザー（FA）のような業務を行うことも多い。

社長の好みに合致していなかったのか却下された。このまま、社長の気まぐれで終わってくれればと思っていた矢先、「この会社を買収したいと思う」と書類を手渡されたのである。

　NNSに目を落とした。まだ、買収を検討していることを知られたくないためか、会社名や本店所在地のような会社を特定できるような情報は記されていない。ただ、昭和50年頃に創業した老舗の和菓子メーカーであることはうかがえる。ページをめくる。NNSの情報は財務数値へと移る。直近売上高40億、最終損失は1億円。総資産50億、純資産5億円。近時赤字傾向にあるものの、なかなかの規模である。単に数字だけの規模感からすると、うちの会社よりも大きいかもしれない。

　『本当にこんな会社を買えるのか』

　そんな疑念がふつふつと沸き上がるとともに、この案件も初期段階でオジャンになるのではないかという期待が堀田の心を軽くさせた。

　再び、書類を机の引き出しにしまい、鍵をかけた。誰もいなくなった執務室を出て、一人遅めの電車に乗り込んだ。

●

　社長は、昼過ぎに突然会社に現れた。顔の浮腫み具合からして、昨晩かなり飲んだことは明らかだ。二日酔いの不機嫌な状態でM＆Aの件について話し合うことははばかられたが、この機会を逃したら次に社長が会社に訪れるタイミングを知るすべはない。堀田は意を決してNNSを片手に社長室に乗り込んだ。

　「社長、昨日いただきましたこの資料を検討しました」

　二日酔いの程度がひどいのか眉間に深くしわを寄せた。

　「ああ。その会社ね。和（菓子）だし、製造から販売まで長年手掛けているから、うちとのシナジーも相当あるでしょ」

　「そうですね。確かに、うちは洋菓子のみで勝負し続けてきましたから、和の要素が入ることはプラスになるでしょうね。ところで社長、この資料で

は会社名が伏せられていますが、どの会社かご存じですか」
「太田製菓でしょ」
　堀田は目を見開いた。太田製菓。菓子業界であれば誰もが知っている老舗の菓子メーカーである。和菓子で扱っている品目は幅広く、どちらかというと煎餅などの米菓に強いという印象がある。同族会社[3]経営で上場していないことは知っていたが、ここ数年赤字続きであるとは耳にしていなかった。
「教えてもらったのですか」
　とっさに口を突いた。
「書類見れば分かるでしょ。その規模の和菓子メーカーなんて数えるほどしかないし。仲介の担当者に直接ぶつけてみたら、NDA[4]を結ぶまでは話せないとは言っていたけれども、否定した顔じゃなかったし」
　なるほど。確かに、太田製菓だと思って書類を見てみると、いずれの内容もそれに合致する。というより、それ以外考えられない。社長の鋭さに驚くとともに、自分がこの案件に乗り気でないことを自覚させられた気がした。それはさておき、気になっていることを切り出した。
「ところで社長。この資料からしますと、買収額はかなりの金額になることが予測されますが、資金的には問題ないのでしょうか。うちにはそれほど余剰資金がありませんが」
「ん。その辺は、実際に金額が出てから考えるよ。まずは、仲介の担当者を紹介するから、今後のやり取りは直接やってくれるかな」
　頭痛が相当ひどいのか、仲介業者の名刺を押し付けられて、話は無下に打ち切られた。

　自分の机に戻り、社長から手渡された仲介業者の名刺を眺めながら思案した。どうやら社長はこの案件から簡単に引き下がるつもりはないようだ。だ

---

[3] 一定の株主とその同族関係者がその会社の株式の50％超を所有している会社をいうが、一定の株主が強い支配権を有している非上場会社を意味することも多い。
[4] Non-disclosure agreement の略。秘密保持契約。Confidential Agreement（CA）と略されることもある。

とすると、ある程度進めざるを得ない。とはいえ、М＆Аについて全くの門外漢の自分がこのまま進めてよいのだろうか……。

　思案したあげく、帰り際に大手書店に足を延ばした。法律コーナーに訪れМ＆Аに関する書籍がないか探してみた。4冊ほど見つかったが、3冊は専門書のような内容で分厚く、パラパラとページをめくってみたものの、さっぱり内容が頭に入ってこない。残りの1冊は初心者向けに書かれている本で、専門用語も抑えられている。少しためらったあと、初心者向けの書籍と専門書の中でも読みやすいものを1冊選んでレジに向かった。領収書を発行してもらう段階で、「会社の経費にするのだったら他の書籍も買っておけばよかった」と思い直したが、法律コーナーに再び足を運ぶのは億劫なので止めておいた。

　自宅に帰り、初心者向けの書籍のページをめくってみた。そうしたところ、アドバイザーとして、弁護士や会計士など、多くの関係者がМ＆Аに携わることを知った。多くの関係者が登場することは上場にも似ているが、株式上場は自社の問題であるのに対し、М＆Аは他社を買うということでリスクの程度が高い印象を受けた。
　もっとも、初心者向けの書籍でも、読み進めていくと馴染みのない専門用語が飛び出して来て、なかなか頭に入り込まなかった。
　「当たって砕けろだ」
　そう呟いて手にしていた書籍をパタンと閉じた。

　　　　　　　　　　　……Scene 2「秘密保持契約（NDA）」（12頁）へ続く。

解　説

関係当事者：買主

〔該当する手続段階〕

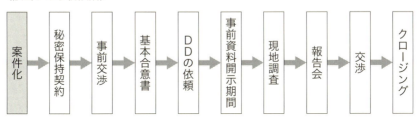

1▪買主の情報入手

＞対象会社

　買主は、買収対象とされている会社（対象会社）を買収するか否かの意思決定を行うため、対象会社に関する情報を可能な限り入手する必要があります。もちろん、Ｍ＆Ａ初期段階では入手できる情報も限られていますが、この段階で買収の意思決定に関する正確な判断ができていれば、その後に無駄なデューデリジェンス対応を行う必要がなくなります。

　買主の意思決定に重要と考えられる情報は、以下のように分類されます。

①買収金額のレンジ

②買収後のシナジー効果

③買収後に想定されるリスク

④買収後の企業価値最大化のための情報

　ただ、初期段階に得られる情報から正確なリスクなどを把握することは通常困難です。一般的には、この段階でシナジー効果を踏まえた対象会社の価値を把握し、正確なリスクなどは追って検討することになります。もっとも、この時点である程度リスクを把握できていれば、法務・財務デューデリジェンスを依頼する際に、そのリスク情報を専門家に引き継ぐことができ、効果的なデューデリジェンスを実施できることに繋がります。

　Ｍ＆Ａ仲介会社が入っているディールの場合、仲介会社が作成した書面

（会社名等が匿名化されているノンネームシートや、より詳細な情報が記載されているインフォメーション・パッケージなど）により、一定程度の情報を入手することが可能になります。また、仲介会社に問い合わせることにより、売主が想定している買収金額のレンジなどを知ることができることもあります。

> 専門知識

　買主には、Ｍ＆Ａを幾度となく経験している会社もあれば、初めてＭ＆Ａを検討するという会社もあります。Ｍ＆Ａの経験が乏しい又は皆無である場合、ある程度Ｍ＆Ａに関する知識を初期段階で得ておくことが、今後の手続を進めるうえで効率的です。もっとも、買主の担当者は、法律や会計税務の専門家ではないため、そこまで細かく高度な知識を習得する必要はありません。大まかなＭ＆Ａの流れと、各アドバイザーがどのような役割を担うことになるのかを把握すれば十分です。これらの内容は、本書のストーリー部分をご覧いただければ、身に着くように構成されています。

2 ▪ Ｍ＆Ａ担当者

　Ｍ＆Ａの作業では、上述したように様々な情報を取り扱う必要があります。これらの情報の多くは、財務数値に絡むものです。そのため、買主においてＭ＆Ａ担当者を決めるのであれば、これらの財務情報に明るい人物を選定すべきでしょう。

　買主内部において、Ｍ＆Ａ担当部署があるのであればそれに越したことはありませんが、特にそのような部署を設けていないのであれば、経理部や経営企画部などが窓口になると効率的です。もちろん、財務情報以外の資料も多数扱うことになるため、部門をまたいで意見聴取することができる、ある程度地位が高く権限を有した人物が担当者になることをお勧めします。

　なお、Ｍ＆Ａに関する業務は、かなり時間や手間暇を要することになります。特に、その担当者が初めて経験するＭ＆Ａである場合には、どの程度まで作業を行うべきか手探り状態になるため、非常に時間がかかることになります。そのため、Ｍ＆Ａ担当者の日常業務は、Ｍ＆Ａを実施してい

る期間は軽減するなどして配慮することが求められます。

3 ▪ DDアドバイザー

▶種類

　M＆Aには、以下のような様々なアドバイザーが関与することになります。対象会社の規模が大きい場合や特殊性が強い場合には、関与するアドバイザーの種類が増えることになります（以下、適宜「デューデリジェンス」を「DD」と略します）。

> ① ファイナンシャル・アドバイザー（FA）
> ② 弁護士（法務DD）
> ③ 公認会計士・税理士（財務DD）
> ④ 司法書士（登記手続）
> ⑤ 弁理士（知財DD）
> ⑥ 社会保険労務士（労務DD）
> ⑦ 不動産鑑定士（不動産DD）
> ⑧ 環境コンサルタント（環境DD）

① ファイナンシャル・アドバイザー（FA）

　M＆Aに関して、スキーム策定、交渉、バリュエーション（企業価値算定）、契約などの助言・支援を行う者をいいます。FAを担当するのは、証券会社、投資銀行、M＆A専門アドバイザリー会社などになりますが、M＆A仲介会社がFAの役割を担うこともみられます。小規模な取引や、買主・売主との間でM＆A契約の内容がほぼ固まっている場合などには、FAが介在しないこともあります。

② 弁護士（法務DD）

　対象会社の法的リスクの洗い出し、発見したリスクのヘッジ方法の考案、M＆Aスキーム構築などの法務デューデリジェンスを担います。また、厳密には法務デューデリジェンスに含まれないものの、オプションとして最終

契約書の作成業務を担うこともあります。

③　公認会計士・税理士（財務DD）

対象会社の実態財務諸表の作成、財務リスクの洗い出し、税務を考慮したスキーム構築などの財務デューデリジェンスを担います。また、厳密には財務デューデリジェンスに含まれないものの、バリュエーション（企業価値算定）を担うこともあります。

④　司法書士（登記手続）

合併や会社分割のような会社法上の組織再編行為を行う場合には、必然的に登記手続が必要になります。また、株式譲渡であっても、増資や社名変更等を行う場合にも登記手続が要求されます。このように、デューデリジェンスを直接行うわけではありませんが、M＆Aの最後締めとして登記手続にかかわります。

⑤　弁理士（知財DD）

対象会社に知的財産権が多く存在する場合や、知的財産権を入手することを目的としてM＆Aを実施する場合などに知財デューデリジェンスを担います。

⑥　社会保険労務士（労務DD）

M＆Aにより対象会社を買主の傘下に置いたり、合併した場合などには、両会社の賃金体系等の労務制度を統一させる必要が生じます。また、社会保険や企業年金制度に相違がある場合にも調整が必要になります。このような、買収後の労務環境の擦り合わせを円滑に行う目的で、社会保険労務士が労務デューデリジェンスに加わることがあります。

⑦　不動産鑑定士（不動産DD）

対象会社の所有不動産が多い場合や、所有不動産の価値が買収金額に大きな影響を与える場合には、不動産鑑定士が不動産の時価算定を行うことがあります。そこまで厳密な算定が必要ない場合には、財務デューデリジェンスにおいて、固定資産税評価額や路線価などから時価推定することもあります。

⑧　環境コンサルタント（環境DD）

対象会社の業務において土壌汚染などが生じている場合、退去時に高額な

土壌改良費用等を支出することになりかねません。また、騒音や噴煙等により近隣住民と紛争が生じている場合、買収後にも対応せざるを得ないリスクとなりかねません。このような環境問題が生じていないか確認することを目的として、環境コンサルタントがデューデリジェンスを実施することがあります。

> **連携の必要性**

　M＆Aという1つの目的に向かってデューデリジェンスを実施していることから、各DDアドバイザーが情報提供等の連携を行うことは、有益になることはあっても有害になることはありません。しかし、各アドバイザーは各々の分野における専門家であるため、畑違いの他の専門家との間で情報共有することに慣れていないことが往々にして見られます。これは、クライアントである買主の利益を損なうことに繋がるため、可能な限り各DDアドバイザーは連携を行うべきでしょう。

　買主としても、共有した方が好ましい情報を入手したときには、可能であれば各DDアドバイザーに連絡をとるなどして、情報共有を図ることが好ましいといえます。

Scene 2
秘密保持契約（NDA）

　数日後、堀田はM＆A仲介業者の担当を会社に呼び、打合せの機会を設けた。上場会社がM＆Aを実施するとなれば株価に影響を与える可能性がある。社内で仲介業者の担当に会うことで、他の社員にM＆Aの噂が立たないか懸念したが、しばし悩んだあげく、依頼者が仲介業者の事務所に赴くのも不自然だと考え、結局会議の目的を伏せた状態で会社の会議室を利用することにした。
　バウムクラストの会議室テーブルで上座席の前に立っているのは、M＆A仲介業者の安積である。羽振りが良いのか一見して高級と分かるスーツに身を包み、ツルッとした顔に満面の笑みを浮かべている。なんでも、同じ仲介業者内でも買主であるバウムクラスト担当と、売主である対象会社の担当は別に定められており、当社の担当は安積とのことである。同じ仲介業者内で利害の対立する買主と売主の双方の担当者がいることが気になったが、不動産仲介でも同じように売主と買主の双方の仲介を行う「両手取引」があることから、それほど不自然なことではないのかと思い直した。
　お互い名刺交換を終え、着席した後に堀田が笑顔で切り出した。
　「本日はご足労いただきありがとうございます。M＆Aについては経験が乏しいので、いろいろとサポートをお願いします」
　あえて「経験がない」とは言わず「経験が乏しい」とぼかしたにもかかわらず、堀田の言葉を聞いて安積は顔に安堵の色を浮かべた。甘く見られたら今後厄介だ。堀田は笑顔をとっさに消し去り、緊張感を持った面持ちに切り替えた。
　「そうですよね。M＆Aを頻繁に行っている会社ならいざ知らず、多くの会社はまだM＆Aに馴染みが薄いのが実情です。でもご安心ください。貴社が最も有利な条件になるよう、誠心誠意をもって対応いたします」

安積は少し胸を反らしてそう応えた。
「早速ですが、現在いただいていますNNSには、対象会社の概要しか記載されていません。できれば、より詳細な情報をいただきたいのですが」
対象会社という専門用語が堀田の口から飛び出したことから、安積の顔に少し緊張感が走ったようだった。
「より詳細な情報といいますと？」
どこまでM＆Aについて知識があるのか探っているような顔つきだ。
「まず、対象会社の社名を教えていただきたいと思います。また、社内事情を確認する必要があるため、少なくとも確定申告書を2期分くらいはいただきたいと思います」
安積はもっともらしく大きく頷いた。
「承知しました。具体的な検討に進まれるということですね。だとしましたら、まずは秘密保持契約書、NDAを締結していただく必要があります。ご要望に沿う情報のすべてが開示される保証はできませんが、可能な限り情報を提供するよう対象会社に働きかけたいと思います」
「NDAですね。承知しました。うちでも雛形を持っていますが、どのような形で締結することになりますか」
「M＆Aの際に弊社で用いているNDAがありますので、こちらでご用意したいと思います。近日中にメールなどでお送りしますので、ご確認のうえ速やかに調印手続を行いたいと思います」

その後、軽く今後のスケジュールなどを話し合い、また、買収の意気込みなどを尋ねられた後に初回のミーティングは終了した。まだ、NDAを締結する前段階であるため、安積としてもそれほどディールが成立する見込みが高いとは考えていないようであった。堀田としても、M＆Aの話は厄介事に他ならないため、自然とやる気のなさが伝わったのかもしれない。とはいえ、ディールを成立させなければ報酬も激減するのだろう。安積は最後までやる気を見せていた。

2 秘密保持契約（NDA）ストーリー

13

安積が会議室から退席してからほどなくして、NDAが添付された電子メールが堀田のもとに届いた。ざっと目を通したが、会社内で用いているNDAをより詳細にした程度のものであり、特に問題はないように思われる。
　『顧問弁護士の確認に回すべきだろうか』
　バウムクラストには昔から馴染みの顧問弁護士がいる。なんでも、社長が駆け出し時代に異業種交流会で知り合い意気投合した弁護士とのことで、かれこれ十数年の付き合いになる。いまだに親交は厚い。とはいえ、その顧問弁護士が専門にしているのは、M&Aのような会社法案件ではなく、契約書の確認や労働問題などの一般的なものだ。今後この案件が進展し、法務デューデリジェンス[5]の必要が生じた場合にその弁護士に依頼することは考えにくい。高額なディールになるはずなので、その分野に長けている弁護士に依頼したい。そうすると、途中までM&Aの案件に関与させておきながら、途中で別の弁護士に依頼を変更することになると顧問弁護士との関係にひびが入るおそれもある。
　一応、顧問弁護士が所属している事務所のサイトを覗いてみた。しばらく見ていないうちにサイトを変更したようだ。満面の笑みを湛えた顧問弁護士の顔写真とともに、緑色を基調としたサイトが開かれた。数多く並ぶ取扱い案件の一つにM&Aの項目が見つかった。マウスを動かして慎重にクリックしてみる。開かれたページには、M&Aの書籍に軽く目を通した堀田でさえ知っているような一般的事項が簡単に掲載されていた。
　『やはりこのNDAは顧問弁護士の確認に回さないことにしよう』
　一瞬そう考えたが、NDAの文言には特にM&Aを窺わせる記載はない。そうだとすれば、通常の取引におけるNDAであるかのように顧問弁護士の確認に回すこともできるかもしれない。そう考え直し、堀田は顧問弁護士にNDAファイルを送ることにした。

　翌日、堀田がメールソフトを開くと、顧問弁護士からNDAの回答が届い

---

[5] Due diligence。M&Aを実施するにあたって、M&A対象について詳細に調査すること。

秘密保持契約書

○○○○（以下「甲」という）と○○○○（以下「乙」という）は、相互に開示する情報の秘密保持等について、以下のとおり契約（以下「本契約」という）を締結する。

第1条　（定義）
　　　（1）　本契約における「秘密情報」とは、文書、口頭又は物品であるとを問わず、本件業務に関して知り得た相手方、相手方の子会社、相手方の関連会社、相手方の取引先又は相手方の従業員等の事業情報、営業情報及び技術情報その他一切の第三者に知られたくない情報をいう。但し、次の各号に該当する場合は、この限りでない。
①公知の事実又は当事者の責めに帰すべき事由によらずして公知となった事実
②第三者から適法に取得した事実
③開示の時点で保有していた事実
④法令、政府機関、裁判所の命令により開示が義務付けられた事実
　　　（2）　前項の規定にかかわらず、当事者の一方が相手方に開示又は提供した個人情報は秘密情報とする。ここで「個人情報」とは、生存する個人に関する情報であって、当該情報に含まれる氏名、生年
･･･････

ていた。「一般的な NDA と遜色なく、特段問題となる条項は見当たらない」という回答であった。自分の見解と同じであったことに胸をなでおろし、社長の了承のもと NDA に押印を行い、その日のうちに仲介業者に送り返した。

　　　　　　　　　……Scene 3「事前交渉」（26 頁）へ続く。

解　説

関係当事者：買主、法務

〔該当する手続段階〕

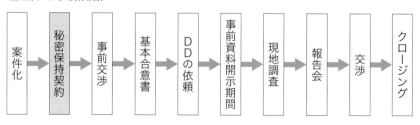

1 ▪ 秘密保持契約書（NDA）

(1)　M＆AにおけるNDA

　秘密（機密）保持契約書（Non-disclosure agreement を略して「NDA」、Confidential Agreement を略して「CA」などと呼ばれる）は、M＆Aの初期段階で締結されることになります。M＆Aを実施するか否かの意思決定を行うためには、対象会社の名称・財務状況を含めた個別具体的な情報が必要になるからです。

　通常の商取引においても、初めての取引先との間では、NDAを締結することが一般的でしょう。もっとも、M＆Aにおいて売主が買主に提供する情報は、通常の商取引とは比べ物にならないほど、膨大で重要な情報になります。M＆Aの意思決定を行うためには、企業秘密として扱っている技術やノウハウすらも開示せざるを得ないことも少なくなく、仮にこれらの情報が外部に流出した場合、多大な被害が生じるおそれがあります。

　このように、通常の商取引において取り交わされているNDAと比して、M＆AにおけるNDAについては、以下のような点に留意する必要があります。

① 秘密情報の範囲
② 開示される当事者の範囲
③ 漏洩した場合のペナルティ

① 秘密情報の範囲

情報を受領する買主としては、秘密情報の範囲が狭いほど、秘密保持義務の範囲が狭まることになります。一方で、情報を提供する売主としては、秘密情報の範囲が広ければ広いほど、保護が図られることになります。そのため、自らの地位に配慮して条項を検討する必要があります。

〈条項例〉

> 第○条（秘密情報）
> 本契約において「秘密情報」とは、甲及び乙が本件遂行のために相手方に開示する営業上、技術上又はその他の業務上の秘密性を有する一切の情報（顧客情報を含む。）の内、書面（電子ファイルを含む。以下同様。）で開示される場合には、当該書面に秘密である旨（㊙、社外秘、Confidential 等）を明示して受領者に開示されるものとし、口頭で開示される場合には、開示者が、開示時点で秘密情報である旨を明確に示し、開示後10日以内に当該開示情報が秘密情報である旨の明示をした書面を受領者に交付するものとする。

例えば、上記のように秘密情報が定義づけられていた場合、「秘密情報」に該当するためには、書面に秘密である旨の記載が必要であり、口頭の場合でも開示後10日以内に秘密情報である旨を明示した書面の交付が必要とされています。この場合、「秘密情報」が限定されているため、買主に有利な条項になっていると評価できます。

〈条項例〉

> 第○条（秘密情報）
> 　本契約において「秘密情報」とは、甲及び乙が本件遂行のために相手方に開示する営業上、技術上又はその他の業務上の秘密性を有する<u>一切の口頭及び書面等による情報</u>（顧客情報を含む。）をいう。

　一方で、上記のように特に制限なく一切の口頭及び書面等による情報が秘密情報に当たると定義づけられていた場合、売主が提供したほぼ全ての情報が「秘密情報」に該当することになります。そのため、売主に有利な条項になっていると評価できます。

②　開示される当事者の範囲

　当然のことながら、秘密情報にアクセスできる者が少なければ少ないほど、情報漏洩のリスクは低くなります。そのため、売主としては、秘密情報にアクセスできる者、すなわち開示範囲について限定的に規定されているか留意する必要があります。

〈条項例〉

> 第○条（秘密保持義務）
> 　甲及び乙は、本契約の条項及び本件の内容等について、相手方の書面による同意を得ることなく、<u>情報開示者リスト外の者</u>に公表しないものとする。ただし、デューデリジェンスを実施する弁護士、公認会計士、その他の甲及び乙が公表に同意しているアドバイザー並びに司法機関及び行政機関からの法的手続に基づく請求のある場合には適用されないものとする。

　例えば、上記のように情報開示をする当事者についてあらかじめリストを作成し、その範囲内の者についてだけを開示対象にする場合、情報漏洩のリスクは限定的となります。

　一方で、通常の商取引において用いられているNDAのように、会社の全従業員が開示範囲とされている場合には、情報漏洩のリスクは高まります。売主としては、デューデリジェンスを通じて膨大かつ重要な情報を提供する

ことになるため、できる限り開示範囲を限定するよう努めるべきでしょう。
③漏洩した場合のペナルティ

　秘密情報の定義を広く設定し、その開示範囲を限定したとしても、実際に漏洩したときに買主が賠償責任を回避できるとすれば、買主は秘密情報を厳重に管理しないおそれがあります。そのため、秘密保持義務を実効化するためには、買主が秘密保持義務違反を行ったときには、厳しいペナルティを課す必要があります。

〈条項例〉

> 第○条（損害賠償）
> 　甲又は乙は、本契約に違反したことにより相手方に損害を与えた場合、相手方が被った一切の損害を賠償するものとする。

　上記のように、契約違反（秘密保持義務違反）を行った場合に、一切の損害を賠償するとの規定があれば、買主に賠償請求ができると考えるかもしれません。しかし、漏洩により売主に発生した損害額を立証することは通常困難であり、この条項例では売主が満足できる賠償請求を行うことは難しいのが実情です。

〈条項例〉

> 第○条（損害賠償）
> (1)　秘密情報が第三者に漏洩した場合には、漏洩した当事者は、相手方に対し、損害の立証を要することなく金○○円を損害金として支払うものとする。
> (2)　漏洩した秘密情報が相手方の顧客情報又は従業員情報であるときは、漏洩した当事者は、相手方に対し、前項の損害金に加えて、漏洩した顧客情報又は従業員情報の件数に金○○円を乗じた金額を損害金として支払うものとする。
> (3)　秘密情報の漏洩によって被った損害が前2項の損害金を超えるときは、漏洩した当事者は、相手方に対し、その超過額についても賠償しなければならない。

一方で、上記のように具体的な違約金額を設定していた場合、売主は実際に違約金額の賠償請求を行うことができる可能性が高まります。もっとも、買主としては、秘密保持義務違反が発生した場合、膨大な金額の違約金を請求されるリスクを負うことになるため、このような条項をNDAに入れることを拒むことが想定されます。

　違約金条項付きのNDAは、実務上見かけることはあまりありませんが、特定の重要情報を交付する場合に限定して違約金条項を設けることは、検討に値します。

(2)　秘密保持契約の法務チェック

　「M＆AにおけるNDA」の項目で説明したとおり、通常の商取引におけるNDAとM＆AにおけるNDAとでは、重要性に相違があります。そのため、少なくとも秘密情報を開示することになる売主としては、NDAの法務チェックを受けることをお勧めします。

　なお、弁護士は日常の契約書チェックにおいて、多くの商取引に関するNDAの確認作業を行っています。そのため、M＆Aに関するNDAである旨を伝えないと、通常の商取引と同じレベルで法務チェックを行うおそれがあるため、注意が必要です。

〈秘密保持契約書記載例〉

秘密保持契約書（NDA）

　●●●●（以下「甲」という）と●●●●（以下「乙」という）は、●●（以下「本プロジェクト」という）において相互に開示する情報の秘密保持等について、以下のとおり契約（以下「本契約」という）を締結する。

第1条　（目的）
　　本契約は、本プロジェクトの実施に伴い、開示側当事者（以下「開示者」という）から受領側当事者（以下「受領者」という）に開示される情報について、その秘密保持を図ることを目的とする。

第2条　（秘密情報の定義）
(1)　本契約において「秘密情報」とは、甲及び乙が本プロジェクト遂行のために相手方に開示する営業上、技術上又はその他の業務上の秘密性を有する一切の情報（顧客情報を含む。）を意味するものとする。また、秘密情報は、書面（電子ファイルを含む。以下同様。）で開示される場合には、当該書面に秘密である旨を明示して受領者に開示されるものとし、口頭で開示される場合には、開示者が、開示時点で秘密情報である旨を明確に示し、開示後10日以内に当該開示情報が秘密情報である旨の明示をした書面を受領者に交付するものとする。
(2)　前項の規定にかかわらず、次の各号のいずれかに該当するものは秘密情報に含まれない。
①開示を受けた時、既に公知の情報
②開示を受けた後、受領者の責によらず公知となった情報
③開示を受ける以前から既に受領者が適正に保有していたことを証明できる情報
④譲渡若しくは開示の権限を有する第三者から、受領者が適法に入手した情報
⑤開示された情報を使用することなく、自ら独自に開発・発見した情報
⑥秘密情報から除外することを開示者が文書で同意した情報

第3条　（情報管理責任者）
(1)　甲及び乙は、本契約締結後すみやかに、本プロジェクトで授受される秘密情報の取扱い責任者（以下「情報管理責任者」という）を定め、相手方に書面で通知するものとする。情報管理責任者を変更する場合も同様に事前通知するものとする。
(2)　情報管理責任者は、甲乙協議のうえ本契約で定めた条件に基づく秘密情報の授受・管理、情報開示者の範囲、返還及び受領した秘密情報に関する各リストを作成し、その都度相手方にリストを提出しなければならない。
(3)　情報管理責任者は、相手方への秘密情報の開示に先立ち、当該秘密情報を含まない情報によりその概要を受領者に説明し、受領者が当該秘密情報をその概要により確認し受領意思を書面で表示した後に、当該秘密情報を開示するものとする。また、情報管理責任者は、本プロジェクト

の遂行に必要な範囲で、その開示する秘密情報の量を最小限にするため合理的な努力をしなければならない。

第4条 （守秘義務）
(1) 甲及び乙は、本契約の条項及び本プロジェクトの内容等について、相手方の書面による同意を得ることなく、社外に公表しないものとする。ただし、デューデリジェンスを実施する弁護士、公認会計士、その他の甲及び乙が公表に同意しているアドバイザー、及び、司法機関及び行政機関からの法的手続に基づく請求のある場合には適用されないものとする。
(2) 受領者は、開示者から受領した秘密情報を自己の保有する同種の秘密情報に対する注意義務と同程度の注意義務をもって取扱い、厳重に管理するとともに、本プロジェクトの目的以外には使用しないものとする。
(3) 受領者は、開示者から受領した秘密情報を本プロジェクトの遂行のために知る必要のある必要最小限度の役員及び従業員（従業員には、社員、臨時又はパート社員、嘱託社員、派遣社員、アルバイト等を含む、以下同じ。）に対してのみ開示するものとし、当該役員及び従業員に対し本契約を遵守させるものとする。また、開示者の書面による事前の承諾がない限り、これを複写・複製しないものとする。なお、開示者の書面による事前の承諾により複写・複製した秘密情報の取扱いについては、本契約に掲げる秘密情報として取扱うものとする。
(4) 受領者は、開示者の書面による事前の承諾がない限り、受領した秘密情報を第三者に対し開示してはならないものとする。相手方の書面による事前の承諾を得て第三者に開示する場合には、受領者は当該第三者との間で本契約と同等の秘密保持契約を書面で締結し、当該第三者に当該契約を遵守させるものとする。なお、当該第三者の守秘義務違反については、当該第三者と守秘義務に関する契約を締結した受領者も責任を負うものとする。
(5) 受領者は、判決、決定、命令その他の司法上又は行政上の要請、要求又は命令により要求された場合、秘密情報を開示することができる。ただし、開示者がこれを争うことができるよう、受領者は、直ちにかかる要請、要求又は命令について、開示者に通知するものとする。

第5条　（秘密情報の帰属）
(1)　秘密情報（その改変物を含む）に関する商標、特許、実用新案、意匠、著作権その他の知的財産権に基づく権利は全て開示者に帰属し、受領者は、秘密情報の開示を受けたことにより、黙示的であるか否かを問わず、当該権利について開示者から何らかの権利を許諾されたとはみなされないものとする。
(2)　開示者は、受領者に対して秘密情報を開示する適正な権利を有することを保証する。

第6条　（秘密情報の返還）
　本契約が期間満了、解除又は解約により終了した場合若しくは開示者から秘密情報の返還を求められた場合、受領者は当該秘密情報の使用を直ちに中止し、受領した秘密情報（その複写・複製物も含む。）を速やかに開示者に返還するものとする。ただし、返還に代えて破棄処分することを開示者が書面で指示した場合は、受領者は、再利用等を防ぐため厳重なる注意をもって破棄するものとし、その破棄方法について事前に開示者の了解を得るとともに、事後に処分結果を報告するものとする。

第7条　（有効期間）
　本契約は、本契約締結日から発効し、●年間、効力を有するものとする。

第8条　（解除）
　甲及び乙は、相手方が本契約に違反し、相当な期間を定めて本契約を遵守すべき旨の催告をしてもなお、相手方が違反状態を是正しない場合、本契約を解除できるものとする。

第9条　（損害賠償）
　甲又は乙は、本契約に違反したことにより相手方に損害を与えた場合、相手方が被った通常の損害を賠償するものとする。

第10条　（紛争解決）
(1)　本契約の記載事項及び本契約に記載のない事項に関して疑義等が生じた場合、甲乙誠意を持って協議し、できる限り円満に解決するものとする。

(2) 甲及び乙は、本契約の準拠法を日本法とし、本契約に関し裁判上の紛争が生じたときは、東京地方裁判所を専属的合意管轄裁判所とすることに合意する。

本契約締結の証として、本契約書2通を作成し、甲乙相互に署名又は記名・捺印のうえ、各1通を保有することとする。

●年●月●日

甲　　　　　　　　　　　　　　　　　㊞

乙　　　　　　　　　　　　　　　　　㊞

2 ■ DDアドバイザーの依頼時期

　ストーリーでもDDアドバイザーに依頼する時期は、M&Aを実施する確度が高まってからとなっており、NDA締結よりもずっと後の段階とされています。しかし、現地調査やレポート提出時期が差し迫った段階でDDアドバイザーが依頼を受けると、日程調整が困難となったり、依頼を受けることが不可能になるおそれがあります。また、NDAを締結するに際しても、通常のNDAとM&AにおけるNDAとが相違するため、専門家のアドバイスを受ける必要性が認められます。

　買主がDDアドバイザーに依頼する時期が遅れる理由として、結果としてデューデリジェンスを実行しないことになった場合、費用がかさむおそれがあることがあげられます。しかし、M&A案件が水物であることは、DDアドバイザーは熟知しています。一方で、DDアドバイザーが一番気にしていることは、日程調整の点です。そのため、NDA締結の段階あたりか

ら、「やらないことになるかもしれませんが、デューデリジェンスの現地調査の日程だけ空けておいていただけますか」というように、日程調整のみ先に実施しておくことをお勧めします。仮にM&Aを実行しないことになったとしても、押さえておいてもらっている日程をリリースするだけで、何も問題ありません。なお、NDAの確認については、それのみをスポットとして依頼しても構いません。

2 秘密保持契約（NDA） 解説

Scene 3
事前交渉

　NDA を取り交わしてからしばらくして、仲介業者を通じて確定申告書 2 期分の PDF とその他の財務資料がエクセルで送られてきた。てっきり資料は書類を郵送などでやり取りするのかと思っていたが、パスワード付きのメールで送付される扱いらしい。これはこれで便利だが、漏洩の可能性も高まるため、資料の扱いに注意せねばと気を引き締めた。

　確定申告書の会社欄には、社長が想像したとおり太田製菓と記されていた。NNS（ノンネームシート）では決算書の勘定科目が大雑把に記載されていたが、確定申告書に添付されている詳細な決算書を見てみると、あまり見慣れない科目が使われていた。また、過去の決算数値からすると、黒字の年度はあるものの、多くの年度で 1 億円程度の赤字を計上している。

　『本当にこの程度の赤字でとどまっているのだろうか』

　非上場会社の決算書はあてにならない。このことを堀田は身をもって知っている。上場準備中のバウムクラストの決算書は、それこそ酷いものだった。都合のいい時期に売上が計上され、家族とのファミレス代も経費に計上されていた。公私混同が甚だしいというより、「公」が見当たらなかった。上場していない中小企業では、原則として公私混同が起きているものである。そう実感していた。

　そのため、太田製菓の決算書も額面どおり信じることはできなかった。むしろ、聞くところによれば太田製菓はかなりの同族経営とのことである。公私混同の程度は凄まじいのではないかと、いやがおうにも勘ぐってしまう。

　『この辺は、財務デューデリジェンスを実施してみなければ分からないだろう』

　社長にも資料を送る必要があると思いメールの宛先を見てみたところ、社長のアドレスも cc に含まれていた。堀田は、太田製菓の決算書に関する自

分の感想を伝えようか迷ったが、現段階では憶測に過ぎないと思い直した。

　仲介業者が資料を送付してから数日経った頃、安積からデューデリジェンスに進む前にお互いのトップ面談を行わないかと打診を受けた。どのような経緯で今回会社を買おうと考えているのか、購入した後どのように会社経営を行っていくつもりなのか、どのような意図で今回会社を売りに出したのかなど、買収の大枠についてトップ同士の意向が合致しているのかを確認するようだ。確かに、最終的に買収合意に至らないのであれば、費用と時間をかけてデューデリジェンスを行う必要などまったくない。この段階で顔合わせをすることは、双方にとっても都合がよいことだと腑に落ちた。

　トップ面談は、太田製菓の会議室で行われることになった。バウムクラストからの出席者は、社長の佐藤と堀田の2名。これにビル1Fロビーで仲介業者の安積と合流し、3名となった。M&Aの件は太田製菓内では社長と側近のごく数名しか知らされていないので、他のスタッフがいる場所で話さないよう安積から伝えられた。また、M&A仲介業者と一見して分からない名称でやり取りすることになっていると説明を受けた。受付のインターフォンで安積が社長と約束していると告げると、中年の女性が受付脇の扉から現れ、会議室に3名を案内した。

　会議室は思ったより広かった。20名は座れるだろう大きな円形テーブルが中央に置かれており、それを取り囲むようにいくつもの椅子が配置されている。堀田は居心地悪そうに、勧められるがまま上座側に座った。若いのに何事にも動じない社長とは異なり、堀田は初めてのことで知らず知らずのうちに肩に力が入っているのを実感していた。

　会議室に通されてから3分ほど経過したときだろうか、ノックもなしにドアが開かれ6名ほどの仕立ての良いスーツを身にまとった者達がなだれ込んだ。堀田はすぐさま直立不動の姿勢で立ち上がった。社長の佐藤を先頭に名刺交換が始まった。初めに名刺交換した人物が代表取締役の太田守であった。名刺を交換した際に、視線を名刺から顔に移すと、そこには70歳くら

いの日に焼けた深いしわを刻んだ顔があった。笑顔をたたえているものの、その笑顔には理由は分からないが不自然さが見え隠れしており、堀田は軽い嫌悪感を抱いた。その他の者は取締役や経理部長の肩書をしていたが、太田姓が多かったため名刺の名前と顔が混同してしまった。ただ、最後に名刺交換した杉山の名刺には、安積と同じ仲介業者の名称が記載されており、この人物が売主側の担当者であることが分かった。

　名刺交換が一段落し各人が会議室の椅子に着席したタイミングを見計らって、杉山が口を開いた。

「皆さん。本日はお忙しい中ご足労いただきまして本当にありがとうございます。本日は、売主様のFA[6]を務めております私、杉山が僭越ではありますが進行役を務めさせていただきます」

　杉山が深く頭を下げるのにつられ、その場に同席していた全員が軽く頭を下げた。

「それでは、初めに太田製菓の代表取締役社長を務めております太田守様から、今回の売却に至る経緯についてご説明いただきたいと思います」

　先ほどと変わらぬ笑顔のまま、向かって一番左に着席している人物がおもむろに一礼した。

「太田です。本日はお忙しい中、バウムクラストの方々にご訪問いただき誠にありがとうございます。弊社は昭和50年に創業し、主に和菓子を中心として事業展開を行ってきました。当初は家内工業のような生産体制でしたが、売上高の向上とともに第1工場、第2工場と生産拠点を拡大し、オートメーション化にも努めてきました。また、7年前にはタイに原材料の加工工場を設けております。御社も同業であるため、釈迦に説法になるかもしれませんが、和菓子と言っても餡を用いたもの、うるち米を用いた煎餅菓子のようなものと、非常に幅広い種類が存在しております。弊社では様々な和菓子について研究開発を試みてきましたが、近年では米菓が主流になりつつあり

---

[6] ファイナンシャル・アドバイザーの略。M&Aにおける助言業務を行う者とされているが、その範囲は明確ではない。M&A仲介会社がFAの役割の一部を担うことがある。

ます」

　ここまで一息に説明し参加者を見回した。特に質問がないことを確認して説明を続けた。

「既に決算書をご覧いただいているかと思いますが、売上規模は約40億円を推移しており、米菓の分野では一定のシェアを占めているものと自負しています。今回、弊社の売却の話を仲介さんにお願いしました理由は、事業承継のためであります。弊社は、私が一代で築き上げたことによる悪い影響でしょうか、私以外に会社を経営していけるだけの意思と能力を有している人物が見当たらない状況にあります。本来であれば、ここに同席しています息子の太田仁に会社を継いでもらうことが良いのでしょうが、会社の規模が大きくなってしまったためか、経営していく自信がないと申しております。そこで、このたび私に代わって会社を維持存続していくことができる経営者に委ねるべく、売却を検討するに至ったというわけです」

　この説明を聞いて堀田は眉間にしわを寄せた。

『説明が足りない』

　まず、会社の売上高についてだけ言及したものの、近年は赤字を垂れ流していることについて説明がなされていない。そして、会社の規模が大きかったとしても、金のなる木であればそうそうは手放さないものである。息子が経営に自信がなかったとしても、太田一族がフォローしていけば、どうにでもなるだろう。社長の隣に座っている太田仁の名刺に目を落としたところ、専務取締役の肩書である。見た感じ40代半ばくらいに見えるが、若干幼い印象を受ける。順当に行けば、この専務取締役が会社を継ぐことに支障はないはずである。やはり当初の直感のとおり、決算書の内容は額面とは異なり相当傷んでいるのかもしれない。

　堀田がそう思案していた横で、今度はバウムクラストの社長の佐藤が今回の買収に至った経緯について淡々と説明を始めた。

「弊社は、御社に比べますと、まだまだ業界の新参者に過ぎません。特に弊社が得意としている洋菓子分野から離れた和菓子分野になると、スタートアップ以前の状態です。また、生産過程に至っても、自社において原材料開

発を行い広い販売網を有している御社に比べ、業務委託企業を用いて何とか対応しているのが現状です。このような状態を打破しようと考えていた矢先に、御社のように歴史ある和菓子に強い会社が売却を検討されていると伺い、本日参った次第です。今回の話が前向きに進みましたら、弊社と御社の強みを補完し合い、素晴らしいシナジー[7]を生むことになると考えています」

　スタートアップやシナジーといった用語を70代と思われる太田守がどこまで理解しているか定かでないが、隣に座っている取締役をはじめとする数名の役員の共感を得たようで、佐藤の話に何度も頷いていた。

　再び、進行役の杉山が舵をとった。

「それでは、引き続き本件で想定されているスキームの概要についてお話したいと思います。本件では、株式の全部譲渡を予定しております。もっとも、バウムクラスト様がお望みであれば合併という手法も考えられますが、いずれにしろ会社全部が取引対象になる予定です」

　社長の佐藤が軽く頷きながら尋ねた。

「会社全体の譲渡をご希望とのこと、承知しました。まだ始まったばかりで恐縮ですが、本件の買収金額の予定が決まっているようでしたら教えていただけませんか。そもそもウチが用意できない金額をご希望されているようでしたら、詳細を詰めても致し方ないということになりかねませんので」

　堀田も全く同感だった。会議室一同の視線が太田製菓のFAを務めている杉山に集中した。杉山は、いきなり核心を突かれたようで笑顔が引きつった。その顔を太田守に一瞬向けたが、何も発言しない素振りであったため、杉山が回答を引き受けた。

「最終的な買収金額は、今後実施する予定のデューデリジェンスを経た後に確定することになります。そのため、現段階では単なる目安に過ぎませんが、太田製菓側としましては少なくとも二桁、すなわち10億円を株式譲渡の最低ラインと考えています。また、役員退職時には退職金規程に沿って退

---

[7] 二つ以上の企業や事業が統合して運営される場合の価値が、それぞれの企業や事業を単独で運営するよりも大きくなる効果。正確には「シナジー効果」。

職金を支給することも条件として考えております」

 10億円と聞き驚いた堀田は、とっさにその根拠を尋ねようと前に乗り出した。

 その動きを社長の佐藤が片手で制した。

「率直なご意向を伺うことができ光栄です。弊社はまだスタートアップの会社ですから、ご希望されているラインに到達できるか分かりませんが、可能な限り努力してみたいと思います。今後とも大変お世話になりますが、何とぞよろしくお願いいたします」

 その後は、今後のスケジュールに話題が移っていった。堀田はバウムクラストが逆立ちしても10億円というキャッシュを作り出せるはずはないので、上の空の状態であった。この会議が終われば、社長も本件から撤退するだろうと確信を持っていた。そのため、先ほど疑問に思った近年の赤字の点や、事業承継を息子がしない点などについて、特段追及しなかった。

 会議が終了した帰り道のタクシーの中で、堀田はスマホをいじっている社長に対し軽く尋ねてみた。

「社長は先方が話していた10億円という金額についてどうお思いですか」

「ん、10億円はないよね。とはいっても、どうなるか分からないからこの話は進めておいてね」

 他人事のようにサラッと流した社長の話を聞いて、堀田は血圧が上がるのを感じた。

「社長！ うちの会社に10億円なんていう余剰資金は全くありませんよ。買収に当てられる現金はせいぜい2〜3億円です。この話をこのまま進めていっても、最終的にうちが買える可能性は低いと思いますが。また、あの会社は近年赤字を垂れ流しています。本来であれば息子が事業承継するのが順当なのに、外部に売却しようとしていることからしても、あの会社の将来が明るいと思いません」

 社長は手元のスマホをいじりながら、躍起になって否定する堀田に一瞬目を向けた。

「マイナス要素をあげていったらきりがないよ。この案件はうちが和に挑

戦するいい機会だと思っている。堀田さんもできる限りこの案件に前向きになってほしい」
　そう告げたときに社長の手元のスマホが震え出した。社長はスマホを耳元に持って行き誰かと話をし始めた。
　この様子を目の当たりにし、堀田の胸には暗澹たる気持ちが湧き上がった。

　　　　　　……Scene 4「基本合意書締結」（42頁）へ続く。

解　説

関係当事者：買主、法務、財務

〔該当する手続段階〕

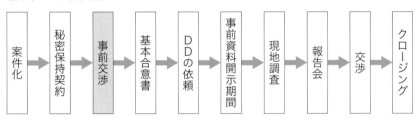

1・M＆Aスキーム

M＆Aスキームは、以下のように各種存在します。

① 株式譲渡
② 事業譲渡
③ 会社分割
④ 合併
⑤ 株式交換
⑥ 株式移転

しかし、我が国のM＆Aの大半は、①～④の手法で行われています。そのため、①～④の特徴を理解していれば、基礎知識として十分です。

〈M&Aスキームの整理〉

	【株式譲渡】	【事業譲渡】
簡便	○簡便・迅速 ○契約や許認可に与える影響少 ×一部の譲渡ができない ×シナジー効果を得にくい	○簡便・迅速 ○資産の一部譲渡が可能 ×負債の移転が原則不可 ×契約の移転が原則不可
	【合併】	【会社分割】
煩雑	○シナジー効果を期待できる ○組織をシンプルにできる ×煩雑・時間がかかる ×一部の譲渡ができない	○一部の事業を譲渡できる ○負債や契約も移転できる ×煩雑・時間がかかる ×詐害的会社分割による取消リスク
	全部	一部

(1) 株式譲渡

＞特徴

　株式譲渡は、売主が有する対象会社の株式を買主に譲渡（売買）することによるM&Aスキームです。株式譲渡は、簡便・迅速な手続であり、M&Aを実行する際に最初に検討候補となります。

　なお、株式譲渡の派生手続として、対象会社が新株を発行して買主に第三者割当を行うという手法も存在します。

＞メリット

ⅰ　簡便・迅速

　株式譲渡は、原則として株式譲渡契約書を締結しさえすれば取引が完了します。会社法上の組織再編行為のように、官報公告や債権者保護手続などのような煩雑で時間がかかる手続は不要となります。

ⅱ　契約や許認可に与える影響少

　株式譲渡は、会社という箱自体は変化することなく、その所有者である株主のみを変更する手続です。そのため、原則として会社に帰属していた契約や許認可は、株主が変更した後もそのまま会社に帰属します（契約等に株主が変更した際に解除できる規定などがある場合を除きます）。

➤デメリット
　ⅰ　一部の譲渡ができない
　株式譲渡の取引対象は、会社全体となります。株式譲渡により会社の支配権を有した場合、その会社全体を支配していることになります。会社の一部の事業を譲り受けることを目的として株式譲渡を用いることはできません。
　ⅱ　シナジー効果を得にくい
　株式譲渡が行われ株主が交替したとしても、原則として会社の社名は変わることなく、従業員はこれまでどおり同じ会社で仕事を続けることになります。そのため、従業員が他社に買収されたという意識を持ちにくく、買収した親会社の意向が浸透しにくいという傾向が見られます。
➤事業譲渡との関係
　対象会社の事業に優良部門と不良部門が存在する場合、優良部門のみ買いたいと希望するケースが多く見られます。このような場合であっても、株式譲渡を用いると会社全体が取引対象となるため、不良部門も合わせて譲り受けるほかありません。そこで、一部の事業のみ譲り受ける方法として事業譲渡が検討されることになります。

(2)　事業譲渡
➤特徴
　事業譲渡は、一定の営業目的のため組織化され有機的一体として機能する財産である事業を譲渡するM&Aスキームです。この手法も会社法上の組織再編行為でないため、株式譲渡と同様に簡便・迅速な手続となります。
➤メリット
　ⅰ　簡便・迅速
　事業譲渡は、原則として事業譲渡契約書を締結しさえすれば取引が完了します。株式譲渡と同様に簡便・迅速さが重要なメリットとなります。
　ⅱ　資産の一部譲渡が可能
　株式譲渡では、会社全体を取引対象とせざるを得ませんでした。しかし、事業譲渡では会社の一部の資産を譲渡対象とすることができます。

➢デメリット
ⅰ 負債の移転が原則不可

　事業譲渡という名称からすると、事業に関連する負債も移転対象になると誤解しがちです。しかし、負債を有しているということは、会社外部の利害関係人に対して支払義務等があるということを意味しています。これらの利害関係人の権利保護を図るため、原則として事業譲渡契約によって移転するのは資産であり、負債は移転しません（利害関係人の同意が必要）。

　一方で、負債が移転しないということはメリットにもなり得ます。対象会社に簿外債務が存在するおそれが高いときに、事業譲渡をスキームとして採用し、簿外債務を引き継がないようにすることができるからです。

ⅱ 契約の移転が原則不可

　負債の移転が原則としてできないのと同様に、契約の相手方である利害関係人の権利保護を図る必要から、事業譲渡契約によって契約上の地位は原則として移転しません（利害関係人の同意が必要）。譲渡対象とされている事業に携わっている従業員も「雇用契約」の相手方となりますので、事業譲渡によって当然に使用者が変更するわけではありません。

➢会社分割との関係

　移転事業が主に資産で構成されており、付随する負債や契約がない場合や、負債や契約が存在していたとしても利害関係人から移転の同意を得られる場合には、事業譲渡という手法を採用することができます。一方で、移転事業に負債や契約が付随しており、利害関係人から移転の同意を得ることが困難である場合等には、事業譲渡という手法をとることはできません。このような場合、利害関係人の同意を得ずして一部の事業を譲り受ける方法として、会社分割が検討されることになります。

(3) 会社分割

➢特徴

　会社分割は、会社が行っている事業を既存の会社に承継させる、又は当該事業を分割により新設した会社に承継させるM&Aスキームです。既存の

会社に事業を承継させることを吸収分割といい、分割により会社を新設することを新設分割といいます。

> メリット

　i　一部の事業を譲渡できる

　株式譲渡では会社全体が取引対象になるため、一部の事業を譲り受けたいときには用いることができません。会社分割は、会社の一部の事業を譲渡対象にできるため、柔軟な譲渡対象の選定が可能になります。

　ii　負債や契約も移転できる

　事業譲渡では、原則として資産しか移転することはできませんでした。ところが、会社分割では、原則として事業に関連する負債や契約を会社外部の利害関係人の同意なく移転することができます。

> デメリット

　i　煩雑・時間がかかる

　会社法上の組織再編行為は、原則として会社外部の利害関係人の同意を得ずに、事業等の移転を行います。利害関係人の同意なしに負債や契約が他社に移転することになるとすれば、利害関係人に酷であるとも考えられます。そこで、会社法は、官報公告や債権者保護手続等を実施することにより、利害関係人の保護を図っています。その結果、契約書締結で済む株式譲渡や事業譲渡と比べると、煩雑で時間がかかることになります。

　ii　詐害的会社分割による取消リスク

　対象会社に優良部門と不良部門が存在する場合、優良部門のみ会社分割により承継してしまうと、残された不良部門の債権者は、債権回収できなくなるおそれが高まります。このような場合、詐害行為取消権等を根拠に分割行為の取消しが認められるおそれがあります（最判平成24・10・12民集66・10・3311等）。また、平成26年会社法改正により、詐害的な会社分割を行った場合、残された債権者が分割先の承継会社等に支払いを求めることができるようになりました（会社法759条4項ないし7項、764条4項ないし7項）。そのため、会社分割を行う際には、詐害的会社分割に該当するおそれがないか検討する必要があります。

(4) 合併
＞特徴
　合併は、対象会社が存続会社に包括承継され、対象会社の株主に株式その他の財産が交付されるM&Aスキームです（実務上一般的な吸収合併）。会社の全部を譲り受けるという点で株式譲渡に類似しており、また会社法上の組織再編行為であるという点で会社分割に類似しています。
＞メリット
　ⅰ　シナジー効果を期待できる
　株式譲渡と異なり合併では、対象会社が消滅することに伴い、会社名や組織のルールなどが変更になります。そのため、株式譲渡と比べて従業員の意識の変化が大きく、シナジー効果を期待しうるという傾向が見られます。
　ⅱ　組織をシンプルにできる
　株式譲渡を繰り返すと、子会社・孫会社等の数が増えることになり、グループ全体が複雑化し統率をとりにくくなるおそれがあります。この点、合併により旧会社が消滅するのであれば、グループの会社数が増えることにならないため、組織がシンプルになります。
＞デメリット
　ⅰ　煩雑・時間がかかる
　合併は、会社分割と同様に原則として会社外部の利害関係人の同意を得ずに、会社組織を包括承継することになります。そのため、官報公告や債権者保護手続等を実施することにより、利害関係人の保護を図る必要があります。
　ⅱ　一部の譲渡ができない
　合併を行うと、原則として対象会社の全てを包括承継することになります。一部の譲渡を希望する場合には、会社分割の手法を選択する必要があります。

(5) 株式交換
＞特徴
　株式交換は、対象会社の既存の株主が有する全株式を別の会社に移転さ

せ、既存の株主に移転させた会社の株式等を交付するM＆Aスキームです。例えば、A社とB社（対象会社）との間で株式交換を行った場合、B社の既存株主にA社株式が交付されてA社株主となり、B社株式はA社が保有することになります。その結果、A社はB社の完全親会社となり、B社は完全子会社となります。

−株式交付−

　株式交換では、対象会社の全株式が対象となり、一部の株式を対象とすることができません。また、外国会社を対象会社として株式交換を行うことは認められていません。これらの不都合性を解消し、自社株対価によるM＆Aを促進する目的で株式交付という制度が新設される予定です。

(6)　株式移転
＞特徴
　株式移転は、既存の株式会社の全株式を手続中に設立される他の会社に移転させ、既存の株主が設立された会社の株主となるM＆Aスキームです。例えば、A社が株式移転を行った場合、その過程でB社が設立され、A社の既存株主はB社の株主となります。そして、B社はA社の完全親会社となり、A社は完全子会社となります。株式移転は、ホールディングカンパニーを用いる場合などで利用されます。

2・事前交渉

　M＆Aの初期段階で買主と売主の責任者が協議の場を持つことは往々にして見られます。この段階では、買主も売主もディールを行うという意思決定をしていません。ただ、この段階でディールの可能性の芽を摘んでしまうことがないよう、対象会社の問題点やリスクなどについて深く切り込んだ質問を行うことは控え、表面上の事業内容や業績について情報交換することが往々にして見られます。

　もっとも、買収対価やスキームについて大きく認識が異なる場合には、それ以上協議を行う必要がなくなります。そのため、これらの大枠については

初期段階で把握しておいてもよいでしょう。

3・資料の受け渡し方法

　M＆Aでは、対象会社に関する多種多様な資料を受領し分析することになります。紙ベースで資料の受け渡しをすることもありますが、多くの場合にはPDFファイルやExcelファイルなどの電子データにより、資料の受け渡しを行うことになります。これらの電子データは、パスワードを付してメール送信により交付される場合もあれば、クラウド上にファイルをアップロードしてバーチャル・データルームを設けることにより共有することもあります。いずれの方法を採るかは、FAや対象会社の選択に委ねられます。もっとも、紙ベースで資料提供を受けると、それをデューデリジェンスメンバーで共有することが困難になります。可能な限り電子データとして資料提供するよう要求した方がよいでしょう。

　一方で、対象会社において紙ベースで存在する資料をスキャンするなどしてPDFファイル化することは、多大な労力がかかります。そのため、契約書などの膨大な紙データについては、現地調査において閲覧するよう要求されることが一般的です。

4・非上場会社の決算書

　上場会社や大会社など監査人の監査対象とされている決算書は、間違いなどが含まれている場合に監査人の指摘を受けて修正されるため、内容につきある程度の信頼性が認められます。これに対し、監査対象とされていない非上場会社の決算書は、程度の差はあるものの正確性に問題があることが多いといえます。

　上場会社は会計基準に沿って決算書を作成するのに対し、非上場会社は税法基準に沿って決算書を作成することが一般的です。企業の実態を表そうとする会計基準と、適切な課税を実施しようとする税法基準では、そもそもの制度趣旨が異なります。また、非上場会社では、金融機関の融資を受けるために黒字化することや、税金を減らすために赤字化するというように、損益

をある程度増減することもあります。

　このような事情から、非上場会社の決算書を額面どおり正しいと考えるべきではありません。財務デューデリジェンスでは、様々な証憑を確認することにより、会計基準に沿った実態に適合した決算書を作成することになります。

Scene 4
基本合意書締結

　社長が太田製菓のM&Aについて撤退する意向がないと判明してからというもの、堀田の日常業務の滞留書類は日を追うにつれて机に積みあがることになった。

　まずは、どうしてここ数年赤字が続いているのか原因分析するために、過去5年分の決算書データを取り寄せ、分析しなければならない。また、疑わしい勘定科目についてあらゆる角度から質問を行い、裏付けとなるエビデンスデータをもらわねばならない。しかし、太田製菓は経理部が古い体質らしく、Excelファイルではなく、基本的に紙ベースの書類をPDFファイルにスキャンして送付してきた。

　上場会社のM&Aは、株価に影響を与える可能性が高い。そのため、バウムクラストの取締役以外は堀田しかこのスキームの内容を知らされていなかった。そのこともあり、経理部の部下に頼むこともできず、堀田自身が太田製菓の数値を打ち込まなければならなかった。大抵の作業は、経理部の社員が帰宅した夜に行っていた。

　そんな最中、太田製菓からメールで送られてきた今後の経営計画を見て、堀田は眉をひそめた。それは、ここ数年赤字続きであるものの、今後5年間は右肩上がりでピカピカの会社になるというものだった。売上は増加し、経費は削減されている。どう頭をひねったらこのような計画になるのか明確な施策は示されていない。こんな経営計画を社長が信用するはずはないが、目にすれば浮き足立つおそれもある。堀田は、可能な限り保守的に経営計画を作りあげようと気を引き締めた。

初めての顔合わせから1か月ほど経過したころに、バウムクラストのFAである安積から基本合意書を締結しないかと打診の電話を受けた。堀田もM&Aの書籍に概ね目を通しており、基本合意書なるものの位置付けは理解していた。

　基本合意書はデューデリジェンスに入る前に、これまで検討し合意に至っている内容を取りまとめる書面である。もっとも、まだデューデリジェンスを実施していないので、スキームや買収金額などは変化する可能性がある。そのため、合意書の多くの条項には法的拘束力を持たせず、紳士協定のような形で締結されるのである。

「現段階で基本合意書を締結する必要はあるんですかね」

　そもそも今回のM&Aにあまり乗り気でない堀田は、基本合意書の締結にも二の足を踏んだ。

「そうですね。最近のM&Aでは、基本合意書を締結しないケースも見られます。ただ、当社では通常基本合意書を取り交わしていますし、この段階で当事者間の認識の齟齬がないか確認する意味でも作成した方がよいかと思います」

　このように理路整然と説明されてしまうと堀田としても反論のしようがない。

「分かりました。それでは、基本合意書の雛形を送っていただけますか。当方にて検討してみたいと思います」
と締めくくった。

　その日の夕方には安積から基本合意書の雛形が送られてきた。

　早速目を通してみると、M&Aのスキームは株式譲渡とし、買収対価10億円を前提とするとの文言が目に飛び込んだ。

　法的拘束力がないにしろ、デューデリジェンス前の現段階で10億円の買収対価が記載されていることにプレッシャーを受けた。

『この文言は削除してもらおう』

　その他の条項として気になったのは、違約金条項である。今回のディール

> # 基本合意書
>
> 　太田××（以下「甲」という。）とバウムクラスト株式会社（以下「乙」という。）は、太田製菓株式会社（以下「丙」という。）の株式を甲が乙に譲渡することにつき基本的に合意し、以下のとおり基本合意書（以下「本契約」という。）を締結する。
>
> 第1条　（基本合意の内容）
> 　　　　甲は、以下の割合で丙の発行済株式の株式を有する（発行済株式総数×××株）と認識しているところ、甲及び乙は、甲が乙に対し、甲が保有する全ての丙株式（以下「本件株式」という。）を譲渡することについて基本的に合意した。
> 　　　　普通株式　　　×××株　　　××％
>
> 第2条　（本件株式譲渡及び譲渡価格）
> 　　　　(1)　甲は、本契約に定めるところに従い、●年●月●日を目処として本当事者間で別途合意される日（以下「実行日」という。）に
> ………

が不成立に終わった場合には違約金として買収予定対価の5％を支払うこととすると定められていた。10億円の5％となれば5000万円である。不成立になった場合にこんな多額の金銭を払うことになれば、泣きっ面に蜂だ。このような基本合意書を何も告げずに提示してくる安積に対し、疑念がむくむくと浮かび上がった。

　『この基本合意書にはまだ自分が気づいていない重大な問題があるかもしれない』

　顧問弁護士にこの基本合意書を確認してもらおうという思いが頭をよぎったが、デューデリジェンスは他の法律事務所に依頼しようと考えていたことから、基本合意書を顧問弁護士に確認してもらうことははばかられた。

　堀田はこの怒りを共感してもらおうと思い、すぐさま社長に電話をかけた。

　「社長、とんでもないですよ。先方から送られてきた基本合意書には買収

対価として10億円と書かれていて、その上違約金として本件ディールが不成立になったときには5000万円を払うとされていますよ」

「違約金で5000万円？　それは確かにひどいね。ちょっと、買収対価の点や、違約金については先方に削除してもらうよう十分話し合っておいて」

そう言われるや否や電話を切られてしまった。あまりに素っ気ない対応をされて、堀田は茫然とするとともに、やり場のない怒りを感じた。とはいえ、株式上場の際に同じような怒りを幾度となく覚えた堀田としては、このような社長の対応に耐性があった。

堀田は早速、安積に基本合意書に関する不満を述べた。電話で直接クレームを告げようかと思い受話器を持ち上げたが、後で言った言わないの問題になっても不都合だと考え直しメールで連絡をした。

買収金額はまだ詰め切れていないこと、違約金が記載されているのは納得できないことを端的に指摘し、これらの事項について何も説明なしに基本合意書を送り付けてくるのは、当社側のFAとしておかしいのではないかと伝えた。

短文のメールが不機嫌さをかもし出していたのか、メールを送信してわずか5分足らずで安積から電話がかかってきた。

「ご説明が前後して大変申し訳ありません。基本合意書の送付とともにご説明すればよかったのですが、ご一読されてからの方がよいかと思いまして」

にわかに信じがたい話だったが、安積の低姿勢な態度に若干溜飲を下げた堀田は問題点に話を向けた。

「それはそうと、買収金額と違約金の点は削除してくれるのですか」

「はい。バウムクラスト様からこれらの点について意見が提示されたことを先方にお伝えしたいと思います。できる限りご意向に沿うよう取り計らいたいと思いますが、相手があることですので、現時点で削除を確約できるものではありません」

正論ではあるものの、木で鼻をくくったような回答だ。

「買収金額の点は、先日の打合せの際に先方から提示された金額であるか

ら、先方の意向を確認する必要があるのは分かりますよ。けれども、違約金の点については、FAである御社が成功報酬[8]を獲得するためのものじゃないですか。しかもその金額が、現在の書面からすると5000万円と法外な金額になります。なんでこんな非常識な条項を入れるのですか」

　安積は当初の低姿勢な態度から若干落ち着きを取り戻していた。

「誤解を与えてしまったようで恐縮です。この違約金条項は弊社が希望して入れたものではありません。太田製菓様としましても、今回のデューデリジェンス対応を行うことで多大な費用と時間をかけることになります。そのため、ディールが成立する見込みが低いのにデューデリジェンス対応を行うことには躊躇せざるを得ないのです。そこで、違約金条項を設けたという次第です」

　堀田は今回のディールがどうせ不成立になるだろうと思っていたことを見透かされたようで、若干言葉に詰まった。

「とは言っても、まだデューデリジェンスも実施していない段階で違約金を約束することはできません。今後どのような問題が生じるか全く分からない状態なのですよ。違約金条項を削除することについては、次のステップに進むための最低条件として誠意をもって対応してください！」

　一気にそうまくし立て、堀田は受話器を置いた。

●

　堀田の強気な態度が功を奏したのか、2日後にかかってきた安積からの電話では、違約金条項を削除することに応じる旨の回答があった。しかし、買収金額10億円という点については、特段法的拘束力を持たせていないことから、このままの状態で基本合意書に記載したいと告げられた。堀田が社長にその旨報告したところ、「違約金が落ちればいいんじゃない」と回答されたことから、その方向で基本合意書を締結することになった。

---

[8] M＆A仲介会社の報酬体系は多種多様だが、成約した場合の成功報酬を設けていることは多い。

基本合意書の内容については、その後堀田自身が詳細に検討したが、多くの条項で法的拘束力が否定されており、目立って不利な条項も存在しなかったことから、顧問弁護士の確認は見送ることにした。とはいえ、このような重要なディールに関する書面を堀田自身の裁量で進めてしまっていることに胃のあたりが軽く痛んだ。

……Scene 5「DD の依頼」（58 頁）へ続く。

解　説

関係当事者：買主、法務

〔該当する手続段階〕

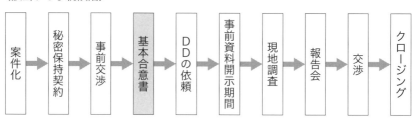

1 ▪ 基本合意書

　基本合意書は、M＆Aのスキーム、買収価格、スケジュールなどの条件がある程度固まった段階で、これらの合意内容を書面化するものです。LOI（Letter of Intent）やMOU（Memorandum of Understandings）などと呼ばれることもあります。

　M＆A中間段階のメモ書きのような位置づけであるため、必ず作成しなければならない書面ではありません。実際に基本合意書を作成することもあれば、作成しないこともあります。

➤法的拘束力

　基本合意書は、デューデリジェンス実施前に締結することが一般的であり、デューデリジェンスの結果ディールが不成立になることも考えられます。そのため、基本合意書の多くの条項には法的拘束力は認められていません。法的拘束力が認められる条項は、独占交渉権や誠実交渉義務等の一部の条項に限られます。

　なお、法的拘束力があるか否かを巡り争いになることを避けるため、どの条項に法的拘束力が認められるのかを明記しておくのが好ましいでしょう。

➤買収金額

　基本合意書に買収金額を記載することもあれば、記載しないこともあります。基本合意書締結時には未だデューデリジェンスを実施していないことか

らすれば、仮に買収金額を記載したとしても、その金額に法的拘束力が認められないのは当然のことです。もっとも、法的拘束力がないとしてもデューデリジェンス後の買収金額交渉において、基本合意書に記載されている買収金額が交渉のベースとなることは否めないため、自分にとって不利な金額である場合には記載しない方がよいでしょう。

〈条項例〉

> 第○条（買収金額）
>   本件株式の譲渡対価は、1株当たり●●円を目処とし、デューデリジェンスの結果をふまえた調整を行った後、株式譲渡契約（以下「正式契約」という。）において定めるものとする。

> **独占交渉権**

　独占交渉条項とは、売主に買主以外の第三者との間で、対象会社の買収に関して交渉することを一定期間禁止する規定をいいます。買主が費用と時間を投じてデューデリジェンスを実施しているにもかかわらず、売主が第三者と協議を行い対象会社を売却することになれば、買主が損害を被ることになりかねないため、買主に独占交渉権を認めることがあります。

　独占交渉権を設ける場合には、この権利を実行化させるため、法的拘束力を認める必要があります。そのため、独占交渉条項には、基本合意書内では例外的に法的拘束力が認められます。

〈条項例〉

> 第○条（独占交渉権）
>   甲は、本契約有効期間において、乙以外の第三者との間で、直接又は間接を問わず、本件ディールと同一又は類似した取引につき、一切の勧誘、申込、情報の提供、交渉及び取引の実行をしてはならない。

> **違約金**

　原則として法的拘束力が認められない基本合意書に、違約金規定が設けられることは一般的ではありません。もっとも、独占交渉権に違反した場合の

違約金額を定めている場合もあるため、注意が必要です。

　また、基本合意書締結時に手付金の支払いを求め、デューデリジェンスの結果重大な問題が発見されないにもかかわらず正式契約に至らなかった場合、手付金を没収するという扱いもあるため、注意が必要です。

> **法的拘束力**

　上述したように、基本合意書には原則として法的拘束力が認められません。当事者間の認識に齟齬が生じないよう、法的拘束力が認められる条項を明記する場合、以下のようになります。

〈条項例〉

> 第○条（法的拘束力）
> 　甲及び乙は、第8条及び第15条についてのみ法的拘束力を認め、その余の条項には法的拘束力を認めないことを確認する。

> **弁護士の確認**

　基本合意書の多くの条項で法的拘束力が認められないとしても、買収金額を入れるべきか、独占交渉権を設けるべきかなど、法的に検討すべき余地は存在します。実際には、基本合意書が締結された後の段階で法務デューデリジェンスの依頼があることが一般的です。しかし、締結済みの基本合意書には、どうして締結前に依頼しなかったのかと悔やまれる問題のある基本合意書も散見されます。基本合意書は、最終契約書に影響を与える可能性がある書面となりますので、可能な限りM&Aに詳しい弁護士に確認を求めるべきでしょう。

〈基本合意書の記載例〉

基本合意書（LOI）

●●●●（以下「甲」という。）と●●●●（以下「乙」という。）は、●●●●（以下「丙」という。）の株式を甲が乙に譲渡することにつき基本的に合意し、以下のとおり基本合意書（以下「本契約」という。）を締結する。

第1条　（基本合意の内容）

　　甲は、以下の割合で丙の発行済株式の株式を有する（発行済株式総数●●株）と認識しているところ、甲及び乙は、甲が乙に対し、甲が保有する全ての丙株式（以下「本件株式」という。）を譲渡することについて基本的に合意した。

　　普通株式　　　●●株　　　●●％

第2条　（本件株式譲渡及び譲渡価格）

(1)　甲は、本契約に定めるところに従い、●年●月●日を目処として本当事者間で別途合意される日（以下「実行日」という。）において、本件株式を次項の定めに従い決定された価格で乙に譲り渡し、乙はこれを同価格で譲り受けること（以下「本件株式譲渡」という。）に基本的に合意する。

(2)　本件株式の譲渡対価は、1株当たり●●円を目処とし、デューデリジェンスの結果を踏まえた調整を行った後、株式譲渡契約（以下「正式契約」という。）において定めるものとする。

第3条　（正式契約日）

　　甲及び乙は、実行日までに、本契約を踏まえて交渉のうえ、本件株式譲渡にかかる正式契約の締結を目指すものとする。

第4条　（丙の株式についての保証）

(1)　甲は、丙が日本国法において適法に設立され、かつ存続する株式会社であることを、乙に対し保証する。

(2)　甲は、本契約締結日現在、甲が本件株式を有していることを、乙に対し保証する。

(3) 甲は、本契約締結時点で、丙の株式につき、いかなる第三者もストック・オプション、新株予約権、その他の方法で、丙の株式を取得する権利を有しないことを、乙に対し保証する。
(4) 甲及び丙は、乙に対し、本件株式譲渡がなされるまで、丙において新株発行、その他いかなる方法であれ、丙の発行済株式総数が増加するか、増加する可能性のある手続を行わないことを保証する。

第5条 （丙の財産内容の保証等）
(1) 甲は、既に提出している●年●月末日現在（以下「基準日」という。）の丙の決算報告書（貸借対照表、損益計算書、財産目録、付属明細書等すべての資料を含む。）が日本で一般的に認められた会計基準に従って作成されたものであり、同日現在の丙の財政及び資産の状態並びに同日に終了した事業年度の丙の経営成績を適正に表示していることを、乙に対し保証する。ただし、軽微な差異については、この限りでない。
(2) 甲は、基準日以降、丙の財政又は資産の状態、経営成績等に重大な悪影響を及ぼすおそれのある事由が生じていないことを、乙に対し保証する。
(3) 甲は、それぞれ自らが開示した事実又は資料が、重要な点で真実であることを保証する。
(4) 甲は、丙に関して、現在、訴訟その他の紛争が存在せず、また合理的に予見される範囲での紛争も存在しないことを、乙に対し保証する。

第6条 （デューデリジェンス）
　乙は、本契約の締結後●か月以内において、乙及びその選任する弁護士、公認会計士並びにその他のアドバイザー等による、丙の資産及び負債等についての調査を実施、完了するものとし、甲及び丙はこれに最大限協力する。

第7条 （本件株式譲渡に向けた協力義務）
　甲及び乙は、本契約の締結後、デューデリジェンスの実施のほか、本件株式譲渡の内容を実行するのに必要な契約及び社内手続を可及的速やかに実施し、実行日までに、正式契約の締結をはじめとする本件株式譲渡（株券の交付を含む。）が行われるよう誠実に協力する。また、甲はかかる事項

について丙の協力を調達するものとする。

第8条　（秘密保持）
（1）　甲及び乙は、本契約の締結及び一切の内容に関し、書面による相手方の同意のない限り、第三者に開示、提供又は漏洩してはならない。
（2）　甲及び乙は、本件目的のために開示又は提供された相手方の情報（丙に関する情報を含む。）の一切を秘密として保持し、相手方による事前の書面による同意なしには、それらを本件目的以外に使用してはならず、また、第三者に開示、提供又は漏洩してはならない。ただし、官公庁の照会に応じる場合等正当な理由がある場合には、この限りでない。
（3）　前項の規定は、本契約の終了後5年の間、効力を有するものとする。

第9条　（解除）
　甲及び乙は、本契約締結後正式契約を締結するまでの間、甲、乙若しくは丙に以下各号に定める事項が生じた場合には、請求により直ちに（ただし①を除く。）、本契約を解除することができる。
①本契約の条項に違反し、相当の期間を定めて催告しても違反事実が是正されないとき。
②監督官庁より営業停止又は営業免許もしくは営業登録の取消処分を受けたとき。
③仮差押、仮処分、強制執行、担保権の実行としての競売の申立て、又は破産、民事再生、会社更生、会社整理の申立て等があったとき、若しくは清算に入ったとき。
④支払停止、支払不能等の事由を生じたとき。

第10条　（反社会的勢力の排除）
（1）　甲及び乙は、次の各号のいずれにも該当しないことを表明し、将来にわたって次の各号のいずれにも該当しないことを確約する。
①自ら又は自らの役員（取締役、執行役または監査役）が、暴力団（暴力団員による不当な行為の防止等に関する法律（平成3年法律第77号）第2条第2号）、暴力団員（暴力団員による不当な行為の防止等に関する法律　第2条第6号）、暴力団員でなくなった時から5年間を経過しない者、もしくはこれらに準ずる者、又は暴力団もしくは暴力団員と密接な

関係を有する者（以下、これらを個別にまたは総称して「暴力団員等」という。）であること
② 自らの行う事業が、暴力団員等の支配を受けていると認められること
③ 自らの行う事業に関し、暴力団員等の威力を利用し、財産上の不当な利益を図る目的で暴力団員等を利用し、又は暴力団員等の威力を利用する目的で暴力団員等を従事させていると認められること
④ 自らが暴力団員等に対して資金を提供し、便宜を供与し、又は不当に優先的に扱うなどの関与をしていると認められること
⑤ 本契約の履行が、暴力団員等の活動を助長し、又は暴力団の運営に資するものであること
(2) 甲及び乙は、相手方が次の各号の一に該当するときは、何らの通知、催告を要せず即時に本契約を解除することができる。
① 第1項に違反したとき
② 自ら又は第三者をして次に掲げる行為をしたとき
 a 相手方に対する暴力的な要求行為
 b 相手方に対する法的な責任を超えた不当な要求行為
 c 相手方に対する脅迫的言辞又は暴力的行為
 d 風説を流布し、又は偽計もしくは威力を用いて、相手方の信用を毀損し、又は相手方の業務を妨害する行為
 e その他前各号に準ずる行為
(3) 甲及び乙は、前項の規定により本契約を解除した場合、相手方に損害が生じても、これを賠償する責を負わないものとする。

第11条 （有効期間）
　本契約の有効期間は、締結日から●年●月●日までとし、両当事者の書面による合意をもってのみ本契約の有効期間を延長することができる。

第12条 （確認事項）
　甲及び乙は、本契約の締結により正式契約を締結する義務が生じるものでないことを相互に確認する。

第13条 （協議解決）
　本契約に定めのない事項、又は本契約の解釈について疑義が生じたとき

は、甲乙誠意をもって協議のうえ解決する。

第14条　（準拠法及び管轄裁判所）
　　甲及び乙は、本契約の準拠法を日本法とし、本契約に関し裁判上の紛争が生じたときは、東京地方裁判所を専属的合意管轄裁判所とすることに合意する。

第15条　（法的拘束力）
　　甲及び乙は、第4条（丙の株式についての保証）、第5条（丙の財産内容の保証等）、第8条（秘密保持）、第9条（解除）、第10条（反社会的勢力の排除）、第11条（有効期間）及び第14条（準拠法及び管轄裁判所）についてのみ法的拘束力を認め、その余の条項には法的拘束力を認めないことを確認する。

本契約締結の証として、本契約書2通を作成し、甲乙相互に署名又は記名・捺印のうえ、各1通を保有することとする。

●年●月●日

　　　　　　　　　　甲

　　　　　　　　　　　　　　　　　　　　　　　　　　㊞

　　　　　　　　　　乙

　　　　　　　　　　　　　　　　　　　　　　　　　　㊞

2 ▪ 情報の管理

　売主から対象会社の情報を受領する以前にNDAを締結していると考えられるため、これらの情報をNDAに違反して漏洩することになれば、秘密保持義務違反の責任を問われることになりかねません。
　また、上場会社がM＆Aの当事者である場合には、インサイダー取引規

制に該当しないよう注意する必要があります。インサイダー取引規制とは、証券取引の公正性及び透明性を保持するため、会社の関係者等が一定の重要事実を知ったときに、その事実が公表される前に有価証券等の売買をすることを禁止することをいいます。例えば、上場会社が買収を検討しているという情報を利用して株の売買を行った場合、インサイダー取引として処罰の対象になることが考えられます。この点からも、M＆Aに関する情報が買主や売主の社内においても漏れることがないよう、厳重に管理する必要があります。

なお、実際のデューデリジェンスの現場では、買収の検討が行われていることを外部に察知されないよう、別の名目で調査に従事しているよう振る舞うこともあります。

3 ▪ 適時開示

上場企業では、証券取引所の規則に基づき、一定の場合に適時開示を行う必要があります。

適時開示とは、上場会社に対して、①重要な事項を決定した場合・重要な事実が発生した場合、②決算に対する情報、③株式・(支配)株主に関する情報の開示を求め、投資家が適切な投資情報を入手し、投資判断を可能とさせる情報開示制度です。投資家は、これらの情報開示を踏まえて投資の意思決定を行うことになります。

M＆A取引に関する適時開示事項としては、株式の発行等、株式交換、株式移転、合併、会社分割、事業の全部・一部の譲渡又は譲受け、業務上の提携等、公開買付け等、全部取得条項付種類株式の全部の取得、株式等売渡請求に係る承認または不承認などがあげられます。

なお、これらの事実に該当する場合であっても、証券取引所が定める重要事実に該当しない場合には、適時開示が義務付けられないこともあります。

また、M＆Aを実施する場合、基本合意書を締結する時点と最終契約書が締結される時点のいずれの時点で適時開示が求められるのかという問題が生じます。この点、基本合意書においても買収株式数及び買収金額等の取引

内容が規定され、当該規定について法的拘束力がある場合には、原則として開示が必要になると考えられます。そのため、上場企業が基本合意書を締結する際には、適時開示にも配慮しつつ法的拘束力の有無を定める必要があります。

Scene 5
DDの依頼

　基本合意書もどうにか締結され、いよいよデューデリジェンスを実施するという流れになった。大まかな財務数値については既に堀田の手元に集まっており、一定程度の財務諸表分析や将来計画分析は終了していた。しかし、自社のことならいざ知らず、太田製菓の決算書にどのような裏事情があるかは、データのみから判別することには限界がある。また、堀田自身も能力の限界を感じており、Ｍ＆Ａに詳しい事務所にデューデリジェンスを依頼しなければならないと考えていた。
　太田製菓の要望により、本件ディールは２か月後を目途に完結したいと告げられていた。時間的に余裕がないため、早急にデューデリジェンス担当を決めなければならない状態にあった。ところが、役員会でＭ＆Ａの進捗報告をするとともにデューデリジェンス手続の説明を行ったところひと悶着あった。
　「そもそもデューデリってやらなきゃいけないの？」
　社長の佐藤から投げかけられた質問である。堀田は社長の当事者意識のなさに辟易としつつも、丁寧に説明を行った。
　「今回のディールは優に億を超えるものになります。そして、買収対象である会社にはどのような問題が潜んでいるか、現段階ではほとんど知りえません。そのため、慎重に法務・財務の両面から調査を行う必要があります。デューデリジェンスの結果、何か問題を発見した場合には、買収価格の減額交渉に使えるかもしれませんし、問題が大きければ買収しないという選択をとるかもしれません。どのような結果になるのか分かりませんが、デューデリジェンスを実施しないという選択肢は考えられません」
　「そうは言っても友達のワイルドビーンでは特にデューデリしないで買収しているって聞いたけど。ところで、一体いくらくらいフィーがかかる

の？」

「ワイルドビーンは非上場会社ですよね。非上場会社で社長が株式の大半を有している場合には、リスクを全て引き受ける覚悟でデューデリジェンスを行わない場合もあります。けれども、当社は上場会社ですから、仮にデューデリジェンスを実施せずに買収を行い、買収した会社に大きな問題が発覚した場合、株主代表訴訟[9]が起きるおそれがあります。この場合役員個人が賠償責任を負うのですよ」

それまで関係ないというような素振りで聞いていた社長以外の取締役が代表訴訟と聞いて我に返った。

「デューデリジェンス・フィーについては、法務財務ともに数百万円程度だと思いますが、この点は追って見積りをもらった上で検討します」

社長や他の取締役も代表訴訟リスクを嫌ったのか、デューデリジェンスを行うことにこれ以上異を唱えなかった。

法務デューデリジェンスについては、若干あてにしているところがあった。前職で、飯嶋法律事務所の飯嶋先生にM&Aに関する訴訟を対応してもらったことがあったのだ。堀田がその訴訟に大きくかかわったわけではないが、飯嶋先生と雑談した際に法務デューデリジェンスも何件か扱っていると耳にしていた。堀田は早速受話器に手を伸ばすと、飯嶋法律事務所にアポイントを取った。

●

飯嶋法律事務所は、ボスの飯嶋先生とイソ弁の遠出太郎の2人が在籍している。イソ弁は、居候弁護士の意味だが、最近では「アソシエイト」と小洒落て呼ぶことも多い。太郎は今年で弁護士4年目の31歳。様々なケースに

---

[9] 一定の要件を満たす株主が、所定の手続を経たうえで、会社の代わりに役員その他一定の者の責任を追及する訴訟（会社法847条）。

対応してきた経験から、弁護士なりたてのフレッシュさも影を潜め、徐々に仕事対応も板についてきた。

　太郎が来週裁判期日が入っている準備書面の起案をしていたところ、飯嶋先生から明日の10時にバウムクラストの人が来るから一緒に相談に入るよう伝えられた。手帳を開き10時の予定が空いていることを確認したうえ、「バウムクラスト」と予定を記入し、引き続きパソコンに向き直った。

　翌日の9時55分頃に太郎が事務所に出所したところ、既に事務所内のホワイトボードには「バウムクラスト堀田様9時50分来所」の文字が記入されていた。慌てて法律相談の準備を整え、太郎は飯嶋先生のデスクに赴き「用意ができました」と告げた。どんな案件か聞かされていなかったが、飯嶋先生も一緒に相談に入るのであれば、とりあえず横で話を聞いておけば大丈夫だろうと高を括った。

　会議室に飯嶋先生に続いて入室すると、そこには40代後半くらいの誠実そうな人物が起立した状態で待機していた。太郎は自分が遅れて事務所に来たことで、10分近くこの人を起立させていたのかとバツの悪さを感じた。

「前職では大変お世話になりました」

　そう言って、その人物は飯嶋先生と名刺交換を行った。引き続き太郎も名刺交換をした。その名刺に東京証券取引所のロゴがあるのを見て、バウムクラストが上場会社であることを知り、慌てて顔を上げた。飯嶋法律事務所で上場会社のクライアントはわずかしかない。太郎は気が引き締まるのを感じた。

「急にお時間いただくことになり申し訳ありません。お忙しいことと存じますので、早速本題に入らせていただきます。まだ確実な話ではないのですが、現在弊社である会社を買収することを検討しています」

　M＆A案件だと知り、太郎の握るペンに力が入った。これまで飯嶋法律事務所において様々な事件を担当したと自覚していた太郎であるが、M＆Aを扱うのは初めてだった。飯嶋先生の顔を横目で見ると落ち着き払った様子で話の先を促している。

「現在基本合意書を締結した段階であり、次にデューデリジェンスに進む段階です。もしよろしければ、飯嶋先生の事務所にて法務デューデリジェンスをお願いしたいと考えているのですが」

　法務デューデリジェンス。弁護士であれば誰でも対応できると思われているかもしれないが、かなり特殊な分野であり、現実には対応できる弁護士の数は多くない。太郎も未経験の分野であるため、是非とも取り組んでみたい分野であった。とはいえ、通常法務デューデリジェンスは大手法律事務所かＭ＆Ａ専門の法律事務所が何人も弁護士を投入して実施するというイメージがある。太郎は、うちの事務所で法務デューデリジェンスを実施することができるのか不安になった。

「大まかなスケジュールを教えていただけますか」

　太郎の不安をよそに飯嶋先生は淡々と話を進めていく。

「この点、勝手申し上げて恐縮なのですが、先方の要望により可能であれば２か月後にはディールを完結したいと告げられています。そのため、デューデリジェンスについては、１か月程度を目途に実施していただきたいと考えています」

「そうなると、レポートの提出期限は１か月半後くらいになりますかね」

「そうですね。その頃、弊社の役員会が開催されますので、そこまでにレポートが完成しているとありがたいです」

　飯嶋先生は、堀田から手渡された太田製菓の決算書に目を落としながら会社概要とデューデリジェンスを行う上で注意すべき点について尋ねていた。

　太郎は初めて行うであろう法務デューデリジェンスに期待に胸を膨らませていたところ、わずか１か月半で報告書を完成させるというスケジュールを聞かされ、間に合うのかとにわかに不安になった。

　相談開始から１時間が経過し、概ね話が終盤に差し掛かったとき、堀田がおもむろに切り出した。

「実は、財務デューデリジェンスも実施しなければならないと考えているのですが、まだ担当する事務所が見つかっていません。もし、飯嶋先生の方でご存じの方がいらっしゃいましたら、ご紹介いただきたいのですが」

飯嶋先生は少し思案した後、「分かりました。検討しておきます」と告げた。

　堀田を見送ったエレベーターのドアが閉まるや否や、太郎は隣で深々と礼をしている飯嶋先生に顔を向けた。
「先生！　すごいですね。法務デューデリですよ。弁護士になったからにはやりたいと思っていた分野だったんです。先生は昔やったことがあるのですか」
「そうだね。昔何件かやったことがある。Ｍ＆Ａも日本の文化に馴染みつつあるから、今後も件数が増えるだろうね。これを機にしっかりとデューデリジェンスの基礎を固めるといい」
「ところで、気になっていたのですが、実際に法務デューデリを行う際に、先生と私の２人だけでマンパワーとして十分なのでしょうか。私は全くの素人なので若干心配なのですが」
「ああ。そこは新堂君に入ってもらおうと考えている」
　新堂明。太郎が飯嶋法律事務所に入所するのと入れ替えに独立開業した弁護士である。立場的には兄貴弁護士である兄弁にあたるのだが、一緒に仕事をした機会がないため若干縁遠い存在だ。飯嶋法律事務所の忘年会などで軽く話をしたことがある。太郎よりも３歳ほどしか年上でないのに、確か今年で弁護士１０年目で、早くして司法試験に合格した切れ者だと記憶していた。頭の切れは顔に表れるのか、シャープな顔立ちで思っていることを遠慮せずにズバズバと言うところがあり、合う人には合うが、合わないと煙たがれるタイプである。もっとも、太郎は比較的鈍感な性格が幸いして、新堂のキツイ言葉もそれほど後を引かずに受け止めることができていた。
「新堂先生の件は承知しました。ところで、財務デューデリジェンスの担当者についてはどうしましょうか。どなたかご存じなのでしょうか」
「昔一緒に仕事をしていた財務のメンバーもいるけれども、太郎君と一緒に仕事をするとなるとちょっと年代も離れていてやりにくいかもしれないな。以前、訴訟を手伝ってもらった女性会計士はどうかな。彼女、財務デューデリジェンスを受けてくれないかな」

以前、営業損害の訴訟でアドバイスをもらった西野彩*のことである。そういえば、最近連絡を取っていなかった。
「分かりました。早速確認します」

*「ストーリーでわかる営業損害算定の実務　新人弁護士、会計数値に挑む」(日本加除出版)参照。

●

　飯嶋法律事務所には大きめの会議室と小さめの会議室がある。その大会議室に新堂と太郎、そして西野の3名が集まった。太郎が両名に連絡したところ、二つ返事で依頼に応じてくれたのだ。
　新堂は飯嶋法律事務所を独立してから、SS法律事務所を同期の弁護士と共同経営で立ち上げた。今では、パートナー2名、アソシエイト3名の合計5名体制の事務所にまで成長している。西野は以前所属していた大手監査法人を退職し、会計士数名でシャイン会計税務事務所を立ち上げていた。
　西野は新堂と名刺交換した後に太郎にも「以前と名刺が変わったから」と言って会計事務所の名刺を差し出した。しばらく会う機会もなかったが、西野はさして変わることなく、テキパキと仕事ができそうな素振りを垣間見せていた。西野と一緒に事件を扱ってある程度時間が経ったにもかかわらず、自分の名刺に変化がないことに太郎は若干忸怩たる思いがした。
　軽い挨拶をお互い交わした後、早速新堂が本題に切り込んだ。
「太郎。今回のデューデリの対象会社の情報見せて」
　太郎が確定申告書の写しを新堂と西野に手渡した。新堂はパラパラと資料をめくりながら、質問を繰り出した。
「この会社の従業員って何人くらい？　取引先の数はどれくらい？　設立年月日が古いけれども株券発行会社？」
「えっ。まだ軽く依頼を受けるかの打診があっただけで、詳細な事情は聞いていないのですが」
　太郎の自信なさげな態度が伝わったのか、新堂は少しイラつきながら問い

ただした。
「そんなこと言ったって、決算書だけじゃ分からないじゃないか。他に何か資料をもらってないのか？」
戸惑っている太郎に助け船を出すように西野が口を挟んだ。
「太郎君、キックオフミーティング[10]はこれからやるんだよね。いつ頃か聞いてる？」
キックオフミーティングの意味が分からなかったが、そのようなミーティングの話は聞いていなかったので太郎は首を横に振った。
「ところで、このディールのスケジュールはどうなっているんだ？」
新堂が口を挟んだ。
「ディールは2か月を目途に終了させる予定と聞いています。そのため、レポート提出時期は1か月半後とのことです」
太郎の言葉を聞いて新堂は目をむいた。
「結構足が速いディールじゃないか。だとしたら、早めに現地調査の日程を入れておかないとデューデリが難しくなるぞ」
新堂の言葉に西野も深く頷き、1つ質問を付け加えた。
「確定申告書を見ると、対象会社はタイに海外子会社を持っているようなのよね。この子会社も調査対象範囲になるかとか、スコープについてはまだ検討していない感じ？」
予想外の質問に太郎は目を白黒させた。
「おいおい。海外子会社調査まで入るんだったら、1か月半じゃ厳しいだろう。なんでデューデリジェンスはいつもギリギリになって依頼が来るのかねぇ」
太郎に向けた不満ではなかったが、不機嫌になりつつある新堂の態度に太郎は萎縮した。
「ところで、キックオフの会場はどこにする？」

---

[10] ある程度の規模のプロジェクトを開始する初期段階において開催される会議。M＆Aのデューデリジェンスを実施する際には、開催されるのが一般的。

「この事務所だと会議室の大きさからして無理がありますよね。西野の事務所は大きな会議室あるの？」
「監査法人時代は大会議室を自由に使えていたけれども、独立した今は手狭なのよね。そもそも、会計事務所って、クライアントに来てもらうのではなくクライアントの所に行くのが基本だから。資料ってクライアントの所にあるでしょ。だから、会議室の需要は低くて」
話を聞いていた新堂が提案した。
「それじゃあ、うちの事務所の会議室でやろうか。10人くらい入れる会議室だけれども何とかなるだろう。太郎は、キックオフの日程調整と並行して現地調査の日程調整を行っておいてくれ。あと、キックオフの際に調査対象がどの範囲になるのかスコープを尋ねることになるだろうから、その範囲をあらかじめ決めておいてほしいとクライアントに告げておいてくれ」
新堂が一方的にそう告げて事前打合せは終了した。

……Scene 6「キックオフミーティング」（70頁）へ続く。

解　説

関係当事者：買主、法務、財務
〔該当する手続段階〕

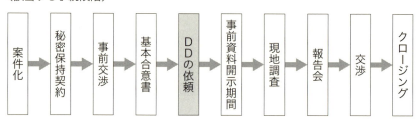

1 ▪ デューデリジェンスの意義

　デューデリジェンスを実施すると、数百万円、ともすると数千万円の費用がかかることになります。その結果、特段の問題が発見されなかったとすれば、デューデリジェンスを実施する意味はないのではないかと疑問に思うことは当然のことでしょう。そこで、今一度なぜデューデリジェンスを実施するのかを考察します。

　一般的に、デューデリジェンスの目的としてあげられる事項は以下のとおりです。

① 　買収実行の障害を把握する
② 　対象会社の現状を把握する（実態財務諸表、問題点）
③ 　買収価格のレンジを確定する
④ 　買収後に想定されるリスクを把握する

　また、上場会社や大企業が買主である場合には、以下の目的も加えられます。

⑤ 　株主代表訴訟リスクを低減する

　そもそも、Ｍ＆Ａで取引の対象となっているものは、会社です。会社は、建物の中にオフィスが存在し、そこに机やパソコンなどの什器備品が配置され、従業員が働いているという実体のあるものと理解されがちです。し

かし、会社の売買は、車や不動産の売買とは全く異なった性質を有しています。車や不動産は実在している物ですが、会社（法人）は、もともと物として存在しないところ法律によって生み出された実体のない存在なのです。

あたかも会社が存在しているように見えても、什器備品はリース会社の所有物かもしれませんし、オフィスは大家に無断で間借りしていて、いつでも追い出される状態かもしれません。また、従業員も他社の出向社員かもしれません。このように、物として目に見えて触れることができる存在であれば気付くことができる欠陥についても、実体のない存在である会社では容易には把握できなくなります。

中古車や中古不動産の売買を行う場合でも、その車や不動産に欠陥がないかディーラーや不動産会社などの専門家に確認してもらうことが一般的だと思います。そうであるならば、実体のない存在である会社を買うのであれば、その売買対象に問題がないか専門家を通じて確認することはより一層必要であるといえるでしょう。

DDアドバイザーが実施する内容は、通常以下の①～④となります。

① 買収実行の障害を把握する

売主も買主も当然にディールが実行できると考えているものの、実際にデューデリジェンスを実施してみたところ問題が発覚して、ディールが破綻するケースは少なくありません。典型的な例としては、株券発行会社であるにもかかわらず、過去の株式譲渡において株券交付を行っておらず、その修復が不可能であるという場合があげられます（155頁参照）。このような問題が生じた場合、ストラクチャー変更などあらゆる対応を試みることになります。

② 対象会社の現状を把握する（実態財務諸表、問題点）

現在の会社の状態や、現在会社が抱えている問題などを把握する作業です。

財務デューデリジェンスにおいて実施される様々な分析や、実態貸借対照表の作成などは、正にこの作業に該当します。また、法務デューデリジェンスにおいて実施される、現在会社が抱えている法的問題点や簿外債務などのリスク把握もこの作業に該当します。

③　買収価格のレンジを確定する

FAや財務アドバイザーによって実施されるバリュエーション作業により、買収価格のレンジを決定します。ただ、バリュエーションでは、法務・財務デューデリジェンスなどで発見された簿外債務やリスクなどについても勘案します。

④　買収後に想定されるリスクを把握する

デューデリジェンスの時点では確定的な問題ではなかったものの、将来発生しうるリスクを予め把握しておく作業になります。例えば、重要な契約書にチェンジ・オブ・コントロール条項（188頁参照）が存在する場合、M＆Aを実行した後にその契約が解除されてしまうおそれがあります。このような将来発生しうるリスクを把握し、可能な限りリスクヘッジの対応を行うことになります。

⑤　株主代表訴訟リスクを低減する

上場会社等が買主である場合には、株主代表訴訟リスクを低減するという目的が加わります。買収した会社が問題なく収益を上げていればよいですが、中には問題を抱えて赤字を計上し続ける会社もあります。そのような事態に陥ったときに、買収時にデューデリジェンスを実施していないことが明らかになれば、「適切なデューデリジェンスを実施していれば買収前に問題を発見できたのではないか」として、株主代表訴訟を起こされるリスクが生じます。株主代表訴訟とは、株主が会社を代表して、取締役等の責任を追及する訴訟です。このような株主代表訴訟が起きるリスクを低減すること、そして万が一株主代表訴訟が起きたとしても、適切なデューデリジェンスを実施しており、取締役の注意義務は果たしていると主張できるよう、デューデリジェンスを実施しておくべきといえます。

2・DDアドバイザーの選定

多くの場合、DDアドバイザーの選定は、知人の紹介や業務上知り合った事務所などを通じて行っているものと思われます。このような紹介がある場合には、業務に対する一定のクオリティや費用感などにつき保証があるた

め、特段問題はないでしょう。

　一方で、そのような紹介を受けることができない場合には、DDアドバイザー選定でつまずきかねません。

　このような場合には、顧問税理士や顧問弁護士を通じてデューデリジェンス対応が可能な法律事務所や会計事務所を紹介してもらうのが、一番よい方法でしょう。弁護士、会計士、税理士などのネットワークは意外と広く、そして同業であればクオリティについてもある程度把握することができるからです。

3 ▪ 費用

　DDアドバイザーの費用は、調査にかかる労力に影響を受けます。対象会社の規模が大きくなれば、必然的に調査にかかる労力も大きくなります。また、調査のスコープが広ければ、当然労力も増えます。

　費用体系も依頼する事務所によって異なります。実費以外は固定的な報酬で定める方法、一定の時間まで固定的な報酬であるもののそれを超えたらタイムチャージになる方法、完全タイムチャージである方法などが見られます。

　実際には、費用の高低とは別に対応する専門家との相性の問題もありますので、いくつかの事務所に声掛けをして比較する方がよいと思います。DDアドバイザーの方も、どうしても都合を合わせることができない繁忙期もありますので、早めに動くことをお勧めします（「DDアドバイザーの依頼時期」24頁参照）。

Scene 6
キックオフミーティング

　新堂と西野の要望もあり、直ちにキックオフミーティングが開催されることになった。集まったメンバーは、バウムクラストの社長の佐藤と堀田、FAの安積、法務メンバーの飯嶋、新堂、太郎と新堂のアソシエイト1名、財務メンバーの西野と同じ事務所の会計士2名とかなりの人数に上り、新堂が運営するSS法律事務所の大会議室も満席状態であった。法務デューデリジェンスでは、飯嶋先生はオブザーバーとしての地位となり実質的には新堂が仕切ることになっていた。もっとも、飯嶋先生を頼って今回の依頼があったことから、キックオフミーティングには顔を出していた。

　予想以上に人数が多かったので、太郎は危うく名刺を切らしてしまうところだった。これらのメンバーのうち初対面の人と名刺交換を終えると、机に置かれた太郎の名刺入れの周りには数多くの名刺が並んだ。名刺を並べておくと邪魔になるからか、隣に座っている新堂は名刺入れの中に名刺をしまい込んでいる。太郎も真似しようかと思ったが、一度机の上に並べた名刺を片付けると目立ちそうなので、そのままの状態にしておいた。

　各人の様子を見計らって、FAの安積が口火を切った。

　「皆さん。お忙しい中お集まりいただきありがとうございます。これからキックオフミーティングを開始したいと思います。それでは、進行をどのように進めましょうか」

　真っ先に新堂が口を開いた。

　「弁護士の新堂です。事前にいただいております資料を検討しまして、いくつかお尋ねしたいことがあります。ご回答は、バウムクラスト様でもFAの方でも構いません。まずスケジュールですが、本件ディールでは最終期限のようなものは存在するのでしょうか。また、デューデリジェンスレポートの提出期限がありましたら教えていただきたいと思います」

安積が堀田の方を向いて1つ頷き回答した。
「本件ディールのスケジュールにつき、対象会社である太田製菓様からは、12月末、つまり年内にディールを完結したい旨のご意向を受けています。そのため、現時点では2か月弱しか時間的余裕がない状態です。最終契約書作成の手続と社内決済の関係もありますから、レポートは遅くても12月半ばには必要だと理解しています」
　既に太郎が伝えていた内容と相違なかったが、新堂が眉間にしわを寄せた。
「結構タイトなスケジュールですが、スコープ次第というところもあります。まず、対象会社本体についてお伺いしますが、法務デューデリジェンスのスコープはどのようになっていますか」
　デューデリジェンスのスコープは、クライアントの要望に配慮するため、安積は堀田の方に顔を向け発言を促した。
「法務デューデリジェンスにつきましては、一般的なものを想定していますが」
　突然話を振られた堀田は、少し戸惑いながら答えた。
「一般的なものということは、会社組織、株式、契約書、各種規程、労務、許認可など一式になりますか。その他、重点項目のようなものはないでしょうか。会社固有のリスクなどがありましたら、事前に教えていただければありがたいのですが」
「そうですね。今おっしゃった一般的なものは行っていただきたいと思います。リスクとしましては、太田製菓は同族会社の性格が強いため、簿外債務や親族間の不正取引などが存在するおそれがあります」
「承知しました。その点につきましては重点的に対応しようと思います。また、対象会社は、国内子会社1つとタイに海外子会社1つを有していますが、これらも現地調査が必要なのでしょうか」
「国内子会社は従業員も数名しかいないようなので現地調査までは不要だと思います。軽く問題点がないか確認していただければ構いません。海外子会社については、現地調査が必要なのでしょうか」
　堀田が佐藤の方に顔を向けた。時折スマホをいじりながら話を聞いていた

佐藤が口を開いた。

「タイ子会社は、太田製菓が製造している菓子の原料の多くを製造しているはずです。太田製菓が放漫経営していたにもかかわらず、これまで食っていけたのは、この原料工場が安価に原材料を製造していたからです。弊社でも最終的には原材料工程から自製したいと考えていますので、タイ子会社に問題ないか確認することは重要です」

これまでいい加減な思い付きでM&Aをやろうとしているのだろうと信じて疑わなかった堀田は、社長の原材料工程からの自製という将来設計に目を見張った。

「なるほど。そういうことですと、タイ子会社は可能な限り現地調査した方がよさそうですね。とはいえ、海外子会社の調査になりますと、現地法律事務所とも連携する必要がありますし、時間的にかなり厳しいですね。対象会社が希望する12月末までの期限というのは、希望程度のものなのでしょうか。それとも何か理由があるのでしょうか」

「その期限を本当に動かせないのかは分かりませんが、現状ではかなり強い希望として伺っています」

安積が答えた。

新堂からの質問が一段落ついたのを見計らって、西野が口を開いた。

「財務デューデリジェンスについても一般的な分析、実態BS[11]の作成などのほかに、同族会社特有の簿外債務などの調査を行うということでよろしいでしょうか」

「はい。その理解で問題ありません。また、親族間取引などにより税務調査を受ける可能性もありますので、この点の確認もお願いします」

堀田が回答した。

「財務デューデリジェンスの他に、株価算定、バリュエーション[12]も行う方がよろしいでしょうか」

---

[11] Balance Sheet の略。貸借対照表。
[12] 株式や投資の価値計算や、事業の経済性評価。財務デューデリジェンスと、バリュエーションは、通常別個の業務であり、依頼する場合には別途費用がかかることが通常。

「そうですね。価格交渉の点もありますし、株主への説明の観点からもバリュエーションも行っていただきたいです」

そのやり取りを聞いて思い出したかのように新堂が口を挟んだ。

「そういえば、法務の方ですが、報告書を提出して終了になりますか。それとも、株式譲渡契約書などのM&A契約書の作成や確認作業もご依頼される予定でしょうか」

契約書確認ということで顧問弁護士の存在が堀田の頭をよぎったが、M&Aを得意とする弁護士に依頼した方が問題ないだろうと思い直し、「その点についてもお願いしたいと考えています」と答えた。

新堂は改まった様子で話を締めくくった。

「大体のスコープの確定とスケジュール感は理解しました。伺いましたお話をもとにお見積書を早急にお送りします。その際に、海外子会社の現地調査の有無については、まだ実施が不確実であるため、オプションとして記載しておきます。お見積内容をお受けいただきましたら、依頼資料リストをお送りする流れになると考えています。また、現在御社のお手元に存在する一切のディールに関する資料を共有願います。パスワードをかけてメール送信していただいても構いませんし、データルーム[13]を作成していただいても構いません。あわせて、現地調査の日程は早急に確定したいと思います」

キックオフミーティングが終了し、各人が帰路についたあと、新堂、太郎と西野はその場に残って、軽く今後の方針について打ち合わせることになった。

「フルオプションのデューデリだってよ。本体の調査も従業員数多いし、取引先も多そうだから手間暇かかりそうなのに、海外子会社まで行って2か月弱とは、なんとも厳しいスケジュールだねぇ」

新堂はそう言いながら椅子の背もたれに寄りかかった。

---

[13] M&Aに関する資料が置かれた部屋の意味。ここでは、物理的なデータルームを設置するのではなく、クラウド上で関連ファイルが集められたバーチャル・データルームのこと。

「普通はどれくらいの時間があるのですか」

太郎は参考までにと質問した。

「海外がなくても2か月くらいは期間が欲しいね。ただ、もっとタイトな依頼もあるよ。たとえば、2週間で全て終わらしてほしいとか。もっとも、その場合でも海外は入っていないけど。ところで、西野さんの方でタイの法律事務所や会計事務所の手配できます？　自分、タイの現地事務所にツテがないのですが」

「そうですね。前職の監査法人に頼れば、見つけられると思います。ただ、BIG4系列の事務所だとかなり費用がかさむので、クライアントが難色を示すかもしれませんね。その辺は、リーズナブルな事務所がないか聞いておきます」

太郎はミーティングの最中に気になっていた質問をぶつけた。

「ところで、まだ見積り段階ですが、他の事務所にこの案件が流れるということはありませんか」

新堂と西野はちょっと驚いたような顔を太郎に向けた。

「そりゃ、もちろん法外な見積りを出せば拒否されるかもしれないけれども、あのクライアントも他にツテがないから、うちらに依頼してるんじゃないの。スケジュール的にも、これから別の事務所を探す余裕はないでしょ。とはいえ、担当の堀田さんの様子を見ていると、まだMA経験はあまりなさそうだから、フィー感覚がずれているかもしれないね。その辺の調整は、飯嶋先生を通じてある程度クライアントの感触をつかんでほしいと話しておいてくれるかな。あと西野さん、タイの事務所に依頼する場合、うちらのフィーに加えて現地事務所のフィーも発生するから、現地事務所のフィーを概算でも構わないので聞いておいてくれるかな。その金額次第で実施するか否かクライアントも決めると思うので」

「そうですよね。あと気がかりなのは、現地の事務所が早期にレポートをまとめることができるのかという点と、レポートが良くて英語だという点ですね。日本語のレポートを要求するとフィーと時間が跳ね上がりかねないので」

英語のレポートと耳にして太郎はギョッとした。
「なるほどね。その点も考慮に入れて、海外子会社の現地調査を実施するのか否かは早期に決めておかないと。こりゃ忙しくなりそうだ」
　新堂はさらに背もたれに寄りかかり、天井を向いて呟いた。

　新堂の事務所を出たところで、西野が道路の反対側にあるコーヒーショップを指さして、久しぶりだからちょっと話さないかと笑顔で誘った。
　ノートパソコンを見つめるビジネスマンで賑わっている雑多なカフェ。太郎は、西野が慎重にカフェラテを運んでいる席の向かいに腰を下ろした。
「以前、営業損害の事件でお世話になってから、連絡が途絶えがちになっちゃったね。そういえば、聞こうと思っていたんだけれども、どうして前の大きな監査法人を辞めることになったの？」
「そうね。以前会ったときは監査法人時代だったよね。監査法人での仕事も8年近くになってね、何か違う仕事もやってみたいなと思っていたんだ。ちょうどそう考えているときに、同期の数名と独立開業しようかという話が持ち上がってね。そうしたら、トントン拍子で今の会計事務所を立てることになったの」
「そうなんだ。今、新しい事務所は何人でやっているの？」
「会計士4名と事務局1名かな。ただ、来年もう1名会計士が加わる予定だから、監査法人も作ろうかなと思っているんだ。今は、会計事務所と税理士法人を共同運営している感じ」
「大手監査法人時代とでは、仕事の内容は変わったの？」
「全く違う！　監査法人時代は、超大手の上場企業を相手に仕事をしていたけれども、今は中小企業の税務業務が多いかな。あと、今回みたいなデューデリは、結構頻繁にやっているのよ。太郎君の方は何か変わった？」
「自分の方はそれほど変わってないなぁ。ただ、弁護士業には以前よりは経験を積んで慣れてきたと思う。でも、デューデリは初めてだから、何をどうすればよいのかまだ見当がつかないよ」
「そうね。デューデリは1回やれば慣れると思うけど、全くやったことがな

いと大変だろうな。あの新堂とかいう弁護士は、結構慣れているみたいね」
「ああ、先輩ね。あの人はやり手だから。若くして司法試験に受かって、飯嶋法律事務所に入ったんだけれども、自分と入れ替わりで独立したんだ。仕事もできるし、顧客獲得の営業も得意みたいだよ」
「ふーん。確かに話の内容を聞いていると頭がいいのは伝わってくるよね」
そう言って、半分くらいになったカフェラテを啜った。
「そういえば、簿記はどうなったの？　デューデリでは、たくさん財務系の資料が出てくるから、会計の知識があった方が絶対にいいよ」
太郎はニヤッと笑った。
「あの後、簿記2級取ったんだ」
「えっ、凄いじゃん！　ちゃんと太郎君勉強したんだね」
西野の言葉をよそに、2年ほど前に簿記2級を取ったものの、その後ほとんど簿記に触れていなかったため、今では全く簿記の知識が抜け落ちていることに軽い罪悪感を覚えていた。
「それはそうと、今回のデューデリってスケジュールがタイトだよね。通常業務でも忙しいのに、出張が入ったり、レポートを書いたりすることになったらヤバいかも」
「そうね。国内デューデリだけだったら、それほどタイトじゃないかもしれないけれど、海外も入ったら厳しくなりそう。とは言っても、たまには海外にも行きたいし、海外子会社の重要性からすると、海外調査は実施すると思うのよね」
「英語のレポートとか言ってたけれども、西野って英語得意なの？」
「それほど得意ってわけじゃないけれども、ある程度はね。監査法人時代は、海外子会社の監査で海外に行くこともあったから」
西野は「ある程度」と言ってはいるものの、きっと自分よりもはるかに英語ができそうだと、太郎は劣等感を覚えた。そして、無意識のうちに、できれば海外現地調査は行わないでほしいと祈っていた。

……Scene 7「スケジュール調整」(81頁) へ続く。

解　説

関係当事者：買主、法務、財務

〔該当する手続段階〕

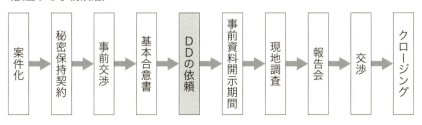

1 ▪ キックオフミーティングの役割

　M＆Aなどのある程度大きなプロジェクトを実行する際には、事前に関係当事者が集まりキックオフミーティングをすることがあります。関係当事者の顔合わせと、大まかな方針の共有を目的としています。そのため、案件の内容を熟知していたり、顔馴染みのメンバーでM＆Aを実施する場合には、キックオフミーティングを実施しないケースもあります。

キックオフミーティングで実施しておきたい事項は以下のとおりです。

① 　ディールの大まかなスケジュール
② 　DDアドバイザーの業務範囲（スコープ）
③ 　DDアドバイザーの見積りに必要な資料の提供

　これらすべての事項がキックオフミーティングの際に完了する必要はありませんが、できる限り早期に実施しておくべきでしょう。

2 ▪ 業務範囲（スコープ）

＞対象となる企業

　デューデリジェンスの対象となる会社、事業所などの範囲は、早期に確定する必要があります。その範囲によって、作業量が大きく変わるため見積りに影響を与えるからです。また、現地調査を行う場所が増えることになれば、その日程を確保しておく必要も生じます。

まず、対象となる企業を確定します。子会社や関連会社などを調査範囲に加えるのか否か、加えるとした場合に現地調査まで必要か否かなどを決める必要があります。また、子会社でなくても、工場や事業所が複数存在する場合には、どの施設に現地調査が必要なのかを検討する必要があります。

　これらの決定は、最終的には依頼者である買主が行うことになりますが、判断がつきかねる場合にはDDアドバイザーに意見を求めてもよいでしょう。多くの場合には、売上高などの量的重要性と、対象会社の事業にとって必要不可欠な業務を実施しているのかという質的重要性を勘案して判断することになります（海外子会社については89頁参照）。

> **対象となる業務**

　デューデリジェンスの対象となる企業が決まれば、次に実施する業務について決める必要があります。

　例えば、一般的な法務デューデリジェンスに加えて独占禁止法について詳しい調査を依頼したり、コンプライアンスについて詳細な調査を依頼するということも考えられます。一方で、財務デューデリジェンスにおいて、分析業務をスコープから除くというように、通常のデューデリジェンスから一定事項を削除するということも考えられます。

　これらの点についても、判断に迷うときにはDDアドバイザーに意見を求めるとよいでしょう。

> **付随する業務**

　一般的な法務デューデリジェンスの範囲外であるものの、オプションとして依頼することが多いものとして、買収契約書の作成があげられます。デューデリジェンスは、あくまでも買収調査ですので、クロージングにかかわる契約書作成業務は通常含まれていません。もっとも、法務デューデリジェンスを実施したメンバーが対象会社のリスクを一番把握していることからすると、そのメンバーに買収契約書の作成を依頼した方が、よりリスクヘッジを意識した契約書を作成できるはずです。そのため、特段問題がなければ、法務デューデリジェンスのメンバーにオプションとして買収契約書の作成まで依頼した方がよいでしょう。

一方で、財務デューデリジェンスの範囲外であるものの、オプションして依頼することが多い事項として、詳細な税務デューデリジェンスや企業価値評価（バリュエーション）があります。一般的な財務デューデリジェンスでも、簡易な税務リスクについて調査しますが、組織再編税制や詳細な税務調査はオプションとして依頼しなければ実施されないことが通常です。また、株価算定のようなバリュエーションは、一般的な財務デューデリジェンスに含まれていないため、別途オプションとして依頼する必要があります。

　DDアドバイザーに見積り作成を依頼する際には、これらの点が業務内容に含まれているかという点に配慮しておく必要があります。

3 ▪ リスクの指摘

　買主が事前交渉や独自の調査によって把握した対象会社のリスクをキックオフミーティングなどの初期段階にDDアドバイザーに伝えることは非常に重要です。この段階では、DDアドバイザーも対象会社の具体的な情報を有していません。そのため、買主から伝えられるリスク情報により、スコープなどが組み立てられることになります。

　もちろん、買主は法律や財務の専門家ではありませんので、リスクの指摘が誤っていたり、不十分であることも考えられます。しかし、そうだとしても初期段階におけるリスク情報は、重要であることが一般的です。

　なお、これらの重点的に調査依頼したい項目などは、詳細なレポートなどにする必要はありません。箇条書きで項目だけ列挙する程度でも構いません。このことによりデューデリジェンスの質が向上し、ひいては買主のメリットになるため、可能な限り対応するとよいでしょう。

4 ▪ 委任契約書

＞見積りに必要な情報

　DDアドバイザーが見積りを出すためには、一定程度の情報が必要になります。どのような情報が必要なのかは、依頼するDDアドバイザーによることになります。アドバイザーが知りたいのは、どの程度の業務量になるの

かという点です。一般的には、以下のような情報や資料になりますが、追加で要求される場合にも可能な限り情報提供を行う必要があります。
① 現地調査の対象となる企業
② デューデリジェンスの対象となる業務
③ 対象会社の確定申告書（直近）
④ 従業員数
⑤ 契約書等の資料の多寡

> 委任契約書の注意点

委任契約書で注意しなければならない点は、主に以下の2点となります。
① 依頼した業務範囲が対象とされているか
② 報酬の支払スパン

当然のことながら、依頼した業務と依頼されたと考えている業務に齟齬がある場合、後でトラブルになるおそれがあります。そのため、オプションとして追加依頼した事項などが明記されていない場合には確認した方がよいでしょう。

報酬の支払いスパンは、契約内容によって様々です。報告書提出後に報酬全額と実費の支払を行うこともありますし、報酬の半額を先に着手金として支払うこともあります。これらの点は、依頼者の都合も勘案して適切に合意することになります。

Scene 7
スケジュール調整

　デューデリジェンス費用の交渉については、飯嶋先生が上手く間を取り持ったようで、予定どおりのメンバーで法務・財務デューデリジェンスを実施することが確定した。新堂から今回のデューデリジェンスの詳細なスケジュールなどを組むために、会社の人と打合せしないかと打診があり、急遽ミーティングが開催されることになった。
　新堂が共同経営するSS法律事務所に集まったのは、バウムクラストの堀田、新堂、太郎、西野の4名だった。太郎が会議室に到着したときには、既に他の3名は到着しており、太郎は入った途端3名の視線を浴びることになった。太郎が入口すぐ隣の椅子に腰かけると同時に新堂が口を開いた。
　「それでは、今回のデューデリジェンスのスケジュールなどの細かい内容につき、打合せを行いたいと思います。まずは、本社の現地調査についてですが、日程候補はある程度詰めていただけましたか」
　「はい。これが本件ディールの大まかなガントチャート[14]になります」
　そう言って、堀田はガントチャートを各人に配った。

　「太田製菓の反応が遅くて苦労したのですが、候補として11月29日、30日、12月1日があがっています」
　「その3日だけですか？　他の日は受け入れ不可能なのでしょうか」
　「私もそう思い、もう少し候補が欲しいと告げたのですが、担当者が他の業務で不在になってしまうなどと言われ、結局その3日で調整してほしいと言われました」
　堀田は、申し訳ないという表情を浮かべつつも、板挟み状態になっている

---

[14] Gantt chart。プロジェクト管理や生産管理などで工程管理に用いられる表の一種。

○ 案件ガントチャート

	×／×	×／×	×／×	×／×	×／×	×／×	×／×
秘密保持契約書							
事前協議							
基本合意書							
スケジュール調整							
資料開示							

ことに不満ありげだった。

　各々がスケジュールを見るために、パソコンとスマホの画面に目を落とした。幸い太郎の予定は3日間のうち、2つしか予定が入っておらず、その予定も飯嶋先生が主体となって動いている事件だったので、太郎自身はデューデリジェンスに対応できそうだった。新堂は丸3日間の対応はできないものの、1日目と3日目に現地に訪れることで調整した。西野は、担当していた業務を部下に振ることで、おそらく3日間とも対応できそうだということだった。

「お忙しい皆さんの予定が何とか合いそうでよかったです。あと1つ、先方からお願いがありまして、デューデリジェンスに対応するための会議室が会社で1つしか用意できないとのことです。そのため、法務と財務の会議室を分けることなく、できれば一緒に行っていただきたいのですが、よろしいでしょうか」

　新堂は少し怪訝な顔をした。太郎は新堂の表情を見て、西野達と一緒にデューデリジェンスを行うことで、何か不都合があるのだろうかと不思議に思った。西野の方に目を向けると、それほど気にした様子はなく、新堂の回答を待っている素振りだった。

「そうですね。日程もその3日間に限られていて、会議室が1つしかないのであれば仕方がありませんね。その会議室はある程度広いのですか」

「その辺の詳しい話は聞いていませんが、1つの会議室でやってほしいと

言われた以上、ある程度の広さはあるのではないかと思いますが」
「承知しました。それでは、その日時と方法で確定しましょう」
仕方ない、というような様子で新堂は受け入れた。
「ところで、先日のミーティングで懸案事項になっていました、タイ子会社の現地調査ですが、実施する予定でしょうか」
「その件につきましては、早々に西野先生を通じて現地法律・会計事務所のお見積りまでいただき、とても感謝しています。弊社内で検討しましたところ、社長の意向としましては、仮にデューデリジェンス費用がかさむとしても、タイの子会社が本件ディールでは重要な位置づけとなるので確認してほしいとのことでした」
「そうなのですね。では、現地の法律・会計事務所の依頼は行う方向で進めますが、私達もタイ子会社に赴く必要があるのでしょうか。会計はさておき、法律や税務については国ごとに大きく異なるため、私達が現地に行ってもさほど意味はないのではと危惧しているのですが」
「確かに、そのような問題もあるのですが、現地事務所のレポートは英語版で、しかも12月末までに間に合わない可能性が高いと聞いています。そうだとしましたら、お忙しいことは重々承知しておりますが、現地に赴いていただき、その場で問題点や解決方法などを現地弁護士や会計士にヒアリングしていただきたいと考えています。その際に把握しました事実を日本語にて報告していただければ、現地事務所の英語版レポートはサマリーのみでよいと考えています」
「なるほどですね。そのような方法も可能です。もっとも、我々はタイの法律を正確には理解していませんし、伝達過程で不正確な情報になりうるおそれがありますが、それでもよろしいのでしょうか」
「はい。もちろん、そのようなリスクがあることは承知しています。ただ、私達素人がタイ子会社を視察するよりは、深く調査できるのではないかと考え、そのようなご対応を期待しています」
太郎は英語に不安があったことから、タイ子会社視察には前向きでなかったものの、話がトントン拍子に進んでしまうことに焦りを覚えていた。もし

かしたら、日程調整が難しくなるのではと思っていたが、タイ子会社はいつでも都合の良い時に受け入れ可能とのことで、各人の予定も調整できてしまった。
「大まかな日程が決まりましたので、次に資料についてお話ししてもよろしいでしょうか。これまで対象会社から開示されている資料をいただいていますが、まだ資料としてはかなり不足しており、足りない点について事前資料開示を行う必要があると考えています」
新堂の話を聞き、堀田も西野も頷いた。新堂は言葉を続けた。
「これは個人的な印象なのですが、現地調査のスケジュールが限定的であることや資料出しが遅れていることからすると、対象会社は今回のディールにあまり積極的ではないというか、非協力的な感じがするのですが」
「そうなんです。これまで、FAを通じてやり取りしてきましたが、ディールを成立させたいと希望しているにもかかわらず、対応が非常に遅いので頭を悩ませています。FAも本当に弊社の立場に立って進めてくれているのか不安ですし。そういえば、基本合意書を締結する際にも違約金条項を入れる入れないで、ひと悶着ありました」
「違約金？　何のことです？」
「既にお渡ししています基本合意書には、違約金の規定は存在しなかったと思います。けれども、ドラフト段階では、ディールが不成立になった場合には、買収予定対価の5％を支払うという違約金規定がありました」
「買収予定対価の5％！　5000万円じゃないですか！」
話を聞いていた太郎が思わず叫んだ。
「はい、そうなのです。先方に削除を求めましたが、先方も対応費用がかかるので違約金が必要だとしてなかなか削除に応じてくれませんでした。最終的には削除に至ったのですが」
「そんなことがあったのですね。削除できて本当に良かったと思います」
新堂が堀田を気遣った。
「やはり、基本合意書のあたりから確認をご依頼しておいた方が良かったのでしょうか」

「そうですね……。依頼されるのは早ければ早い方が良いのですが。ところで、10億円という買収予定対価を相当と考えているのですか。基本合意書に記載されていましたが」

「いえいえ。うちでは10億円も出すことはできません。ただ、そのことを拒否するとそもそもディールが壊れそうな状態にあったため、ひとまず先方が希望する10億円という金額を記載したのです。先方は法的拘束力がないから問題ないと話していましたが、何か問題になるのですか？」

堀田は基本合意書を弁護士の確認なしに独断で締結してしまったことにつき、にわかに不安を覚えたようだった。

「うーん。確かに法的拘束力はないのですが、デューデリジェンスを終えた後の価格交渉の際に、この10億円が交渉のスタートになるのが問題ですね。できれば金額は記載しない方が良かったのですが」

指摘されて堀田は『確かにミスだったかも』と顔をしかめた。しかし、この点は社長も了承していたので、このことをもって自分が責められることはないだろうと思い返した。

これまでほとんど発言していなかった西野が、会話に割り入った。

「買収金額として10億円を想定していないとのことでしたが、実際にはどの程度の金額であれば買収してもよいと考えているのですか」

「うーん。この点は社長とも詰めて話し合っていないのですが、少なくとも弊社の余剰資金からしますと、2〜3億円が限界ではないかと考えています」

10億円とだいぶ開きがある数字が飛び出してきたため、太郎は目を見開いた。

「余剰資金に加えて、借入などを行うことは想定していないのですか。仮に借入を行うとしたら、いくらくらい資金調達できると考えていますか」

「もちろん借入を行うとなれば数億円の融資は可能です。増資という方法も考えられます。ただ、これらについても、結局のところデューデリジェンスを実施した結果判明する事実次第であり、現状では不確定な状態です」

「承知しました。今回の業務として、バリュエーションもご依頼されていますので、買収を本気で行うか否かという点については、適宜情報共有させ

ていただければと思います」

「この点については、社長次第のところもありまして。弊社は上場会社といえども、実質的には社長のワンマン企業の体質が抜けきれません。そのため、社長が買うと言えば買うことになると思います」

「ところで、私達はまだ対象会社の役員とお会いしたことがないのですが、堀田さんは会われているのですよね。実際にどのような印象をお持ちですか」

「私は先日お会いしていますが、古くから続く典型的な同族会社という印象です。役員の多くは太田一族なのですが、社長の息子も専務取締役に就いています。社長は、本来であれば専務が事業を引き継ぐべきだが自信がないということで、承継先を探していると話していました。もっとも、これは建前で、実際には経営難なので事業を手放したいというのが本音だろうと思います」

「そうですね。私もいただきました資料をざっと検討しましたが、対象会社はかなり傷んでいるという印象です。赤字でない期もあるのですが、その期も金融機関から融資を受ける目的で粉飾している可能性が高いです。また、不自然な会計処理を行っている箇所も多数見られるので、現在5億円ある純資産もかなり削られるだろうと想定しています。これらのデューデリジェンスで判明する事情を買収価格交渉に利用していただきたいと思います」

隣で聞いていた太郎は少なからず驚いていた。太郎も西野と同じ資料を堀田から受け取っており、決算書などの資料に目を通したつもりでいたが、正直何も分かっていなかった。2年ほど前に簿記2級を取得したものの、その知識は時の経過とともにあっという間に風化していたようだ。また、財務デューデリジェンスの結果、買収価格交渉に有利な材料が出ることは予測できるものの、果たして法務デューデリジェンスによって有益なものが発見できるのか不安になった。

……Scene 8「依頼資料リスト」(91頁) へ続く。

解 説

関係当事者：買主、売主、法務、財務

〔該当する手続段階〕

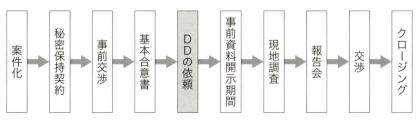

1 ▪ 日程調整

＞現地調査

　最も優先的に決めなければならないのは、現地調査の日程です。現地調査には、DDアドバイザーの他に受け入れ先の売主の日程調整も必要になります。通常、対象会社の会議室などで現地調査を行うため、会議室の使用予定を空ける必要があります。また、DDアドバイザーから随時資料提出依頼や質問がなされることになりますので、それに対応できる人物の予定を押さえておく必要があります。リアルタイムで調査状況を把握するため、買主のM&A担当者も現地調査に同席した方がよいです。このように、関係各当事者の都合を擦り合わせることになると、仮に現地調査が1か月後に予定されていたとしても、うまく調整ができないのが実情です。そのため、できる限り早い段階で現地調査の日程を押さえる必要があります。

＞レポート提出期限

　現地調査の次に重要な日程は、レポートの提出期限です。買収の決議を行うためには、買主や売主の取締役会決議を経る必要があります。小規模な会社であれば、柔軟に取締役会を開催することができますが、規模が大きい会社になりますと、月1回程度しか取締役会議が開催されません。そのため、取締役会のスケジュールを前提としてレポート提出期限や報告会の日程が決められることになります。

現地調査の日程とレポート提出の日程が近いと、DDアドバイザーが四苦八苦することになります。どうしてもレポート作成の時間が満足に取れない場合には、重要事項をまとめたエグゼクティブサマリーをもとに報告会を開くこともあります。

> **理想的な日程**

　弁護士は、通常複数の裁判案件を抱えています。そして、裁判は1月～1月半程度のスパンで期日が指定されることになります。そのため、1月半くらい先までは裁判の期日が決まっており、その予定は通常変更することができません。そこで、弁護士の観点からすると、デューデリジェンスの依頼があってから現地調査の日程までが2か月以上先であると調整しやすいという事情があります。

　監査法人に所属している公認会計士は、今でも多くの会社が3月決算会社であることから、2月、5月、8月、11月の四半期ごとの監査繁忙期に時間が取りにくくなります。

　税理士業務を行っている公認会計士や税理士は、一般的に確定申告時期である2月中旬から3月中旬までが繁忙期となります。

　これらの各DDアドバイザーの事情を把握したうえ、可能であればデューデリジェンスの依頼から2か月以上先の日程で現地調査の調整を行うことが好ましいといえます。なお、海外子会社の現地調査などを実施する場合には、日程調整が困難になることが多いため、さらに時間に余裕をもって調整することが好ましいです。

　現地調査からレポート提出期限までの期間は、少なくとも2週間程度は欲しいところです。現地調査の際に十分な資料提出や回答を得られないこともあり、その後メールなどを通じて資料や回答を入手することも往々にしてみられます。また、当然にレポート作成のために時間がかかります。そのため、相当程度の時間を確保してはしいというのが実情です。

2 ▪ 子会社等

　対象会社が子会社や関連会社を保有している場合、対象会社を買収すると

それらの会社の株式も当然に取得することになります。そのため、子会社等についてもデューデリジェンスを実施するのか、実施するとしてどの程度まで実施するのかという点につき、定める必要があります。

　もちろん、買主・売主の話し合いにより、子会社を引き継がないという選択をとることも可能です。子会社に簿外債務が存在する疑いがあるときや、毎期赤字を出し続けている場合などでは、その子会社の株式を買収契約締結前か締結時などに売主に売却して処分することが可能です。

　子会社等にどの程度のデューデリジェンスを実施するかは、M＆A全体における子会社の重要性によることになります。売上高などの重要性が高い場合には、現地調査を含むデューデリジェンスを実施することになります。なお、最近ではグループ内で過労死が生じても、マスコミに取り上げられるおそれがあります。そのため、仮に子会社等の重要性が低いとしても、過労死ラインを超える過重労働をさせていないかという点については調査すべきでしょう。

3 ▪ 海外子会社

　近年グローバル展開する会社も多くなり、買収対象となる会社が海外子会社を有しているケースも散見されるようになりました。海外子会社の重要性が低いのであれば、デューデリジェンスの対象から外すという選択もありえますが、重要性が高いのであれば現地調査等の対象に含める必要があります。なお、海外子会社は、物理的に本社と離れていること、言語や文化などの相違もあり目が届きにくいことなどから、不正が行われるリスクが高い傾向にあります。そのため、よほど重要性が低くない限り、デューデリジェンスを実施しておいた方が安全でしょう。

　海外子会社をデューデリジェンスの対象とする場合、大きく分けて以下の2つの方法が考えられます。

① 現地の法律事務所や会計事務所にデューデリジェンスを別途依頼する方法
② 現地アドバイザーなどの助力を受けて日本のDDアドバイザーが実施

する方法

　ある程度現地の法律事務所や会計事務所のクオリティが高い先進国の場合、①の方法によっても問題ありません。一方で、現地の法律事務所や会計事務所のクオリティに疑問がある国である場合には、独自に現地事務所に依頼するのではなく、日本のDDアドバイザーを通じた②の方法がよいでしょう。

　デューデリジェンスを適切な範囲と深度を持って実行するかは、多くの点でデューデリジェンス担当者に委ねられます。この「適切さ」という評価は、国の文化によって大きく異なります。また、納期に対する意識も国によって異なります。このようなクオリティに疑問があるようでしたら、日本のDDアドバイザーを介在させて、クオリティコントロールしてもらう方がよい結果になることが多いでしょう。

Scene 8
依頼資料リスト

　堀田がSS法律事務所の会議室を退出したが、新堂、太郎、西野はそのまま残って今後の打合せを行うことにした。堀田がいなくなると新堂は急にリラックスした感じになり、椅子の背もたれに体を投げ出した。
「海外調査もやるのか。海外案件は久しぶりだなぁ」
「以前やったことがあるんですか」
　太郎が尋ねた。
「数年前ね。その時は中国だったけれども、国境を渡ると本当にいろいろな問題が生じるから、その時も大変だったよ」
「どんな風に大変なんですか」
「どんな風にって、ようは弁護士としての勘が通用しなくなるんだよ。たとえば、中国では原則として土地は国のものだし、取得している許認可が何の前触れもなく取り消されたりと、日本だと考えられない状態が法律関係のベースになっているということ」
　西野が会話に入ってきた。
「そうね。まだ会計の方は共通点が多いけれども、税金になるとその国の色が出てきますね。あとカルチャーが違うと、日本ではありえないレベルの粉飾などが起きたり。ところで、クライアントは、現地事務所のメンバーにヒアリングして現地の問題点を日本語ベースの報告書に組み込むよう依頼していたけれども、あの対応って大丈夫ですか」
「ちょっと億劫だなぁ。そもそも現地の法制度を知らないから、意思疎通で間違うおそれもあるしな。とは言っても、この点は免責事項[15]で責任を負

---
[15] デューデリジェンスでは時間的・資料的な制約が多いため、一定の事項以外責任を負わないことを宣言する条項や文言。

わない旨を記載しておけば大丈夫かなとは思っている。ところで太郎、英語は大丈夫か」

　太郎は慌てて両手を顔の前で振った。

「全然ダメです！　勘弁してください！　先輩は英語大丈夫なんですか」

「大丈夫ってほどじゃないけれども、ある程度はね。専門用語になると厳しいけれども」

「ヘー、凄いですね。じゃあ、英語パートは先輩にお願いできれば」

　その発言を聞いて新堂が鋭く太郎を睨み付けた。

「おい！ちょっと待て！　お前は今回初めてのデューデリだよな。英語ができないとしたら、一体何ができるんだ？」

「えっ、資料整理とかサポートとか、今回は勉強させていただこうかと」

「勉強？　何言ってるんだ？　だとしたら、現地調査までに法務デューデリの勉強と英語の勉強もすればいいじゃないか。まだ1か月もあるから寝ずに勉強すれば、そこそこのレベルになるはずだ」

　太郎は顔を強張らせながら「まぁ」と蚊の鳴くような返事をした。

「あと、法務の依頼資料リストを作ってくれ。これまで会社からもらった資料を参考にしつつ、不足している資料を要求する形で。本当だったら雛形を使った方が早いんだけれども、これも勉強だから書籍を検討しながら一から作ってみなよ。西野さん、財務の依頼資料リストはいつくらいに提出できる？」

「リストですか？　明日にはできると思いますが」

「聞いた？　太郎。財務に後れを取るとカッコ悪いから、遅くても明日までにはドラフトのリストを俺に投げてくれないか。確認したうえクライアントに投げるから」

　今までやったことのない業務だというのに、いきなり厳しいノルマを与えられて太郎は絶句した。その様子を見ていた西野は不安げな表情を太郎に向けていた。

　太郎はSS法律事務所を出る際に西野に話しかけた。

「依頼資料リストってどうやったら早く作れると思う？」

「んー。法務のことはよく知らないけれども、デューデリの書籍を見ればリストの例とか載っているんじゃないかな」

「載ってそうだよね。それを参考にして作れば、明日までには何とかなるかな。ところで、リストってエクセルで作るの？　それともワード？」

「普通はエクセルじゃない？　少なくとも、うちのリストはエクセルで作っているけど」

やっぱりか、と太郎は思った。普段使い慣れているワードで作りたかったが仕方がない。

西野と別れた後、その足で弁護士会館地下の本屋に向かった。

弁護士会館地下の本屋は、当然のことながら弁護士用の書籍が多数取り揃えられている。法務デューデリジェンスに関する書籍も何冊か置いてあり、それらを片っ端から手に取ってパラパラとめくってみた。そのうちのいくつかの書籍には、依頼資料リストに関する記載があった。太郎は、その書籍とある程度詳しい内容が記載されている書籍の2冊を購入した。事務所で精算するため、忘れずにレシートをもらい財布にしまった。

●

事務所に戻り、依頼資料リストの箇所に落ち着いて目を落とした。購入した書籍の2冊とも、リスト作成の際には、対象会社の実態に合わせて適宜修正を行うことが必要であると記載されていた。今まで本件ディールに関して受け取った資料は、ファイル数としては20程度だった。会社謄本などの書類を除けば、その多くが財務系の会計データであった。財務系のデータは見ても良く分からないだろうと思い、それ以外のファイルを開いてみたが、情報として得られることはほとんどなかった。

『仕方ない。書籍に記載された依頼資料をエクセルにまとめておけば、とりあえずは大丈夫だろう』

早速エクセルを開き、書籍とモニターを交互に見ながら書き写し作業を

行った。依頼するリストの項目は100を超え、本当にこんなにたくさんの資料を開示するのだろうかと不安がよぎった。もっとも、その日のうちにリストが完成したため、自分の仕事の早さに気を良くした太郎は、そのファイルを法務デューデリチームと財務デューデリチーム全ての宛先に送信した。

××株式会社
【ご依頼資料】

#	名称	基準時点	重要度	優先度	形態
【会社基本情報】					
1	会社の登記簿謄本（全部履歴）	最新	高	○	PDF
2	会社案内（沿革を含む）	最新	高	○	PDF
3	主要商品、サービス等のパンフレット	最新	高	○	PDF
4	定款	最新	高	○	PDF
5	株主名簿	最新	高	○	PDF 又は EXCEL
6	株券（株券発行会社である場合）	最新	中		閲覧
7	新株予約権原簿	最新	低		閲覧
【グループ会社、組織等】					
1	会社組織図	最新	高	○	PDF 又は EXCEL
2	グループ会社関係図	最新	高	○	PDF 又は EXCEL
3	役員一覧	最新	中		PDF 又は EXCEL
【各種契約】					
1	商取引に関する契約書	最新	高		閲覧
2	ファイナンスに関する契約書	最新	高		閲覧

翌日、太郎が事務所に出所したところ、秘書の清水さんから「新堂先生か

ら電話がありました」と告げられた。予想よりも早く依頼資料リストを送付したから褒められるのではないかと思い、浮かれながら新堂に電話を折り返した。

ところが、電話口に出た新堂のトーンは明らかに低かった。

「依頼資料リスト見たけれどもさ、これまでもらっている資料に目を通した？」

「えっ。一応目を通しましたが」

「だとしたら、何でこんなに不要な資料まで要求しているんだ！ 監査役会設置会社でないことは明らかだろ！ 新株予約権や社債を発行していないことも、資料に書いてあるじゃないか！」

そういえば、既にもらっている資料に目を通していないものもあった。太郎は押し黙った。

「あと全体的に要求している資料が細かくて要求し過ぎだ。もう時間がないから、こっちで修正するけれども、渡された資料はちゃんと読んで頭に入れておけ！ 既に渡されている資料を再度要求したり、資料に書いてある内容を先方に質問なんかしたら、バカだと思われるぞ！」

「はい。すみませんでした！」

電話を切る際には、すっかり意気消沈していた。秘書の清水さんも太郎に気遣って息を殺している。もっとも、デューデリチームの全体メールで叱られるのではなく直接電話があったため、西野にみっともない姿を見られなくて良かったと思い直した。その意味では、新堂が気を遣ったのかもしれなかった。

その日の夕方に新堂と西野からそれぞれ堀田宛てに依頼資料リストが送信された。新堂が作成したリストを見てみたところ、太郎が粗削りで作ったリストとは異なり、要求する資料の範囲がかなり絞られていた。

興味本位で西野が作った財務デューデリジェンス用の依頼資料リストも開いてみた。そうしたところ、カラフルで見栄えが良い既製品のようなリストが目に飛び込んできた。所々、英語表現も取り入れており、いやらしくない

程度に高級感を醸し出している。昔所属していた大手監査法人時代のファイルを利用したのかもしれない。この依頼資料リストの完成度を目の当たりにすると、少し前に凄いと思った新堂のリストもかすんでしまう。

　落ち着いて法務と財務の依頼資料リストを見比べてみたら、多くの資料が共通して要求されていることに気が付いた。法務側でもある程度財務系の資料を要求する一方で、財務側でも契約書や労務規程などを要求している。いずれにしろ、絞ったとはいえ双方ともかなりの項目数が羅列されており、対象会社の資料出し担当は大変だろうなと憐れんだ。

●

　依頼資料リストを堀田に渡してから2～3日ほど経過した頃に、堀田からデューデリチームにメールが届いた。依頼資料リストを対象会社に送ったところ、「こんなにたくさんの資料は用意できない」「法務と財務で各々似通った資料を要求しているが、面倒なので共通するものはまとめてほしい」といった回答を受けたとのことだった。また、堀田からの要望として、「法務・財務の依頼資料リスト以外で、個人的に要求してほしい内容を記載したリストがあるので、こちらの内容もリストに含めてほしい」ということが添えられていた。

『確かに、対象会社の言い分ももっともだな』

　太郎がメールを読みながら頷いていたところ、もう1通のメールが届いているのに気が付いた。メールは新堂が太郎に向けて送ったものであり、先方の要望どおり3つのリストを1つに統合してほしいというものだった。一瞬、『面倒くさい』と思ったが、結局依頼資料リストも新堂に作ってもらったことからすれば当然かなと思い直し、3つのリストの統合作業に取り掛かった。

　分かっていたことだが、法務と財務の依頼資料は多くの部分で重複していた。逆に重複していない部分としては、法務の側で株式や労働時間について

詳しい資料を求めている点と、財務の側で資産負債や事業計画について資料を求めている点くらいだった。とはいえ、各々のリストで要求されている資料の種類があまりに多い上に資料の名称が微妙に異なっているので、重複しているのか否か判断するのに非常に時間がかかった。

　統合作業を進めていく内に財務では知的財産権について資料を求めているのに対し、法務では求めていないことに気が付いた。この点が気になったため、太郎は西野に電話をかけた。

「今大丈夫？　例のリストの統合作業をしていて気になったんだけれども、財務では知的財産について資料を求めているんだけれども、この会社知的財産権を持ってるの？」

「えっ？　知財？　確かもらっていた資料の中に商標権が償却されている箇所がなかったっけ？」

　突然思いがけない回答がなされ、太郎は一瞬戸惑った。しばらく西野がキーボードを操作している音が聞こえた。

「ああ。分かった。会社からもらっているファイルの『決算データ05』のエクセルファイルを開いてみて」

　太郎は言われるがままにファイルを開いた。細かい財務数値が縦長に羅列されているファイルである。今まで、そのファイルを開いたこともなかったし、開いた途端に脳が拒絶反応を示している。

「そのファイルのシートに『決算期』というものがあるでしょ。そのシートを見てみると、『商標権償却』という勘定があるでしょ。だから、何か商標権があるのかと思ってね」

「なるほどね。全然気が付かなかった。こんなところに記載があったんだね」

「まあ、金額的に大きくないから大したものじゃないとは思うんだけれども、念のため。今、別件のデューデリの作業をしていたところだったから、一瞬混同しちゃった」

「えっ！　これ以外にもやっているの。忙しくない？」

「そうね。でも、デューデリは常時1〜2件は持っているから。税務申告業

務がピークのときにぶつかるとキツイけれども」

　世の中そんなにたくさんのM＆Aが行われているのだと、改めて思い知らされた。途中から嫌々になりかけていた法務デューデリジェンスだが、今回の経験を駆使してM＆Aの分野に積極的に攻めていけるのではと思い直した。そう考えると、新堂が自分に厳しくあたるのも、むしろチャンスなのかもしれないと反省した。

　法務と財務の依頼資料リストの統合を終えた後、堀田が提出したリストの統合作業に入った。堀田のリストを眺めてみると、食品衛生法に関する詳細な資料や商品の卸し先のルートに関する資料など、言われてみれば重要な資料が羅列してある。これらの資料は、菓子業界に精通した者だからこそ要求できる資料である。太郎はデューデリジェンスというものは、専門家が行う確認作業であるため、弁護士や会計士が主導的に進めればよいと考えていたが、一番の利害関係人であるクライアントの知見も加味して進める必要があることを痛感した。

……Scene 9「チェックリスト作成」（109頁）へ続く。

解　説

関係当事者：買主、法務、財務

〔該当する手続段階〕

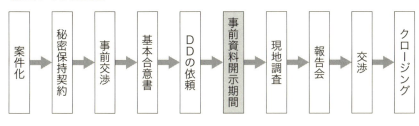

1 ▪ 依頼資料リスト

＞リストの体裁

　DDアドバイザーが依頼を受けた後、速やかに対象会社に関する依頼資料リストを作成します。依頼資料リストとは、デューデリジェンスにおいて必要とされる資料一式の提出を売主に依頼するものです。

　デューデリジェンス初期段階では、対象会社にどのような資料が存在するのか分かりません。そのため、網羅的に資料を要求することになり、要求する資料の種類はかなりの数に上ることが一般的です。一例として依頼資料リストの雛形を掲載します。

〈依頼資料リスト雛形〉

【財務DD資料】

可能な限り以下の資料をエクセルファイルで頂きたいと存じます。

No.	依頼資料	重要度	入手可能性(Y／N)	写し提出or原本閲覧(写／原)	交付日	コメント／注意
I	会社の概要					
1	商業登記簿謄本（現在事項全部証明書）					
2	会社案内、事業経歴書					
3	過去における他社との合併、提携等の実績					
4	株主名簿（上位）					
5	過去の増減資の詳細（割当先、発行価額）					
6	過去の配当実績					
7	株主総会議事録					
8	取締役会議事録					
9	短期中期事業計画（設備、出店、人員計画含む）					
10	組織図					
11	定款					
II	事業の概要					
1	許認可一覧及び関係書類（証明書等）					
2	知的財産一覧及び関係書類（証明書・契約書等）					
3	店舗別事業概要					
4	新規出店・閉店の内訳					
5	営業体制・営業計画					
6	重要な契約書（代理店契約・長期購買契約等）					
7	価格決定に関する資料					
III	人的資源					
1	役員名簿(略歴、職責、権限)					
2	役員報酬一覧(年次)					
3	従業員内訳（支店・店舗・業務内容・雇用形態・年齢・勤続年数別）					
4	人員増減表（新卒・中途採用・理由別）					

No.	依頼資料	重要度	入手可能性 (Y／N)	写し提出 or 原本閲覧 (写／原)	交付日	コメント／注意
5	出向者一覧(契約の内容を含む)					
6	報酬制度(賞与・退職金・ストックオプションを含む)					
7	派遣社員一覧(契約内容を含む)					
8	役員退職慰労金規程					
9	退職金規程					
IV	財務諸表 i 財務諸表全般					
1	損益計算書・貸借対照表 過去3期及び直近					
2	連結精算表、単純合算表、連結仕訳一覧表 過去3期及び直近					
3	連結範囲に関する検討資料 過去3期及び直近					
4	直近までの月次合計残高試算表 過去3期及び直近					
5	勘定残高内訳明細書 過去3期及び直近					
6	予実対比損益計算書及び貸借対照表 過去3期及び直近					
7	会計方針チェックリスト(別ファイル) 直近(過去に変更があれば該当事項も)					
8	会計監査人の指摘事項要約表 過去3期及び直近					
	ii 勘定科目(現預金・売上債権・未収入金・売上)					
1	事業運営上最低限必要とされる現預金残高水準					
2	店舗別・相手先別の売掛金残高明細					
3	償却された不良債権の詳細及び貸引の計上方針					
4	売掛金の相手先別年齢表					
5	売掛金の得意先別明細(上位20社)					

8 依頼資料リスト 解説

No.	依頼資料	重要度	入手可能性(Y／N)	写し提出 or 原本閲覧(写／原)	交付日	コメント／注意
6	店舗別売掛金残高					
7	内容別・相手先別の未収入金残高明細					
\multicolumn{7}{	l	}{iii 勘定科目(売上原価・商品・買掛金)}
1	支店別・店舗別仕入高					
2	原価の売上基準					
3	代金決済条件一覧表					
4	相手先別買掛金残高明細					
5	仕入先別明細					
6	商品の低価法評価検討資料					
7	商品の年齢調べ表					
8	商品の実地棚卸関連書類(要領や報告書等)					
\multicolumn{7}{	l	}{iv 勘定科目(販管費・営業外損益)}
1	支店別・店舗別の販管費内訳					
2	営業外費用収益の勘定内訳					
\multicolumn{7}{	l	}{v 勘定科目(有形無形固定資産)}
1	所有不動産一覧(種類、所在地、帳簿価額、賃貸有無等)					
2	所有不動産登記簿謄本					
3	遊休固定資産内訳					
4	固定資産台帳(設置場所、取得年月、使用状況)※リース含む					
5	リース契約のサマリー表及び全てのリース契約書					
6	オフバランスリース契約明細					
7	有形無形資産償却明細					
8	賃借権内訳明細					
9	資産除去債務の検討及び計上根拠資料					
10	減損会計の検討及び計上根拠資料					
\multicolumn{7}{	l	}{vi 勘定科目(投資等)}
1	投資有価証券【上場】(簿価、株数、取得価額、目的等)					

No.	依頼資料	重要度	入手可能性 (Y／N)	写し提出or原本閲覧 (写／原)	交付日	コメント／注意
2	投資有価証券【非上場】(簿価、株数、取得価額、目的投資先決算書等)					
3	子会社株式(子会社決算書、株数等)					
4	ゴルフ会員権の銘柄別内訳 (簿価、口数、時価情報等)					
5	敷金・保証金一覧表					
6	会社が付している保険契約一覧					
7	発生した全ての賠償請求と実際の損害額					
vii	勘定科目(負債)					
1	未払費用残高明細					
2	金融機関借入金明細(条件等含む)					
3	各期における借入金調達・返済実績一覧					
4	借入金等に関する取締役・他社等の保証書					
5	引当金の性質・内容・計算根拠資料					
6	退職給付引当金計算根拠資料					
7	簿外債務のおそれに関する資料					
viii	勘定科目(純資産)					
1	新株予約権・新株予約権付社債明細(数・条件等)					
2	自己株式の取得状況一覧					
V	税務					
1	税務署届出書一式(法人・消費・源泉)					
2	確定申告書の根拠資料(申告調整の内容説明資料)					
3	グループ会社の税務申告書(法人・消費・源泉)					
4	税金の納付実績が分かる資料(通帳写し等)					
5	税務調査資料(時期、内容、結論等)					

8 依頼資料リスト 解説

No.	依頼資料	重要度	入手可能性 (Y／N)	写し提出 or 原本閲覧 (写／原)	交付日	コメント／注意
VI	その他の資料					
1	会社と役員・関連会社との取引高及び債権債務額明細					
2	係争中事件一覧					
3	行政機関や監督官庁からの指示監督一覧					
4	株主との協定書等					
5	ITシステムの概要説明図					
6	会計・業務マニュアル					
7	使用している主要なコンピュータシステム、ソフト					

【法務DD資料】

可能な限り以下の資料をPDFファイルで頂きたいと存じます。

No.	依頼資料	重要度	入手可能性 (Y／N)	写し提出 or 原本閲覧 (写／原)	交付日	コメント／注意
I	会社の設立・株式に関する資料					
1	定款（原始定款から現在に至るまで）					
2	会社設立関係書類					
3	商業登記簿謄本					
4	株主名簿					
5	株券(株券発行会社)					
6	株主間契約					
7	新株予約権原簿					
8	議事録(株主総会、取締役会、監査役会、委員会) ※過去5年分					
9	株主総会想定問答集					
10	従業員持株会規約					
II	関係会社・株主・組織に関する資料					
1	関係会社組織図 ※持分比率が記載されているもの					

No.	依頼資料	重要度	入手可能性 (Y／N)	写し提出or原本閲覧 (写／原)	交付日	コメント／注意
2	株主構成図 ※持分比率が記載されているもの					
3	内部組織図					
4	役員リスト					
5	事業報告書					
6	関連会社間の契約書					
7	株主との契約書					
III	各種契約に関する資料					
1	過去の組織変更に関する契約書					
2	商取引に関する契約書 ※同一の契約書が多数の場合には要相談					
3	ファイナンスに関する契約書					
4	リースに関する契約書					
5	業務委託(顧問)に関する契約書					
6	保険に関する契約書					
7	その他各種契約書・覚書					
8	社債原簿・社債要項					
IV	人事・労務に関する資料					
1	事業ごとの従業員リスト ※正社員、パート、派遣、年齢、平均勤続年数の内訳					
2	社内規則					
3	労使協定書					
4	雇用契約書 ※類似の内容である場合には代表例のみ					
5	誓約書					
6	タイムカード ※件数が多いときは要相談					
7	給与明細					
8	年金に関する資料					
9	退職金に関する資料					
10	給与・報酬体系に関する資料					
11	労働組合に関する資料					

8 依頼資料リスト 解説

No.	依頼資料	重要度	入手可能性 (Y／N)	写し提出 or 原本閲覧 (写／原)	交付日	コメント／注意
12	リストラ計画に関する資料					
13	ハローワークとのやり取りに関する書面					
V	不動産に関する資料					
1	所有不動産リスト					
2	所有不動産登記簿謄本					
3	賃借・使用不動産リスト					
4	賃借・使用不動産の使用権限を示す契約書					
5	賃貸借に関する契約書					
6	不動産売買に関する契約書					
VI	知的財産権に関する資料					
1	所有している知的財産権リスト ※出願中のものも含む					
2	利用している知的財産権リスト					
3	ライセンスに関する契約書					
4	知的財産権に関する登録原簿					
5	知的財産に関する紛争・クレームに関する資料					
VII	許認可に関する資料					
1	取得している許認可リスト					
2	許可証					
VIII	訴訟・紛争に関する資料					
1	訴訟・紛争リスト ※現在(潜在的なものを含む)から過去10年遡って					
2	訴状・通知書等					

> カスタマイズ

　依頼資料リストを作成する際には、対象会社の業種やリスク、保有している資産等に応じて、適宜カスタマイズを行うことになります。例えば、対象会社が不動産を有していないことが決算書や質問により明らかであれば、不動産に関する項目はカットすることになります。同様に、子会社や関連会社が存在しないのであれば、これらに関する項目をカットすることになります。一方で、グループ間取引が重要なリスクと認識されるのであれば、この取引に関する契約書や証憑を通常よりも詳しく要求することになります。

　このように、依頼資料リストは対象会社に応じてカスタマイズする必要があり、漫然と網羅的なリストを提出することがないよう留意する必要があります。

> 買主の意向

　一般的に、依頼資料リストは各DDアドバイザーにて作成し、それを売主に送付するという流れです。しかし、デューデリジェンス初期段階では、DDアドバイザーよりも買主の方が対象会社の情報を有していることが通常です。また、対象会社が買主の業種と同業である場合には、対象会社にどのような資料が存在するのかという点について、買主の方がDDアドバイザーよりも知識を有しているはずです。そのため、DDアドバイザーが作成した依頼資料リストを買主において一度吟味し、必要な資料の要求漏れがないかを確認すべきです。もし、必要な資料の要求がされていない場合には、その旨説明を行い、依頼資料リストに加筆する必要があります。

2 ▪ 重複回避

　通常、対象会社のM＆A担当者は、M＆Aに関する業務以外に本業を抱えています。資料の開示対応も本業の合間を縫って対応していることが一般的です。そのため、膨大な種類の資料の開示を求められたり、法務・財務・買主から個別に資料の開示を求められ、それらの内容が重複していたりすると、資料開示が著しく遅れる原因となります。

　現地調査前に開示された資料は、DDアドバイザーが時間をとって十分検

討することができるものとなります。そして、検討の結果、対象会社の重要な問題点に気が付き、さらに追加で資料請求を行うことも可能になります。

このように、現地調査前にできる限り多くの資料が開示されるということは、DDアドバイザーひいては買主にとって大きなメリットとなります。そこで、可能であれば売主のM＆A担当者の負担を減らすべく、依頼資料リストの統合作業を行うとよいでしょう。1つのリストに従って資料を用意するのと、2つや3つのリストに従って資料を用意するのとでは、労力が各段に異なります。

3 ▪ 優先順位

依頼資料リストを作成する際には、資料の優先順位を記載しましょう。対象会社の方では資料の優先順位を把握することはできません。優先順位をつけていないと、対象会社のM＆A担当者は、頭から順番に資料を用意するおそれがあります。そのため、依頼資料リストを作る側で優先順位を記載する必要があるのです。

なお、直近の確定申告書（納税申告書）は、非常に優先度が高い資料になります。確定申告書から、保有している資産・負債の内容、子会社の有無や株主構成など、非常に重要な情報を把握することができます。そのため、デューデリジェンスを開始する前段階の見積り段階で、確定申告書は入手しておきたい資料となります。

Scene 9
チェックリスト作成

　太郎が統合した依頼資料リストを提出してから1週間経っても、太田製菓から何も資料が提出されなかった。新堂の指示を受けてFAの安積に連絡を入れても、安積からの回答は対象会社の処理が遅れているというものばかりだった。2週間に差し掛かった際に五月雨式にパラパラと資料が届けられたが、その資料はほとんど財務に関する資料であり、法務デューデリジェンスの事前作業は一向に進まなかった。堀田もこの現状にヤキモキしているようで、必死に安積を通じて動いているようだったが、資料が出るスピードが速くなることはなかった。

　そんな最中、新堂から法務の現地調査担当割りをするから来てくれということで、午後7時頃にSS法律事務所に呼び出された。太郎は、それまでの間に以前購入したデューデリジェンスの本をある程度読み込んでおいたので、以前ミーティングに赴いた時よりも足取りは軽くなっていた。
　太郎が会議室で待っていると、新堂とその部下の弁護士が後から入ってきた。太郎の前に両者が座ると、新堂は法務チェックリストと題された書面を手渡した。

「ある程度デューデリの経験を積んでくるとこんな書面はいらないんだが、今回は太郎の勉強も兼ねているので作ってみた」
　チェックリストには、「設立・会社組織・株式」から始まり、項目ごとに確認しておくべき事項が箇条書きされていた。
「基本的には、この書面に書かれている項目を各人で割り振って、それを担当として行う予定だ。ただ、これはあくまでも現段階の情報に基づいて作成したものなので、今後提出されるであろう資料や現地調査で判明した事実

法務 DD チェックリスト（簡易）			
1	設立・会社組織・株式	✓	備
	・対象会社が適法かつ有効に設立されているか	☐	
	・対象会社が行っている業務内容を適切に把握したか	☐	
	・対象会社が過去に遡って株券発行会社である期間がないか確認し、株券発行会社である期間において適切に株式譲渡がなされているか	☐	
2	議事録（想定問答集含む）		
	・対象会社における過去の決議内容の内、重要な事実（会社の構造変更、買主の事業計画に影響を及ぼす事項）を確認したか	☐	
3	株主・関係会社		
	・対象会社の株主を確実な資料により確認したか	☐	
	・株主間契約の有無、内容を確認したか	☐	
	・関連会社の有無及び関係を確認したか	☐	
4	スキーム		
	・会社謄本、定款、各種規程に照らし、今回採用するスキームが実行可能かつ妥当なものであるか	☐	

などによって、随時修正が必要になることに注意してくれ」
「分かりました」

　太郎は素直に頷いた。事前に読み込んでいたデューデリジェンスに関する書籍でも、計画はあくまでも計画であり、適宜修正が必要になると記載されていた。
「それじゃあ割り振りを行おうか。まず、株式については難しくなりそうなので俺がやる。国内子会社については東田がやってくれ」
と言って、新堂は部下の弁護士に目を向けた。
　太郎にはちょっと重いかもしれないなと言われつつも、人事労務と商取引の部門を担当することになった。また、海外子会社については、何が出てくるのかまだ予測がつかないとして、全員が担当することになった。
「自分の担当以外の分野についても、現地調査の様子を見て担当してもら

うことになるかもしれない。特に太郎は、最初のデューデリということもあるのだから、担当部門以外についても積極的にかかわってほしい」
「はい。分かりました！」
以前とは異なる太郎の前向きな姿勢を見て、新堂は満足げに軽く頷いた。
「担当決めも終わったことだし、法務メンバーで飯にでも行こうか。東田と太郎はお互いよく知らないだろう？」
太郎はこのまま事務所に戻り、残った仕事をするつもりだったので、突然の夜食の誘いに戸惑った。しかし、法務メンバーの懇親を図るために忙しい新堂が骨を折っていることは十分うかがえたので、太郎は言われるがままに近所の居酒屋に同行した。弁護士同士で「飯」と言えば、大抵は酒が入ることになる。今夜の仕事はもうダメだなと腹をくくった。

「いらっしゃいませ！」
カウンターの奥から威勢の良い大将の声が響いた。
新堂が４人テーブルの上座に座り、東田がその隣に座った。太郎は、ドアに一番近い下座に座り、隣の椅子に鞄を乗せた。小さな店内はほぼ満席で、スーツ姿の男性で埋め尽くされている。ビジネス街の典型的な居酒屋である。
「この店は魚料理が有名で、どの魚を食べても旨いんだよ」
新堂は馴染みの居酒屋に入り機嫌が良くなったようだった。自分の飲み物を告げると、料理の注文はすべて部下の東田に任せた。事務所近くの居酒屋なので顔馴染みなのだろう。東田は淡々とお店の看板メニューを注文していった。東田とは初対面であったが、司法修習の期は太郎よりも２つ上だった。弁護士、裁判官、検察官といういわゆる法曹関係者の中では、司法試験合格後の修習期で序列が決まる。たとえ、年齢が下であっても修習期が上であれば、先輩として扱われることになるのが通常である。３人の中で一番期が下である太郎が卑屈になるのは当然のことだった。とはいえ、新堂と太郎は飯嶋法律事務所で働いていたという共通点があったため、比較的ラフな対応が許されていた。
「今、飯嶋先生のところでは、どんな案件が多いんだ？」

「そうですね。売掛金回収や労働問題、あと離婚に相続ですかね」
「ふーん。俺が居たころとそんなに変わりないな。太郎はデューデリ初めてって言ってたけれど、こういった会社法がらみの事件は多くないか？」
「飯嶋先生は企業の顧問を結構持っていますから、企業がらみの事件は多いのですが、会社法関係の事件は少ないですね」
「そうか。Ｍ＆Ａは今後も増えると思うし、会社法がらみの事件や相談は今後増えていくと思う。今回のデューデリもいい機会だから、必死に勉強して自分のものにしろよ。おそらく、飯嶋先生も太郎に勉強をさせるため、俺を指導担当役に据え付けたんだろう」
「新堂先生が飯嶋法律事務所に居たときに、飯嶋先生と一緒にデューデリをしたことがあるんですか」
「あるよ。２回ほどやったかな。飯嶋先生は、意外とアソシエイトに事件の裁量を振ってくれるけれども、要所要所で鋭い指摘をすることがあるね」
　太郎は無言で頷いた。
「あの人、本当にいろいろなことを知っていて、いまだに底が見えないな」
　そのことは営業損害の訴訟のときに、妙に会計に詳しい飯嶋先生を目の当たりにして太郎も実感しているところだった。
「ところで、あの西野って会計士、どこで知り合ったの？」
「西野ですか？　幼馴染ですよ。小さいころは特に頭がいいとは思っていなかったんですが、若くして会計士試験に受かり、大手監査法人に入り、数年前に何人かで独立開業したみたいですよ」
「ふーん。そりゃあ優秀だな」
「そんなこともあり、会計や税金で分からないことがあると教えてもらったりしているんです」
「なるほどね。そういう風に身近に質問できる人がいるといいなぁ。自分も会計士の知り合いが何人かいるけれども、そこまで気軽に質問とかできないし」
　ふいに西野の指摘を新堂に伝えたいという気持ちが芽生えた。太郎は、太田製菓の名前などを口にしないように慎重に言葉を選んだ。

「そういえば、依頼資料リストを作成する際に西野が話していたんですけれども、この会社商標権を持っているみたいですね」

「えっ？　そうなのか。たしか、この会社は知的財産を持っていなかったんじゃないか？」

「なんでも、会社から提供された財務データに商標権の償却費が載っていたそうです。なので、依頼資料リストを統合する際に、商標権に関する資料も要求しておきました」

「そうなんだ。財務データにそんなことが書いてあったのか。まぁ、うちらは法律を生業とする業種だからな。餅は餅屋ということで、会計税務についてはタッチしないに越したことないよ。下手に税金のことをアドバイスして間違ったこと伝えていると、後で責任問題になるし」

　法律と会計税務は別か。確かに簿記２級を持っているとはいえ、太郎も会計税務の深い知識を持ち合わせているわけではなかった。

「でも、あの会社、全然資料が出てきませんね。財務の資料はパラパラと出てきていますが、法務の資料はからっきしですよ。大丈夫なんですかね、こんな感じで」

「FAが就いていないケースだと勝手が分からずに資料開示が遅れることは多いんだが、今回のはFAが就いているんだよな。確かにこれはちょっと酷いな。このままだと、事前資料開示がほとんどない状態で現地調査に乗り込むことになりかねないから、明日あたりに俺の方から督促を入れておくよ」

「FAが就いていると資料の出は良くなるものなのですか」

「一般的にそうだな。FAは多くの場合、成功報酬で契約しているから、スムーズにデューデリが実施されて、問題が発覚しないことを望んでいるんだ。また、事前にノンネームシートなどを作っていることが多いから、その際にある程度の資料の収集や問題点を把握しているはずだ。分かりやすく言うと、FAはM&Aの潤滑油のような役割を果たしているんだが」

「ということは、今回は潤滑油がありながら、ギアが回っていない状態なんですかね」

「そうだな。おそらく歴史のある同族会社だから、ギアが錆びついているのかもしれないな」
　自分の発言に満足した様子でニッと笑い、新堂はジョッキに残っていた半分ほどのビールを一気に喉に流し込んだ。

　飲み物はビールから日本酒に変わっていた。魚料理も大方食べ尽くし、3人ともある程度満たされた心もちになっていた。ほろ酔い状態となった太郎は、さっき事務所で行われた担当割りについて、漠然と疑問に思っていたことを口にした。
「後学のために教えてほしいのですが、さっきの担当部門の割り振りですが、一般的にどんな分野が重くなるんですか」
「うーん。ケースバイケースだな。ただ、類型的に重くなるのは、契約書の確認作業と労働回りだ。あと、株券発行会社の場合には、株式回りが重くなる」
　先ほどの打合せで、労働のパートが自分に振られたのを思い出して、太郎は少し気が重くなった。
「どうしてその辺の作業が重くなるのですか」
「契約書の確認は、契約書の量次第だけれども通常はある程度の分量があるから当然時間がかかる。労働は、規程類の確認もあるけれども、一番時間がかかるのは未払残業代の確認だ。簿外債務になるから、可能な限り計算することになる。あと、株券発行会社の場合には、株主の帰属で問題になりやすいから必然的に重くなるし、最終的な株式譲渡契約にかかわるのでミスできない論点になる」
　まだデューデリジェンスの経験がない太郎からしてみると、言っていることは何となく分かるものの実感が湧かなかった。ただ、太田製菓は株券発行会社なので、重要なテーマである株式のところを新堂が担当することにしたのだと理解した。
「あと1つ気になっていたんですが、デューデリの部屋って法務と財務が1つの部屋で一緒に行うケースって稀なんですか。今回は一緒の部屋でやる

ことになりましたが」

「そうだな。俺が過去やってきたデューデリでは、ほとんどが別部屋か、現地調査の日程がずれていたから、一緒の部屋でやったことはないな」

「どうして別部屋でやるんですか。一緒の部屋の方が情報共有しやすくないですか」

新堂は眉をひそめた。

「あのなぁ。お前はまだデューデリをやったことないから実感が湧かないと思うけれども、財務チームと一緒の会議室っていうのは息が詰まるもんだぜ。うちらは法律のプロだけれども、税務会計のプロじゃない。一緒の会議室に財務チームがいる状態で、税務会計のバカな質問をうちらの間でしてみろ。『そんなことも知らないの？』と内心思われちまうじゃないか」

「そりゃそうですけれども、うちらは税務会計のプロじゃないんだから、仕方ないんじゃないですか」

「まあ、今回は太郎の知り合いの会計士だから、この辺を気軽に質問できるかもしれないけれども、通常の場合には財務と法務のチームは面識ないからな。初対面で腹の探り合いしているときに、バカだと思われるような発言はできないものなんだよ」

確かに自分も西野ではなく知らない財務チームと一緒に調査をするとなると、気軽には質問できないし会計に無知だと思われたくないなと思った。

「財務チームの方も同じ考えだと思うぞ。弁護士に『こんなことも知らないの？』と思われるような発言はしたくないはずだ。だから、通常は財務と法務が一緒の会議室で調査をしないんだよ」

財務と法務で情報共有や補完しあった方が、効率が良いのは明らかだ。けれども、両者のプライドが邪魔しあったら情報共有もままならないだろうと太郎は思った。

……Scene 10「現地調査」（125頁）へ続く。

解　説

関係当事者：法務、財務

〔該当する手続段階〕

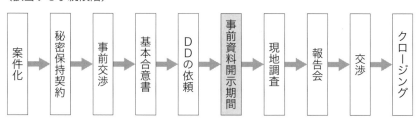

1 ▪ チェックリスト

➤リストの体裁

　チェックリストは、デューデリジェンスを行うアドバイザーが手続を実施する際に、漏れがないようにするため利用します。デューデリジェンスに慣れているアドバイザーの場合には、わざわざチェックリストを準備する必要はありません。ただ、現地調査で実施すべき手続を漏らしていた場合、後日取り繕いができなくなるおそれもあります。そのため、経験が浅いメンバーがデューデリジェンスを行うのであれば、チェックリストを作成しておいた方が安全でしょう。

　一例としてチェックリスト（簡易版）の雛形を掲載します。

法務 DD チェックリスト（簡易）

		✓	備考
1	設立・会社組織・株式		
	・対象会社が適法かつ有効に設立されているか	☐	
	・対象会社が行っている業務内容を適切に把握したか	☐	
	・対象会社が過去に遡って株券発行会社である期間がないか確認し、株券発行会社である期間において適切に株式譲渡がなされているか	☐	
2	議事録（想定問答集含む）		
	・対象会社における過去の決議内容の内、重要な事実（会社の構造変更、買主の事業計画に影響を及ぼす事項）を確認したか	☐	
3	株主・関係会社		
	・対象会社の株主を確実な資料により確認したか	☐	
	・株主間契約の有無、内容を確認したか	☐	
	・関連会社の有無及び関係を確認したか	☐	
4	スキーム		
	・会社謄本、定款、各種規程に照らし、今回採用するスキームが実行可能かつ妥当なものであるか	☐	
5	許認可		
	・必要な許認可の種類、内容を把握したか	☐	
	・許認可の内容、期限を確認したか	☐	
	・MA 実行により許認可の継続使用に支障が生じないか	☐	
	・過去の違反行為によって許認可が取り消されるおそれがないか	☐	
6	人事労務		
	・就業規則、賃金規程、労使協定、その他の規定の概要を把握したか	☐	
	・雇用契約書の内容を確認したか	☐	
	・就業形態(役員、派遣、バイト、出向)、人数、契約内容を把握したか	☐	
	・労働時間管理の方法を確認したか	☐	
	・未払の時間外労働手当、深夜手当、休日手当等の算定を行ったか(過去2年間の退職者含む)	☐	
	・退職金制度の有無、金額を確認したか	☐	
	・過去に労災問題(労基署の指導等を含む)が起きていないか	☐	

	・過労死ラインを超過している従業員がいないか	☐	
	・労働組合(ユニオン含む)の問題が生じていないか	☐	
7	商取引		
	・契約書の種類、概要を把握したか	☐	
	・重要な契約書にCOC条項、競業禁止条項、独占条項が存在しないか	☐	
	・契約違反の事実はないか	☐	
	・口頭契約の有無を確認したか	☐	
8	不動産・賃貸借契約		
	・保有不動産を登記簿謄本で確認したか	☐	
	・保有不動産の利用形態(設定権)を確認したか	☐	
	・賃貸借契約の内容を把握したか	☐	
	・賃貸借契約に無断転貸、賃料滞納等の解除事由が存在しないか	☐	
9	動産(リース、ソフトウェア含む)		
	・重要な動産の存在、所有権の確認を行ったか	☐	
	・リース契約の内容を把握したか	☐	
	・リース契約に使用料滞納などの解除事由が存在しないか	☐	
	・重要なソフトウェアの存在、内容を把握したか	☐	
10	ファイナンス		
	・ファイナンスの内容を確認したか	☐	
	・ファイナンス契約にCOC条項、コベナンツ条項が存在していないか	☐	
11	知的財産		
	・重要な知的財産権の存在、内容の確認を行ったか	☐	
	・重要な知的財産権の権利が存続しているか確認したか	☐	
	・ライセンス契約の内容を把握したか	☐	
12	訴訟・紛争(環境問題含む)		
	・訴状、調停、内容証明等の内容を確認したか	☐	
	・クレーム対応に関する資料を検討したか	☐	
	・議事録や想定問答集にクレーム等に関する記載が存在しないか	☐	
	・顧問弁護士が存在しないか	☐	

財務 DD チェックリスト（簡易）

		✓	備考
1	会計方針		
	・事業内容ごとにどのような売上計上基準を採用しているか	☐	
	・採用している減価償却方法、主な耐用年数はどのようになっているか	☐	
	・引当金の計上ルールはどのようになっているか	☐	
2	決算体制		
	・経理体制について、人員、承認プロセスなどはどのようになっているか	☐	
	・月次決算の締めは何日までになされているか	☐	
	・年度決算のスケジュールはどうなっているか	☐	
3	正常収益力・事業計画		
	・人件費カットを行っている、管理部門を異常に削っている等の方策により、正常な範囲を超えてコストを圧縮しているようなことはないか	☐	
	・一過性の取引、非通例的な取引、親密先からの経営支援(単価上乗せ等)によって、一時的に利益率が高まっているようなことはないか	☐	
	・事業計画における売上高の伸びを、事業別、製品別、地域別、顧客別などの要素に分解しても説明がつく内容となっているか	☐	
	・事業計画における売上高の伸びを、数量面と単価面に分解しても説明がつく内容となっているか	☐	
	・事業計画における費用の推移について、会社が予定している施策と整合したものとなっているか	☐	
4	本業に関わる資産		
	・売上高の架空計上がなされ、実態のない売掛金が計上されていないか	☐	
	・売上高の先計上がなされ、過大な売掛金が計上されていないか	☐	
	・回収可能性のない売掛金が引当金なしで計上されていないか	☐	
	・在庫管理体制が不十分で、信頼性のない在庫数量に基づく在庫計上がなされていないか	☐	
	・不良在庫が評価減されることなく放置されていないか	☐	

9 チェックリスト作成　解説

5	不動産等の固定資産		
	・過年度における減価償却が恣意的になされていないか	☐	
	・現物資産がないのに台帳に計上されたままになっていないか	☐	
	・リース資産が貸借対照表に計上されているか	☐	
	・不動産の時価が著しく下落しているにもかかわらず減損されていないか	☐	
	・ソフトウェアなどの無形資産が何の根拠もなく計上されていないか		
6	投融資		
	・有価証券の含み損が貸借対照表に反映されているか	☐	
	・デリバティブなどが組み込まれた金融商品で長期間解約できないもの、また、解約しようとすると大きな損失が生じるものが含まれていないか	☐	
	・回収可能性のない貸付金が放置されていないか	☐	
7	負債		
	・買掛金、未払金などの計上が漏れていないか	☐	
	・引当金(賞与引当金、退職給付引当金、役員退職慰労引当金等)が計上されているか		
	・借入金について、財務制限条項に抵触し、期限の利益を喪失している状況になっていないか	☐	
	・定期預金などが事実上の拘束預金となってしまい自由に使えない状況になっていないか	☐	
	・税務申告が適切に行われておらず、未払税金の計上漏れが生じていないか		
	・訴訟事件、債務保証、未払労働債務等の偶発債務により、将来の潜在的な損失リスクを抱えていないか	☐	
8	関連当事者		
	・社長をはじめとした役員、またその傍系会社に対して多額の貸付金や仮払金が存在していないか	☐	
	・オーナー企業の場合に社長の個人の財布と会社の財布が混同されており、個人的な資産などが会社に計上されていないか	☐	
	・株主や役員の傍系会社との取引が、異常な条件でなされており、不当に会社財産が流出している、または、損失飛ばしのような状態になっていないか	☐	

▶カスタマイズ

　対象会社の業種やリスク、保有している資産等に応じて、チェックリストの内容は変わります。デューデリジェンスに関する詳しい書籍などを参考にして、リスクの高い分野について厚めにチェック項目を増やしてもよいでしょう。ただ、あまりにチェック項目を増やし過ぎると、チェック項目を潰すことに時間がとられてしまうなどの悪影響が生じるおそれもあります。そのため、あまり詳細にリストの項目を作らないようにしましょう。

　なお、チェック項目は対象会社から提出された資料や、現地調査の過程で得た情報によっても変化します。そのため、当初作成したチェック項目の内容にこだわることなく、柔軟に修正を繰り返すようにしましょう。

2 ▪ 調査事項ごとの労力

(1) 法務

　法務デューデリジェンスのチェック項目には類型的に時間がかかる項目とそうでない項目が存在します。もちろん、対象会社によって項目ごとの重さは変化しますが、類型的に重くなりがちな項目を指摘します。担当割りをする際に参考にしてください。

① 契約書

　対象会社が保有している契約書の量にもよりますが、契約書の確認作業は法務デューデリジェンスにおいて時間がとられる項目となります。契約書は、PDFファイルにすることが困難であることなどから、事前開示の段階で提出されることが少ないものになります。そのため、現地調査において閲覧しながら確認しなければなりません。なお、あまりに契約書の量が膨大である場合には、種類によって分類して、重要性の高いもののみ検討することになります。

② 人事労務

　関連する労務規程の種類や量が多く、しかも未払時間外労働手当（未払残業代）の計算を行う必要があるため、通常かなり時間がとられる項目となります。また、退職金制度が存在する場合には、現時点において対象会社が

負っている退職金額も算定する必要が生じます。人事労務を処理するためには、労働系の法律のみならず通達や判例を熟知している必要があるため、ある程度経験を積んだ弁護士が担当した方がよい項目になります。

③ 株式

株式譲渡のスキームでＭ＆Ａを実行する場合には、売買対象となる株式について法的に問題がないか確認する必要があります。万が一、株式に関する法的判断が誤っていた場合、金銭は支払ったものの株式を譲り受けていないという事態に陥りかねません。特に、対象会社が株券発行会社である場合、株券交付を伴わない株式譲渡の問題が生じかねません（155頁参照）。このように、株式については、過去に遡って株式譲渡の経緯を調査するため、類型的に時間がかかる項目になります。また、株式に関する判断は、法務デューデリジェンスにおいて最も間違えてはならない事項であるため、経験豊富な弁護士が担当すべき項目となります。

(2) 財務

財務デューデリジェンスにおいても、対象会社によって項目ごとの重さが変化します。類型的に重くなりがちな項目を指摘しますので、担当割りをする際の参考にしてください。

① 資産全般

資産項目については、可能な限り証憑と突合して実在性の有無を確認することになります。通常は、項目を分担して各担当者が作業にあたることになります。資産項目の裏付けとなる資料が整理してある場合には時間がかからないものの、非上場会社では裏付けとなる証憑が散在していることが見られます。このような場合には、財務担当者に証憑の提出を繰り返し依頼することになり、非常に時間がかかることになります。

② 税金

詳細な税務デューデリジェンスを行う場合には、別途オプションとして費用や時間を割くことになります。このような場合でなくても、税金の確認は専門性が高くなることが多く、資料収集の点でも時間がかかりがちです。財

務デューデリジェンスの一環として税務を検討する場合であっても、税金に詳しい公認会計士や税理士を担当にすべきでしょう。

3 ▪ 資料提出の遅れ

　依頼資料リストを対象会社に提出したものの、いくら待っても依頼資料が提出されないことは往々にして見られます。一般に財務資料については、確定申告書や決算書データなど、既に完成しているものやデータとして保管しているものが多いため、早期に提出されますが、法務デューデリジェンスにおいて要求している資料は、データ化されていないものや、そもそも存在していないため作成を要する資料などが含まれます。そのため、財務資料と比べ法務資料の提出が遅れることが多く見られます。

　現地調査前に多くの資料が手元にあれば、事前に十分検討することができ、現地調査を効率的に実施することができます。また、事前に開示された資料により発見された事実に基づき、更なる資料開示を求めることも可能になります。このように、事前にどれだけ充実した資料開示がなされるかという点は、デューデリジェンスの充実度に影響を与える重要事項となります。

　それでは、資料提出が遅れている場合にどのように対応すべきでしょうか。まずは、率直にどのような事情で開示が遅れているのかをFAなどを通じて確認する必要があります。その回答として、「契約書数が多くてPDFにするのに手間取っている」「要求された資料が膨大過ぎて何から手を付ければよいのか分からない」「法務と財務で重複した資料が要求されていて時間がかかっている」などの問題点が明らかになると思います。それらの具体的な事情を把握したうえで、その問題点を解消することになります。

　どうしても資料が提出されないときは、「これだけは最低限欲しい」という最優先資料を指定することも効果的です。最優先資料は、厳選してわずかな資料のみ指定すべきです。その結果、現地調査前に資料が入手でき、事前検討が可能になることがあります。

　なお、ストーリーにも記載されていますが、FAやM＆A仲介会社が間に入っているディールでは、資料提出をサポートする業務を行ってくれるこ

とが一般的です。そのため、これらの者がディールにかかわっている場合には、比較的スムーズに依頼資料が事前に開示される傾向にあります。

4 ▪ 法務と財務の連携

　DDメンバーは、対象会社の調査という同一目的のために違う角度から作業を行っているため、できる限り情報共有して問題点を洗い出す方がよいはずです。しかしながら、各々が専門家であり扱っている専門用語や専門知識が異なることから、満足な連携が取れていないことが多いのが実情です。たとえば、弁護士は財務デューデリジェンスで用いている詳細な財務データから情報を収集することは困難です。逆に、公認会計士や税理士は、法務デューデリジェンスで用いている契約書などから法的な判断を行うことは困難です。その結果、重要なリスクや事実が財務のメンバーは把握しているものの、法務のメンバーが把握していない、又はその逆の状態が生じるおそれがあります。これは、依頼者である買主にとって好ましいことではありません。

　とはいえ、買主が「専門家同士相互に連携を取ってください」と告げても、そもそもの専門領域が異なっているので、自発的かつ円滑な連携を促すことは難しいのが実情です。そのため、買主のM&A担当者がイニシアチブを取り、DDアドバイザーから重要な発見事項の報告を受けたのであれば、それを他のDDアドバイザーに伝えるという作業をすべきでしょう。面倒な作業にも思えるかもしれませんが、これはデューデリジェンスの効率を上げるうえで重要であり、ひいては買主のメリットになるものです。

Scene 10
現地調査

　結局、太田製菓の現地調査直前になっても、開示された資料はわずかにとどまった。そのほとんどが財務系の資料であり、法務系の資料の多くについては現地で原本を確認してほしいと指示されるに留まった。新堂をはじめとする法務メンバーは、現地調査は時間が限られているので、できる限り資料を事前に提出して欲しいとFAを通じて幾度となく要求していたが、大した改善は見られなかった。
「一体何考えているんですかね！」
　事前開示された資料を時間があるうちに検討しておこうと思っていた太郎は、いつまで経っても重要な資料が開示されない現状に不満を募らせていた。
「まあ、しょうがない。こういうケースも珍しいわけじゃないさ」
　デューデリジェンスの経験が豊富な新堂は、現地調査に対する不安がさほどないためか落ち着き払っていた。

　　　　　　　　　　●

　太田製菓の本社は名古屋に位置している。現地調査の期間中、太郎が住む東京から毎日新幹線で訪れてもよかったが、朝の業務開始時刻に間に合わせるためには早朝に新幹線に乗り込まなければならない。そのため、2日目に東京で仕事がある新堂以外のデューデリジェンスメンバーは、2泊3日の泊り出張の体制をとった。太郎は弁護士になってから泊りの出張の機会が少なかったため、遠足に向かう小学生のように心浮かれていた。
　早朝の新幹線に乗り込み、駅弁を突きつつ事前に開示された資料のファイルを読み込んでいた。そこに新堂と東田が乗り込んできた。
「おはようございます」

太郎が元気よく挨拶をした。新堂は太郎の方に目を向けると途端に眉間にしわを寄せた。
「その資料って、今回のディールのじゃないか？」
　早朝でまばらに席が埋まっている状態だったが、太郎に顔を近づけて小声で尋ねた。
「ええ。そうですが」
「おい！　このディールは上場企業案件なんだぞ。ディールの話が誰かに漏れたら大問題になるじゃないか。仮に上場企業案件でなかったとしても、電車内で記録を広げるなんて今後絶対にするな！」
「すみません！」
　意気込んでいた太郎の気持ちは途端に消沈した。新堂は早起きのせいもあってか不機嫌だった。急いでファイルを鞄にしまうと、目の前の駅弁を平らげ、デューデリジェンスの解説本を読みふけっているうちに寝込んでしまった。肩を叩かれて目を覚ますと、名古屋駅まであと５分のアナウンスが流れていた。

　名古屋駅のホームに降りると３両ほど離れたところに西野率いる財務チームのメンバーが見えた。合流して待ち合わせ場所の改札前に行くと、既に堀田とＦＡの安積が待ち構えていた。
「おはようございます」
　各人が元気よく挨拶をし、初対面の者同士名刺交換を行った。太郎は、キックオフミーティングの際に名刺が切れそうになった経験から、今回はたくさんの名刺を補充しておいた。本社でどれだけ名刺が必要になるか分からないからだ。
　本社は名古屋駅から数キロメートル離れた所に位置していた。そのため、チームごとに分かれてタクシーに乗り込んだ。今朝、新堂に叱られたこともあり、太郎はタクシーの助手席で黙り込んでいた。新堂も地元のタクシー運転手に用件が知られるとまずいと思ったのか、タクシー内では行先の指示以外は特に言葉を発しなかった。

本社に到着すると20名は入りそうな広い会議室に通された。テーブルがコの字型に並べてある。買主であるバウムクラストの堀田とデューデリジェンスチームは奥の上座側に通された。しばらく待っていると、会社の役員や工場責任者と思われる人達がずらずらと列を作って会議室内に入り、列の順に奥から着席した。一番奥に着席したのが社長のようだった。名刺交換は打合せの前に行うのではなく、後に行うのかと太郎は考えた。

一同が着席したのを見計らって、太田製菓側のFAである杉山が口火を切った。

「皆さま、本日はご足労いただきありがとうございます。これから3日間にわたり本社のオンサイトデューデリジェンス[16]を実施いたします。最初に恐縮ではありますが、各々自己紹介をお願いしたいと思います」

各人が簡単に自己紹介を終えた。太郎から見て向かって奥の初老の人物がやはり社長の太田守であった。そこから順に太田姓の役員が着席していた。スーツ姿の役員とは異なり、作業着姿の3名は、現場を管理している財務部、総務部、生産部の部長であった。今回のデューデリジェンスについては、この3名が主に対応に当たることになると説明された。

「今後のスケジュールについて確認する前に、一つお願いがあります。今回の調査は、ここにいる方以外には、融資を受けるための調査という名目で説明しています。そのため、許可なく他の従業員に質問したり、今回の調査の目的をお話しすることがないようお気をつけください」

そう言って杉山は太郎達をゆっくりと見回した。

「まずは、マネジメントインタビューの時間帯を確定したいのですが、いかがいたしましょうか」

マネジメントインタビューとは、主に経営陣に対するインタビューを意味している。会社全体の経営やM&Aに至った経緯など、概括的な質問が行われることになる。デューデリジェンスの書籍で勉強した太郎もそのことを

---

[16] 現地調査の意味。対象会社に赴き、資料の閲覧や質問等を行う作業。「オンサイト」と略されることも多い。

知っていた。
　これに対し新堂が手を挙げた。
「ちょっとよろしいでしょうか。マネジメントインタビューを行う以前に、法務のメンバーとしましてはこれまで事前にあまり資料をいただけていないため、まずは本社において開示される資料を拝見したいと考えています」
　その言葉には資料開示が満足になされなかったことを非難するような含みがあり、太田製菓側の当事者の表情が一瞬張り詰めた。
「あ、はい。現地で閲覧可能な資料については整理してあります。後ほどお持ちしますので、そちらをご確認いただいてからインタビューの方がよろしいでしょうか」
　既に資料が整理されていると聞き、太郎は内心ホッとした。新堂は無表情のまま、太田製菓の役員陣を一瞥した。
「そうですね。資料を拝見してからでないと二度手間になりかねませんので、まずは資料を閲覧させていただき、マネジメントインタビューにつきましては最終日の3日目にお願いしたいと思います」
　杉山は役員一同に確認を取るかのように目を向けた。
「承知しました。それでは、3日目にマネジメントインタビューを実施したいと思います。確認なのですが、インタビューは法務と財務各々別のタイミングで行いますか。それとも、一緒のタイミングで行いますか」
　別々と一緒とでどう違うのか、太郎には見当がつかなかった。太郎は横目で新堂の方を覗いた。
「財務の方は3日目で問題ありませんか」
　新堂は西野に尋ねた。
「そうですね、財務はいつでも構わないのですが、皆さまお忙しいことと存じますので、3日目に法務と一緒のタイミングで行うことで構いません」
「分かりました。それでは、法務と財務双方とも3日目にマネジメントインタビューを行いたいと思います。同一のタイミングで行いますが、インタビュー時間は各々ある程度確保していただくようお願いします」

やり取りを聞いていた杉山が手帳にスケジュールを書き込んでいる。そちらに目を向けながら新堂は続けて発言した。
「それ以外の実務レベルの質問については、適宜担当部長に行っても構わないという理解でよろしいですか。もし、ご都合の悪い時間帯などがあるようでしたら、先に教えていただければ当方にて調整しておきます」
担当部長は各々顔を見合わせた。
「私達は、この3日間概ねご質問対応等に当たることができると思います。適宜、内線を通じてご連絡ください」
そう言って、会議室の隅に置かれている旧型の電話を指さした。
「ところで、工場見学はなさいますか。もしご希望されるようでしたら、あらかじめ時間を決めておきたいのですが」
杉山が尋ねた。工場見学。太郎が最後に工場見学を行ったのは、中学校の社会科見学だったかもしれない。そんなこともデューデリジェンスでは行うのかと驚いた。杉山の提案を受けて、西野が答えた。
「工場を見させていただけるのであれば、早いタイミングの方が好ましいです。まずは、会社全体の業務フローを早い段階で把握したいと思います」
「承知しました。早い段階ですと、この会議の後すぐでも構いませんよね」
杉山が社長に尋ねた。
「ええ。準備に30分ほどお時間いただくことになりますが、この後でも構いません」
杉山は新堂の方に視線を向けた。
「財務は、この後工場見学をされるそうですが、法務はいかがいたしますか」
「では、法務も一緒のタイミングで工場見学をお願いしたいと思います。なお、ご準備されている資料については、待ち時間のうちにある程度検討したいと思いますので、速やかにお持ちいただけますか」
「承知しました。それでは、このスケジュールでデューデリジェンスを進めていきたいと思います。皆さま、どうかよろしくお願いいたします。他に何かご要望がありましたら、お気軽にお声掛けください」

「でしたら、1つお願いしたいのですが。できれば、タコ足を1～2本お貸しいただけますか。各人のノートパソコンの電源を確保したいので」

「承知しました。早速用意します」

そのやり取りを見ていた太郎が思いついたように口を開いた。

「そういえば、Wi-Fiのような設備をお借りすることはできますか。できればネット環境[17]に繋ぎたいので」

その言葉を聞いて新堂が口を挟んだ。

「それなら俺のモバイルルーターを使えばいい。大丈夫です」

そのやり取りを見守った後、杉山が会議室を退出した。

それと同時に皆立ち上がり、各々の準備作業に着手した。

まずはコの字型に並べられた机では作業がしにくいので、法務の島と財務の島になるように、机を移動させた。それ以外にもクライアントの島を作る必要があることに太郎が気付き、机を1つ堀田の所に寄せていった。

「堀田さん。会社の方は堀田さん以外もいらっしゃるのですか」

「本当は社長も来た方がいいのですがね。今のところは私だけが予定されています」

堀田は少し寂しそうだった。今回のディールをバウムクラスト側で全面的に対応しているのは堀田であり、自ら志願したのかと太郎は思っていたが、不本意ながら担当を押し付けられたのかもしれないと悟った。

「とはいえ、私も会社の業務がありますから、特に私に気になさらなくて構いません。何かお手伝いが必要な際にお声掛けいただく形で構いませんので」

相変わらず低姿勢な態度に、太郎は親しみやすさを感じていた。

そんなやり取りしている2人の方に新堂が目を向けた。

「そういえば、堀田さん。今回のディールでは、独禁法の点は問題ありませんか」

---

[17] 対象会社にデューデリジェンスの情報が伝わるおそれもあるので、対象会社の通信設備を用いることは極力行うべきではない。

「独禁法ですか。洋菓子会社が和菓子会社を買うからでしょうか」
「それもあるのですが、実は、一定規模の会社が買収を行う場合には、公正取引委員会に届出を行う必要があるのです」
「そうなんですか。その一定規模とはどのくらいなのでしょう」
「原則として、御社の国内年間売上高が200億円を超えるかが目安になります」
「それだったら大丈夫です。うちはまだまだベンチャーで、その域まで到達していないですから」
堀田は自嘲気味に笑った。

そうこうしているうちに、総務部長が3冊の薄いファイルを抱えてきた。それを会議室中央の机の上に置くと、衝撃的な言葉を口にした。
「これで全部です」
太郎も含め、西野も新堂も一瞬息を飲んだ。
「えっ、ちょっと待ってください。かなり多くの種類の資料を要求しましたが、このファイルに全部入っているのですか。契約書とかもこのファイルに入っているものしかないのですか」
太郎は机の上のファイルを片手でめくりながら尋ねた。
「それ以外にも探せばあるかもしれませんが、とりあえず依頼されている資料と思われるのはこのファイルが全てです」
それでも食い下がろうとする太郎を新堂が抑えた。
「承知しました。まずはこのファイルを確認させていただいて、足りない資料や追加で提出してほしい資料がありましたら、追ってご連絡します」

太郎は総務部長が会議室を去った後もふてくされた様子でファイルをめくっていた。
「こんなに歴史のある会社なのに、資料がこれだけってことはないですよ。契約書もほとんど開示されていないようですし」
新堂もファイルにザッと目を通して呟いた。

「確かに少ないな」
会議室の隅のバウムクラスト側のFAである安積に目を向けた。
「安積さん。まだ、依頼資料リストのどの資料が開示されたのか確認はできていないのですが、他にも資料がありそうなので、いったいどんな資料があるのか確認してきていただけませんか」
安積は不意に指示され慌てた様子で会議室を後にした。

……Scene 11「工場見学」（138頁）へ続く。

解　説

関係当事者：買主、法務、財務

〔該当する手続段階〕

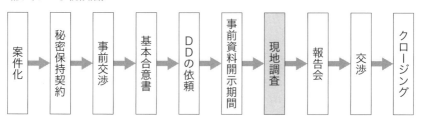

1 ▪ 現地調査の事前準備

＞準備

　現地調査の時間は限られています。業務量にもよりますが、2〜4日程度のことが多いでしょう。ただ、実際に現地調査に入ると思ったよりも時間が足りなくなりがちです。資料がスムーズに出てこなかったり、質問の回答がいつまで経ってもなされないことなどにより、どんどん時間が経過していくことになります。そのため、現地調査前にできることは、できる限り行っておくことが重要になります。

　事前資料開示により提出された資料については、隅々まで目を通し、検討をしておく必要があります。現地調査に乗り込む際には、現地で調査すべき事項が整理されている程度まで事前準備を行っておくことが好ましいでしょう。

＞持参品

現地調査において持参するものは、概ね以下のとおりです。

① 　ノートパソコン
② 　モバイル Wi-Fi ルーター（もしくはネット接続できる設備）
③ 　事前開示資料のファイル
④ 　名刺

① ノートパソコン

　作業は基本的にノートパソコンで行います。また、現地調査時でもメールを通じて情報交換することが多くみられます。そのため、ノートパソコンは必須となります。なお、電源ケーブルを忘れると全く使えなくなるおそれがあるため、忘れずに持参しましょう。また、海外では変換プラグが必要な国なのかは事前に調べておきましょう。

　ノートパソコンを会議室などで複数使用することになるため、タコ足が必要になります。持参しても構いませんが、現地で借りることも可能でしょう。

② モバイル Wi-Fi ルーター（もしくはネット接続できる設備）

　対象会社の LAN や Wi-Fi 設備を借用することは、情報漏洩のおそれがありますので原則として行うべきではありません。独自にネット接続するためのモバイル Wi-Fi ルーターなどの設備を持参する必要があります。なお、山奥の工場などが現地調査の場所となる場合、電波を受信できないこともありますので、現地調査において電波受信に問題がありそうな地域の場合には、事前に確認しておいてもよいでしょう。

③ 事前開示資料のファイル

　全ての事前開示資料をプリントアウトすると量が膨大となり、作業効率が落ちてしまうこともあります。そのため、頻繁に使用する重要な資料を中心としてプリントアウトしてファイルを持参するとよいでしょう。プリントアウトしなかったファイルについても、ノートパソコンでデータとして閲覧できる状態にしておきます。

④ 名刺

　現地では、意外と多くの人と名刺を交換することになります。そのため、少なくとも 20 枚くらいは名刺入れに予備があるか確認しておきましょう。なお、名刺はキックオフミーティングなどでもかなり消費するため注意が必要です。

2 ▪ 現地調査での注意点

➤守秘義務

　M＆Aの実施は守秘義務の対象となります。それに加え、上場会社がM＆Aの買主又は売主である場合には、M＆Aの情報が漏洩すると、インサイダー取引のおそれが生じます。そのため、現地調査の往復など公の場では発言に注意する必要があります。対象会社に向かう際のタクシーの車内においても、買収調査が実施されていることが分かるような言動は一切慎む必要があります。

➤従業員との接触

　対象会社においてデューデリジェンスが実施されていることが従業員に知れ渡ると、従業員に動揺が走ったり、売却に反対する運動が起きることも考えられます。そのため、多くのケースでは、対象会社の従業員にはM＆Aのための調査が行われているという事実を伏せています。

　したがって、売主からM＆A担当者として紹介された以外の者と勝手に接触を持ったり、質問をすることは厳に慎まなければなりません。そのことにより、上記のような問題が生じた場合には、ディールの成立に悪影響を及ぼすおそれもあります。

➤コピー

　現地調査において閲覧する資料のコピーを取れるかどうかは、作業効率に多大な影響を与えます。重要な契約書が現地調査で交付され、その写しを持ち帰ることができない場合、重要な箇所をその場でタイピングしなければなりません。これは、貴重な現地調査の時間を多大に消費するものであり、極力避けなければならない事態です。そのため、コピーの取得については、できる限り了承を得るよう働きかける必要があります。

　なお、コピーの設備がない又はコピー機が事情を知らない従業員が多くいる箇所に設置されているなどの事情により、コピーが許可されないときは、スマートフォンのカメラで、書面の撮影許可を得ることも効果的です。

3 ▪ 独占禁止法

M&Aでは、独占禁止法上の企業結合規制に該当しないか配慮する必要があります。独占禁止法では、株式譲渡を含む企業結合において、一定の要件に該当する場合には、公正取引委員会に届出を行い、審査を受ける必要があります。

届出が必要となる場合は、以下のとおりです。

形態別の届出を要する場合の概要

形態(関係法条)		届出を要する場合の概要
株式取得(第10条)		① 国内売上高合計額(注1)200億円超の会社が ② 株式発行会社とその子会社の国内売上高を合計した額が50億円超の株式発行会社の株式を取得し ③ 議決権保有割合(注2)が20%又は50%を超えることとなる場合
合併(第15条)、共同株式移転(第15条の3)		① 国内売上高合計額200億円超の会社と ② 国内売上高合計額50億円超の会社が ③ 合併(又は共同株式移転)をする場合
分割(第15条の2)	共同新設分割	① 国内売上高合計額200億円超の会社と ② 国内売上高合計額50億円超の会社が ③ 共同新設分割により設立する会社に事業の全部を承継させる場合　等
	吸収分割	① 国内売上高合計額200億円超の会社が ② 国内売上高合計額50億円超の会社に ③ その事業の全部を承継させる場合　等
事業等譲受け(第16条)		① 国内売上高合計額200億円超の会社が ② 国内売上高30億円超の会社から事業の全部の譲受けをする場合 又は ① 国内売上高合計額200億円超の会社が ② 国内売上高30億円超の事業の重要部分(又は事業上の固定資産の全部若しくは重要部分)の譲受けをする場合

(注1)国内売上高合計額とは、企業結合集団(届出会社の「最終親会社」及びその子会社から成る集団)内の会社等の国内売上高を合計した額をいう。
(注2)議決権保有割合とは、企業結合集団に属する会社等が保有する議決権の割合をいう。
出典:『平成29年度における主要な企業結合事例について(平成30年6月6日)』参考2

届出を行った後に、公正取引委員会において、一定の取引分野における競争を実質的に制限することがないかにつき審査がなされます。なお、審査に

先立ち任意での届出前相談の制度が存在しますので、届出の要件に該当する場合には、あらかじめ相談制度を利用することも検討する必要があります。なお、審査の過程は以下のフローチャートのとおりです。

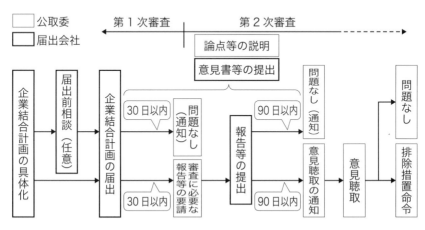

出典：『平成29年度における主要な企業結合事例について（平成30年6月6日）』参考2

企業結合審査のフローチャート

Scene 11
工場見学

　会議室の中央に置かれた3冊の薄めのファイルを確認したところ、会社謄本や株主名簿などの既にPDFファイルで事前開示を受けている資料が半分で、後の半分は議事録や契約書、社内規程関係であった。しかし、議事録の日付も飛び飛びであるし、契約書の内容も商取引に関するものが見当たらないなど、他にも漏れている資料があることがうかがえるような内容であった。
　太郎が会議室を見回すと、新堂が考え事をしているように宙に目を向けていた。西野は、ファイルに財務系の資料がほとんどないことを確認した後、ノートパソコンを開いて何やら独自に作業を進めている。財務系の資料は、法務系よりも事前に多く開示されていたので、作業が可能なのだろうと考えると、なかなか作業が進まないことが歯がゆかった。

「皆さん。工場見学の準備ができましたので、1階ロビーにお集まりください」
　突然ナイロン状の帽子をかぶった生産部長が現れ、会議室で作業しているメンバーに声をかけた。太郎は、慌ててメモ帳とペンを持ち、会議室からロビーに向かう一団の後を追った。太郎がロビーに着いたときには、既に工場見学の注意説明がなされていた。
「工場では食品を扱っていますので、恐縮ですが衛生面に配慮していただく必要があります。ご面倒ではありますが、ここに用意しています白衣と髪の毛が食品に入らないよう帽子をかぶってください。また、工場内に入る際には靴の後ろの殺菌消毒をお願いします」
　澱みのない説明がなされ、各人が指示に従い白衣や帽子を身につけた。
「何か質問はありませんか」
という生産部長の言葉に新堂が反応した。

「工場内の設備等を撮影したいのですが、問題ないでしょうか」
 生産部長は一瞬ためらったが、少し思案して「問題ありません」と回答した。

 デューデリジェンスメンバー全員が一度に見学するには人数が多いということで、半分ずつに分けられて見学を行うことになった。太郎はバウムクラストの堀田と同じチームとなった。
「堀田さん。御社でもお菓子を作っているので、工場の工程などは詳しいのですか」
「私はどちらかというと財務部というバックオフィスにいますので、工場などを訪れることは少ないですね。棚卸のときくらいでしょうか」
「そうなのですね。社長などはこの会社の工場は見学済みなのですか」
「いえ。おそらくまだ見ていないと思います。本日工場見学が行われると予測していなかったのですが、工場見学があるのでしたら社長や工場長などの詳しい人にも同席してもらえばよかったと少し後悔しています。私が見ても詳しいことは分かりませんので」
 なるほどと太郎は納得した。社会科見学のようで浮かれていたが、太郎が工場内を見学したところで、それほど法務的に有意義な情報が得られるかは疑問である。とはいえ、契約書等の書面だけでは会社の実態を把握しにくいことも確かであったので、その意味だけでも工場見学は有意義だろうと思い直した。

 工場の入口で新堂が太郎の肩を叩き、工場に入ってすぐ右側にあるタイムカードの機械を指さした。
「写真撮っておけ」
 太郎は言われるがままにタイムカード機の写真を撮った。機械の隣には工場従業員のものと思われるタイムカードが各々ケースに入れられて保管してあった。
「このタイムカードを使うのは、工場で働く方だけですか」

新堂が生産部長の隣に寄っていき尋ねた。
「そうですね」
「工場以外の従業員はどこでタイムカードを押すのですか」
「本社の建物の2Fにタイムカード機がありますよ。後でご覧に入れましょう」
突然タイムカードにこだわりだした新堂を見て訝しんでいたが、労働時間管理の適切性について確認していたのかと納得した。これは単なる社会科見学ではなく、問題点や疑問点を積極的に解消していく場であることを自覚した。

工場に入ると餡の甘い匂いが充満していた。室温も高く、湿度も高い。作業員が帽子、白衣、手袋まで白一色の出で立ちで黙々と作業に打ち込んでいる。お菓子会社というと機械が作業しているイメージが強かったが、太田製菓ではいまだに機械化がそれほど進んでいないようで、作業員が成型機や焼入れ機などを作動させて菓子作りを行っていた。
「意外と手作業が多いのですね」
太郎は隣で歩調を合わせて見学している堀田に小声で話しかけた。
「そうですね。うちの工場の方がオートメーション化が進んでいますね。いろいろと改善点がありそうです。ところで、先生は食品衛生法についてお詳しいですか」
突然あまり仕事で使わない法律が飛び出してきて面食らった。
「食品衛生法ですか。あまり業務で問題にならないため、そこまでは詳しくありませんが。どこか工場に問題でもあるのですか」
「いえ。私も財務畑なのでそちらの方面には詳しくないのですが、もし食品衛生法に違反している作業などがあった場合、後で問題になりかねないと思いまして」
確かに、産地偽造などが問題となり回収騒ぎが起きることもある。この点も注意してデューデリジェンスを進める必要があると太郎は自覚した。
新堂の方を見ると生産部長に何やら質問をしている。

「工場の工具が機械に手を挟まれるなどして怪我をすることはありませんか」
「確かに手作業の工程があるため、ある程度の怪我が発生することは避けられません」
「これまでどのような怪我が発生したことがありますか」
　隣で会話を聞いていた太郎にも新堂の意図するところが分かった。労災についての情報を得ようとしているのである。
「手を切ったり、火傷をしたりする怪我はたまに起きますが、重大な怪我が発生することはありません」
「過去に労災として認定されたケースはありませんか」
「いくつかあったと思いますが、それについては労災関連の資料がありますので、後ほどお持ちいたします」
　その話を聞いていた太郎は少なからず驚いた。依頼資料リストには労災に関する資料も含まれていたはず。既に依頼していたのになぜまだ開示されていないのだろうか。やはり、この会社の対応は疑わしい。
　新堂の方に目を向けると、にこやかな顔をして「お願いします」と依頼していた。

　太郎は自分の発見をいち早く新堂に伝えたくて仕方がなかった。生産部長が堀田に機械の説明している際に小声で新堂に話しかけた。
「先輩、さっき生産部長は労災の資料をあとで持ってくると話していませんでしたか」
「話していたよ」
「それって、既に依頼資料リストで要求していますよ。何で言わないと持ってきてくれないんですかね」
　太郎はこのことに気が付いて得意になっていたが、新堂の反応は予想に反して冷たかった。
「そういうもんだよ」
「えっ、そうなんですか？」

「ああ。労災に関する資料なんて、できる限り出したくないものだ。だから、しつこく要求しないと出してくれないこともよくあるのさ」
 なるほど。となると、事前に開示された資料や先ほど会議室で開示された資料は、開示してもさほど対象会社に不利にならない資料ばかりだったのかもしれない。隠している問題点を発見するためには、すんなり開示されない資料をしつこく要求することが大切なのだろう。

 進行方向に目をやると、向こう側から二手に分かれた西野率いる財務チームがやって来るのが見えた。工場中央の少し広いスペースで合流した際に、太郎は西野に話しかけた。
「そっちはどんなことを聞いているの？」
「質問していること？　主に何年くらい機械を使っているのかとか、現在では使っていない機械がないかなどね」
「何のためにその情報が必要なの？」
 太郎の質問を耳にして新堂が眉をひそめた。会計の知識がないことがばれるような質問はするなと思ったのだろう。
「機械の実際の耐用年数を知りたいのと、遊休機械がある場合には減損する必要があるからね」
「減損？」
 新堂が太郎を睨んだ。
「減損っていうのは、遊休資産の価値を減らすことね。利益を生まない機械なのであれば、資産性が乏しいとしてね」
 財務側が着目している事実が、法務側が着目している事実と大きく異なっていることに驚いた。法務側からすれば、遊休機械の存在などどうでもよいことである。それよりも、法律関係や契約関係の方が気になる。やはり、法務と財務の双方から確認する意味があるのだと頷いた。
「ところで太郎君。あの大きな機械はリース物件らしいわよ」
 工場中央に位置する大きな製造機械を指さしていた。
「そうなんだ」

「だからリース契約書とか、支払い状況が分かる資料を要求しておいたから」
「ありがとう。契約書が来たらこっちにも見せてね」
　太郎はそう言いながら、そういえば会議室に持ってきたファイルには、リース契約書が入っていなかったということを思い出していた。
　西野と話し終えて法務デューデリジェンスの見学チームに戻った際、新堂が太郎に怪訝な顔を向けた。
「お前なぁ、財務のメンバーにあんまりバカな質問するなよ。俺たちの程度が低いように思われるだろう」
「すみません」と口では謝ったものの、内心では『そんなこと気にする必要ないのに』と思っていた。

……Scene 12「株式」(147頁)へ続く。

解　説

関係当事者：買主、法務、財務
〔該当する手続段階〕

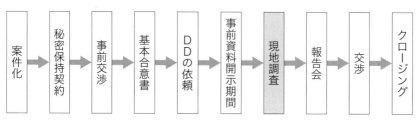

1 ▪ 工場（オフィス）見学の重要性

　対象会社が製造業などである場合、工場見学を行うことがあります。製造業でなかったとしても、オフィス見学などをさせてくれる場合があります。デューデリジェンスというと資料のみを検討すればよいと思うかもしれませんが、見学によって得る情報はかなりあります。そのため、このような見学を行うか否か選択を求められた場合には、迷わず行うべきでしょう。

　まず、工場（オフィス）見学を行うことにより、業務の流れを把握することができます。書面やパンフレットを読み込むよりも、実際に業務を遂行している流れを目の当たりにする方が、はるかに理解が進みます。一連の工程を理解してから書類に目を通した方が、デューデリジェンスの効率が良くなるため、できれば現地調査の初期段階に見学を入れるようスケジュールを組むことをお勧めします。

　なお、工場（オフィス）見学を行う際には、従業員には「関連企業の視察」などというように、M＆Aとは別の名目を伝えていることがあります。そのため、見学を引率している社員以外の従業員に対し、許可なく質問等を行うことは控えましょう。

　とはいえ、引率している社員に質問を行うことは自由ですし、疑問に思ったことはその時点で解消しておく必要があります。その場で受けた回答により、問題点に気が付くこともありますし、依頼していない重要な資料の存在

に気が付くこともあります。

　ちなみに、写真撮影は可能な場合とそうでない場合があります。企業秘密や従業員のプライバシーの観点に配慮する必要があるからです。そのため、見学をする際には、あらかじめ写真撮影が可能か確認しておいた方がよいでしょう。

2 ▪ 工場（オフィス）見学の確認事項

＞工程の確認

　当然のことながら、工程の確認や業務のフローを把握することが一番重要になります。まずは、原材料の仕入先に関する情報を把握する必要があります。また、商品の主要な販売先（得意先）などについても確認しておく必要があります。さらに、重要な外注業者がないのか、梱包や運搬などの物流はどの業者を利用しているのかなど、多面的に質問を行い、業務フローを把握していくことになります。可能であればこの際に、業務にとって欠くことのできない業者を確認することができるとよいでしょう。

＞人事労務

　工場やオフィスの見学を行う際に、どのような形で労働時間の把握を行っているのかを確認した方がよいでしょう。入退出が機械的に記録される方法による労働時間管理の方法と、自己申告による労働時間管理の方法では、対象会社が把握している労働時間の正確性が大きく異なります。また、不正確な労働時間管理を行っている場合には、M＆Aを実施した後に問題のある労働時間管理を改善するという作業を行う必要が生じます。

　さらに、工場の作業工程で危険な箇所がある場合には、過去に労災事故が起きたことがないか確認する必要があります。労災事故があったと回答されたのであれば、それに関する資料を提出してもらう必要があります。買収後にも同様の事故が起きるおそれが高いからです。

　基本的に現地調査では、M＆Aの秘密保持の観点から、デューデリジェンス担当以外の従業員と接触する機会はありません。そのため、見学の機会に一般の従業員がどのような就労環境にあるのかを把握する必要があるので

す。

> 固定資産

　工場には工場の土地建物のほか、機械などの固定資産が置かれています。これらの重要な固定資産が実在していることを確認する必要があります。また、オフィス見学の場合でも重要な什器が存在するのか確認しておいた方がよいでしょう。そのため、見学前に重要な固定資産についてピックアップしておくとよいでしょう。

　一方で、固定資産台帳に記載されているものの、もはや使用していない機械や工場などが存在した場合には、遊休資産として減損対象となる可能性があります。そのため、このような遊休資産がないか、質問等を通じて把握する必要があります。

> 棚卸資産

　工場見学などで正確な棚卸などを実施することはできません。また、実施したとしても決算書を作成した基準日と相違するため、有益な情報を得ることは通常できません。ただ、決算書に記載されている棚卸資産と大きく異なっている場合や、賞味期限切れや一見して価値を見出せない資産が棚卸資産として存在しているようであれば、評価損を計上する必要があるでしょう。

　棚卸資産の評価は、決算書を見ているだけでは把握しにくいため、見学などの機会を利用して情報収集を行う必要があります。

> リース物件

　工場の機械やオフィスの什器などには、リース物件が含まれていることが往々にして見られます。リース物件であるとの回答を得た場合には、当該リース物件の契約書を入手する必要があります。その上で、貸借対照表にリース資産等を計上する必要があるか否か検討しなければなりません。

Scene 12
株式

　工場見学から会議室に戻ってきたときに時計を見たら、既に11時半を回っていた。ろくに資料が開示されないまま、3日間しかない現地調査の午前が終了したことに太郎は焦りを感じていた。その時、会議室の隅に安積がいるのを見つけた。
「先ほど頼んでいた資料はどうでしたか」
「依頼資料リストに記載してあり、まだ開示されていない資料のことですよね。先方に確認してきました。先ほど持ってきましたファイル以外にも依頼されている資料はあるのですが、どの資料が要求されているのか判別できなかったり、資料が膨大だったりして、お持ちするのが難しいとのことでした」
「ではどうすればよいのですか」
「先方としましては、資料が保管されているキャビネットにお越しいただき、必要な資料を選別してほしいとのことです」
「えっ。ちょっと待ってくださいよ。依頼資料リストはかなり前に送付しているんですよ。こんなことになるなら、もっと早く状況を説明してくれれば良かったのに」
「はい。私どもとしましても資料開示の不手際に責任を感じています」
　さらに追い打ちをかけようとする太郎を制して、その様子を見ていた新堂が口を開いた。
「昼食前にそのキャビネットを見に行って良いですか」
「財務側もキャビネットを見に行きたいです」
　西野も横から口を挟んだ。
「あ、はい。そうしたいのですが、そのキャビネットがある部屋は一般従業員も多数いらっしゃる所なので、大人数で行くと従業員が驚いてしまいま

すので」
「それでは、法務と財務各々1名ずつ行きましょうか？」
新堂が提案した。
「ちょっと待って下さい。確認しますので」
そういうと、安積は携帯電話を取り出した。おそらく、対象会社側のFAである杉山に連絡を取っているのだろう。「はい、はい。承知しました」という対応の後、デューデリジェンスメンバーの方に視線を移した。
「確認しましたところ、昼食休憩の時に従業員の人数が減るため、その時間帯に確認してほしいとのことでした。今から昼食に入り、12時半頃から確認作業に入るか、12時を過ぎるまで待機してから確認作業に入るかのどちらかになりますが、どちらの方がよろしいでしょうか」
新堂は机の上に置かれている3冊のファイルに目を向けた。
「まだ開示されている資料がこれしかないんですから、検討しても時間の無駄ですよ。先に昼食に入り、12時半から確認作業に入ります」
新堂の声に棘があるのを察したのか、安積の表情が硬くなった。
「承知しました。それでは、その方向で準備しておきます。なお、誠に恐縮ですが昼食につきましては、本社近くに適当なお店がないため、当方にてお弁当を用意しております。すぐにこの会議室にお持ちいたします」
そう早口で告げると、安積は会議室をあとにした。

会議室に残った法務メンバー、財務メンバーそして堀田のいずれの表情も曇っていた。
「こいつら一体何なんだ」
不機嫌そうに新堂が口火を切った。
「今までもひどいデューデリはあったけれども、FAが就いていながらこの体たらくはなかったぞ。こいつらグルになって資料提供を拒んでいるのか？」
「誠にすみません」
堀田が新堂の怒りを鎮めるべく謝った。

「堀田さんの責任じゃないですよ。むしろ、御社は被害者ですよ。高い金をFAに払っているのに」
　そういえばそうだと思いなおしたのか、堀田の顔も曇った。
　太郎が西野の方に目を向けると、不機嫌をまき散らしている新堂を横目に怪訝そうな顔をしている。
「とにかく、午後になってもろくな資料が出てこないようならば、自分の方から厳しく言わせてください」
　新堂はそう締めくくった。

　昼食を終えて12時半に差し掛かったころ、新堂は安積に「そろそろいいですか」と尋ねた。
「キャビネットに行く人は、新堂先生と西野先生の2名でよろしいでしょうか」
　西野が頷くのを確認して新堂は「はい」と答えた。
　新堂と西野が会議室を出た後、太郎は彼らが帰るまでの間、改めて机の上に置いてあるファイルを広げてみた。いずれも定款や謄本、就業規則などの書類であり、特段重要そうなものはなかった。もっとも、人事関連は太郎の担当であったため、手に取ってパラパラとめくった後、ため息をついてファイルを閉じた。こんな状態でレポートを書けるのかと、漠然とした不安が湧き上がっていた。

　15分ほど経った後に新堂と西野が会議室に戻ってきた。
「かなり契約書があったぞ」
　帰るなり新堂が口走った。
「かなりってどのくらいですか」
「キャビネット2つ分くらいだよ」
　その言葉を聞いて太郎は目を見開いた。
「そんなにあるんですか？　それ全部調べるんですか？」
「パッと見ただけだとどれが重要な契約書なのか分からなかったから、全

部こっちに持ってくるよう指示してきた。あいつら舐めくさってるから」
「あいつらって誰ですか」
「ここの会社の奴らだよ。てっきりFAが怠けているのかと思っていたけれども、様子を見ているとここの会社の奴らが資料を出し渋っているようだ。どちらかというと、FAはそれに手を焼いている」
「そうなんですか。でもどうして資料を出したがらないんですかね」
「叩けば埃が出るってことだろ。同族会社だし」
吐き捨てるように新堂が言った。

　しばらくした後に各部長が段ボールに敷き詰められたファイルを両手に抱えて会議室に運んできた。いずれも仏頂面である。新堂と激しく揉めたことが嫌でもうかがえる。かなり大きめの段ボールが会議室の隅に15個ほど積み上げられた。恐る恐る太郎がファイルを手にしてみると色あせた書類が無造作にファイリングされている。契約書の日付を見ると昭和のものもいくつか見られた。
「先輩。どうするんですか。こんなにたくさんのファイルを検討するんですか」
　新堂は、クライアントである堀田や財務チームの前で動揺する太郎を目の当たりにし、苦虫を嚙み潰したような表情を作った。
「時間は限られているんだ。全部まんべんなく調査するわけないだろう。重要性の高いものから調査を開始する」
　その言葉を聞いてもっともだと太郎は頷いた。堀田は何か用事があるような素振りで会議室を出て行った。堀田が会議室を後にするのを見計らって、新堂は言葉を継いだ。
「まずは、株式に関する資料を手分けして集めよう。何を集めるか分かるか？」
「株主名簿[18]ですか？」

---

[18] 非上場会社の株主名簿は信用性が低い。意図的ではないにしろ誤謬が混入しているおそれも高い。

とっさに太郎は答えた。

「バカか？　名簿は事前開示資料に入っていただろう。そんなんじゃなくて、原資料を検討する必要があるだろう？」

太郎は、少し離れたところにいる財務チームが新堂と太郎のやり取りを聞いているのが心苦しかった。チラッと西野の方を見たが、西野はパソコンに何かを打ち込んでいる様子だった。こんなことになるのなら、確かに法務部屋と財務部屋を分けておいた方が良かったかもしれないと後悔した。

「原資料というと、株式譲渡契約でしょうか」

「そう。それもある。他には？」

落ち着いていれば答えることができたのかもしれないが、とばっちりのように新堂の怒りの矛先が太郎に向いたことと、それを西野が聞いているということに気が散って、まともに頭が回転しなかった。

「東田。分かるか？」

太郎の不甲斐ない様子に愛想をつかしたのか、部下の東田に話を振った。

「はい。まずスタートは原始定款になります。そこから株式譲渡契約書を辿っていくことになります。ただ、対象会社は株券発行会社[19]ですので、株券交付の有無も確認する必要があります」

東田は淀みなく答え、その素振りには太郎に対する嫌味もなかったのだが、太郎は腹が立った。その対象が東田なのか、新堂なのか、それとも勉強不足だった自分に対するものなのか分からなかったが、西野がその様子を聞いていたことが原因の一端であることは確かだった。

「ちなみに、この会社は株券発行会社なのに株券を発行したことがないそうだ。さっき、資料を確認した際に総務部長に確認した。なので、株式譲渡に問題があることになる」

太郎も事前にデューデリジェンス関連の書籍を読んでいたので、新堂の話の要点は理解できていた。会社法128条1項本文である。

---

[19] その株式（種類株式発行会社にあっては、全部の種類の株式）に係る株券を発行する旨の定款の定めがある会社。

> 第 128 条
> 1　株券発行会社の株式の譲渡は、当該株式に係る株券を交付しなければ、その効力を生じない。

　太郎も書籍を読むまでは忘れていた。要は、株券発行会社の株式譲渡は、株券も交付しなければ無効になるという条文である。しかし、実際に非上場会社では株券を発行している会社は少ない。ところが、ともすると会社法に詳しくない弁護士の頭から抜け落ちているような条文を会社の経営者が知っているはずもなく、多くの株券発行会社ではこの条文に配慮せずに株式譲渡契約書のみで株式譲渡ができているものと誤解して処理している。そのため、会社の株主の認識と法的な株主とが齟齬をきたすことが往々にして見られるのである。
　「この場合、どうすればいいか分かるか？　太郎？」
　また振られた。しかし、今度は落ち着きを取り戻していた。
　「はい。この場合、原始定款から実際の株式譲渡の経緯に沿って覚書などを締結することになります」
　「そうだな。それが原則だけれども、複雑に株式譲渡がなされていると難しいことも往々にして見られる。あと、当たり前だけれども株券は発行して交付することが原則になるぞ」
　太郎は頷いた。
　「株式譲渡契約書は紛失していることも普通にあるから、確定申告書の別表2[20]を頼りに株主の変遷を把握することも重要だ」
　別表2と聞いても太郎の頭にはパッと来なかったが、昔確定申告書を見た際に株主構成が書かれているページがあったのを思い出し、きっとあのことを言っているのだと考えた。
　「なので、今話に出てきた書類を中心に探して集めてくれ。あと、対象会

---

[20] 確定申告書における「同族会社の判定に関する明細書」の項目。株主名や株式数などの情報が記載されているが、これらの情報を国税庁が保証しているわけではなく、会社の自己申告であることに留意する必要がある。

社の株式譲渡は、取締役会決議を要件としているから、取締役会議事録にその旨の記載がないか確認してくれ。それと、名義株主[21]がいるのであれば、それが本当に名義株主か裏を取れよ」

　新堂はそう指示を出すと、自ら段ボール箱を1つ手元に持ってきた。太郎も慌てて段ボールを取りに行った。

　　　　　　　　　……Scene 13「議事録」（160頁）へ続く。

---

[21] 実際に出資金を拠出したのは別人であるものの、名義を借用されている株主。

解　説

関係当事者：法務

〔該当する手続段階〕

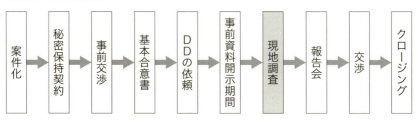

1 ▪ 株券発行会社の確認

　株券を発行する旨の定款の定めがある株券発行会社では、株式譲渡を行うためには株券の交付を行わなければなりません（会社法128条1項）。株券交付を伴わない株式譲渡は、無効になります。株券発行会社において株式譲渡に株券交付が必要であるとの認識は、あまり知られておらず、株式譲渡契約書を締結し代金を支払えば株式が譲渡されていると誤解されるケースが多く見られます。特に、平成16年商法改正以前では、全ての会社が株券発行会社であり、現在の会社法と同様に株式譲渡には株券交付が必要とされていました（平成16年改正前商法205条1項）。そのため、ある程度歴史のある会社では、株券交付がなされていない株式譲渡の問題が生じるおそれが高いといえます。

　ちなみに、株券発行会社が平成16年商法改正以後に定款変更を行い、株券不発行会社となったとしても、過去の無効な株式譲渡が有効になるわけではありません。そのため、最新の会社の登記簿謄本や定款を確認し、株券不発行会社であることが確認できたからといって、上記の問題を検討しなくてよいということにはなりません。過去にさかのぼって、株券発行会社の時代がなかったのか閉鎖登記簿謄本を取得するなどして確認する必要があるのです。

2 ▪ 過去の株式譲渡の確認

　対象会社に株券発行会社の時代がなかったとしても、過去の株式譲渡の経緯については確認する必要があります。過去の株式譲渡が適切に行われているか、株式譲渡契約書などを検討する必要があるからです。

　対象会社が株券発行会社である場合や、過去に株券発行会社の時代がある場合には、過去の株式譲渡の経緯に加え、株式譲渡に際して株券交付がなされていたかを確認しなければなりません。

　歴史のある会社では、過去の株式譲渡全てに株式譲渡契約書が保存されていることは稀です。そのため、代替的な資料により過去の株式譲渡の経緯を把握するほかありません。まず、当初の株主は原始定款から把握することが可能です。また、非上場会社の場合には株式譲渡を行うために取締役会等の承認が要件とされています。そのため、取締役会議事録に過去の株式譲渡について記載されていないか確認することになります。通常最も効果的な方法として、確定申告書の「別表二　同族会社の判定に関する明細書」を過去にさかのぼって列挙する方法があげられます。この明細書には、決算時の株主の氏名や株式数などの情報が記載されているため、過去どのような経緯で株式譲渡がなされたのか把握するための有益な資料となります。これらの資料を検討し、過去どのような株式譲渡がなされたのかを可能な限り把握することになります。

3 ▪ 株券交付が欠けていた場合の対応

　登記簿謄本や定款などから、対象会社が株券発行会社である又は過去に株券発行会社の時代があることが判明し、過去の株式譲渡について株券交付がなされていなかった場合には、現在株主として株主名簿に記載されている者は、実際には株式を有していないおそれがあります。株式を有していない者との間で株式譲渡契約書を締結したとしても、株式を取得することはできません。つまり、このような者に株式譲渡の対価を支払ったとしても、全く会社を買収できていないという結論になりかねないのです。

そのため、このような問題が発見されたときには、何らかの対策をとる必要があります。具体的には以下の方法が考えられます。
① 　過去の株式譲渡につき株券交付をやり直す
② 　特別補償条項を設ける
③ 　株式譲渡以外にストラクチャー変更する

　なお、これらとは別に、株主権を時効取得した（民法163条）という方法により解釈上解決する方法も考えられますが、下級審判例（東京地判平成15・12・1判タ1152・212、東京地判平成21・3・30判時2048・45）による理論であり解釈上疑義もあるため、株券交付が欠けていた場合の確実な対応方法とはいえません。
　① 　過去の株式譲渡につき株券交付をやり直す
　最も直接的な解決方法として、過去の株式譲渡につき株券交付をやり直すという方法があげられます。まず、過去に株券を発行したことがないのであれば、株券を発行します。株券は、法律によって記載事項が設けられているため（会社法216条）、作成する際にはこの記載事項に留意する必要があります。
　株券の交付は、実際に株券を交付する場合以外でも（現実の引渡し、民法182条1項）、簡易の引渡し（民法182条2項）、占有改定（民法183条）、指図による占有移転（民法184条）という観念的な方法によっても行うことができます。例えば、発行した株券を現在の株主の下に保管しておき、それを簡易の引渡しによって交付する旨を覚書などで合意する方法です。
　しかしながら、実際には歴史のある会社の場合、発起人が多数であったり、過去に複数の株式譲渡が繰り返されていることなどから、このような覚書を締結することが極めて困難になりがちです。
　② 　特別補償条項を設ける
　株券の交付がなかったとしても、過去の株式譲渡の当事者は、株式の対価を取得していることもあり、株式を譲渡したと認識していることが通常です。そのため、現在の株主が法的に株式を取得していないと評価されるとし

ても、実際に過去の株主が、自ら株主として権利主張することは極めて稀です。

そこで、上述した株主権を時効取得しているなどの解釈を採用することを前提とし、万が一、過去の株式譲渡人から権利主張がなされたときは、そのために対応した費用を売主が負担するなどといった特別補償条項を設けることにより、解決することも考えられます。

しかし、法的に確実に株式を取得していると評価できないことから、買主が上場会社である場合には、株主からの責任追及をおそれ、敬遠される解決方法といえます。また、対象会社を買収後に第三者に売却することを予定している場合には、その際に同じ問題が生じることにより、売却が困難になりえます。そのため、必ずしも好ましい解決方法とはいえません。

③ 株式譲渡以外にストラクチャー変更する

会社法上の組織再編では、仮に無効原因が存在したとしても、効力発生日から6か月経過した後は無効を争うことができないとされています（会社法828条1項7号、9号及び11号）。このことを利用し、対象会社において特別決議の要件（3分の2以上の議決権）を満たしていなかったしても、組織再編の決議を行い、その瑕疵が将来的に争われないようにするという対応方法です。

具体的には、対象会社から主要事業を吸収分割の方法で買主に切り出し、効力発生日から6か月の経過を待つという方法が考えられます。もちろん、直接吸収することなく、特定目的会社（SPC）を子会社として設立して、その会社に吸収分割や金銭を対価として吸収合併を行うなどの方法も考えられます。

4 ▪ 名義株主

株主の中に名前を借りているだけで、実際に出資金を拠出したのは別人（経営者など）であるという場合が見られます。このような名義株主がいる場合、実際の株主は、出資を行った者であるとされています（最判昭和42・11・17民集21・9・2448）。

平成2年商法改正前は、会社の発起人が7名以上必要とされていたため、このような名義株主が多く見られました。そのため、歴史のある会社を買収する場合、この名義株主が頻繁に問題となります。

　名義貸借があったか否かにつき、下級審判決では以下の点を総合的に考慮し判断するとされており、参考になります（東京地判平成23・7・7判タ1377・164）。

① 当事者の認識
② 株式取得資金の拠出者
③ 株式取得の目的
④ 取得後の利益配当や新株帰属等の状況
⑤ 貸与者及び借用者と発行会社の関係
⑥ 名義借用の理由の合理性
⑦ 株主総会における議決権の行使状況

　これらの点を考慮し、名義株主と判定されるか否かをデューデリジェンスにおいて検討する必要があります。

　なお、名義株主から名義株主である旨の念書などを取得できるのであれば、この問題は解決できます。そのような書面を取得することが難しい場合には、問題が生じたときには売主の費用負担で対応する旨の特別補償条項等により解決を図ることもあります。

5 ▪ 現地で資料の出が悪い場合

　事前資料開示の段階に引き続き、現地調査においても資料の出が悪いことは往々にして見られます。対象会社のM&A担当者に時間的余裕がないことや、問題のある資料を開示してはいけないという資料開示に対する消極的な姿勢などが原因となっていることがあります。

　もっとも、満足に資料が出てこないと、せっかく現地に乗り込んでいるにも関わらず、手待時間ばかり経過することになりかねません。そのため、DDアドバイザーとしては何としてでも資料を提出してもらうよう働きかける必要があります。

直接的な方法としては、対象会社の担当者やFAに資料提出を促すことです。ただ、あまりに執拗に促すと、対象会社の担当者の機嫌を損ねることになり、現地調査全体が円滑に進まなくなるおそれもあります。

　直接資料提出を促しても効果がない場合には、買主の上層部を通じて、売主に働きかけてもらうという方法も考えられます。デューデリジェンスが適切に実施できないとなれば、M＆Aに悪影響が出るおそれがあります。そのため、売主がそのことを危惧して、現場の対象会社の担当者に資料提出を促すことになります。

Scene 13

議事録

　太郎は言われたとおりに段ボールの中から議事録と書かれたファイルを机の上に並べた。ファイルの中に古い議事録から最近の議事録まで袋とじの状態で納められていた。対象会社には監査役会は存在しないので、議事録といえば株主総会議事録か取締役会議事録となる。まずは、これら2種類の議事録を年代に沿って順に並べていった。ここ数年は、ある程度の議事録の数が存在したが、古くなると管理が杜撰になってくるのか、1年に1通あるか否かの状態となっていた。

　そのうえで、内容を確認していく。新堂から指示されていたのは、株式譲渡に関する議事録の記載だった。その記載を見つけるごとに新堂に口頭で報告していたが、途中から面倒くさがられた。
「報告はいいからエクセルなどでまとめてくれ。あと、株式譲渡以外にも重要な決議内容があったら、まとめておいて」
　そう告げられ黙々と太郎は作業を続けた。その時、西野が何かのファイルを探す様子で太郎の後ろを通りかかった。
「太郎君。それって議事録のファイル？　もしよければ、過去に配当を行っていることが記載されていたら、教えてくれない。あと、役員報酬や役員退職金の決議もあったらお願い」
「分かった。その辺の資料って財務で必要になるの？」
　西野は軽く微笑んだ。
「そうね。役員報酬や退職金の決定は、総会決議事項でしょ。配当は決算書でも追っていけるんだけれども、それとは別に決議を行っているか確認したいの」
「なるほどね」

```
                株主総会議事録

  平成○年○月○日午前○時○○県○○本社会議室において、株主総会を開
催した。

  株主総数                        ○○名
  総株主の議決権                  ○○個
  出席株主数（委任状含む）        ○○名
  （うち委任状）                  ○○名
  その議決権数                    ○○個
  （うち委任状）                  ○○個

  議長は、本日出席株主の議決権数をもって、本総会が付議予定議案を適法
に審議できる旨述べた後、議案の審議に入った。

  第１号議案    ××
………
```

「ただ、これって法的に有効な要件を満たしているのかという話だから、どちらかというと法務にも影響するんじゃないかな」

そう言われてみるとそうだった。司法試験受験生時代、役員報酬などはお手盛りの危険があるから、総会決議事項となっていると勉強した記憶がよみがえった。弁護士になってからは、一般民事が多い事務所に入所したこともあり、会社法関連の知識はすっかり抜け落ちてしまっていることを実感した。

株主総会議事録の重要事項をまとめるだけでも、かなりの時間を要していた。これから取締役会議事録に入ることになるが、果たして調査が間に合うのか不安な気持ちが膨らんでいた。たまらなくなり、太郎は新堂に尋ねた。

「先輩、もう初日の３時になっていますが、時間的に大丈夫ですかね」
「ん？　そういえば、今何やってるの？」

「先輩に指示されました議事録ですが、株主総会が終わって、これから取締役会議事録に入るところです」
「えっ？　まだ議事録やってたの？　太郎のメイン担当って、人事と商取引じゃなかったっけ？　それは手付かず？」
矢継ぎ早に質問が繰り広げられる。不安が的中したようだ。
「はい、そうなんです。なので不安になって確認したのですが」
「あのさぁ、俺は明日この現場にいないんだよ。だから、とっとと議事録終わらせて、人事と商取引の資料を確認して不明点を洗い出さなきゃダメだろ。予定考えて動いてくれよ」
そうはいっても議事録を確認するように指示したのは新堂ではなかったかと不満に思ったが、それを口に出す勇気はなかった。株主総会議事録の２倍のスピードで取締役会議事録の要点をまとめた資料を作成すると、株式譲渡に関するファイルをメールで新堂に送った。初日の午後４時をちょうど回ったころだった。
「役会議事録のファイル送りました」
ファイルを確認した後、新堂が「ちょっとこっちに来て」と太郎を呼んだ。太郎は何か不備があったのかと思い、鼓動が高まったが、そうではなかった。
「これが、確定申告書の別表２から抽出した過去の株主変遷の経緯で、株式譲渡契約書と取締役会決議があるところが色付けされている」
そう言って、新堂はノートパソコンの図表を太郎に向けた。太郎が先ほど送付した議事録の決議データも既に反映されていた。
「株式譲渡契約書と取締役会議事録は、別表２の株主変遷経緯とほぼ一致しているので、別表２の株主変遷過程は信用性が高いといえる」
太郎は無言で頷いた。

「ただ、原始定款の発起人から残っていた一番古い別表２との間では、株主のズレが存在する。この間にどのような株式譲渡があったのかは、手元にある客観的資料からは定かでない。この辺は、経営者のヒアリングによって

時期 根拠資料	××原始定款	××別表二	××議事録	××別表二	××別表二	備考（代表者との関係）
太田××	3,200	8,700	12,400	13,200	××	本人
太田××	200					妻
太田××	××			××		子
太田××	××	××	××			子
太田××	××				××	親戚
太田××	××					親戚
⋮	⋮	⋮	⋮	⋮	⋮	⋮
合計	3,400	8,700	12,400	13,200	××	

補充せざるを得ないかもしれない」

　そうはいっても、太郎の目の前の図表はかなり複雑に分岐しており、多数の株式譲渡が繰り返されていた。これらの株式譲渡がすべて無効であり、これらの当事者の間で覚書を締結することが困難であるのは、太郎の目から見ても明らかであった。

「これ厳しくないですか？」

「そうだな。この点は、ディールの方向性にもかかわるので、早い段階でクライアントにも伝えておく」

　そう言うと、新堂は会議室の隅で作業をしている堀田を呼び寄せて、太郎にした説明と同様の説明を行った。「えっ、本当ですか！」という驚く堀田の声が太郎の所にまで漏れ伝えられた。早速、堀田は本社に電話をかけて今後の方針を検討するようだった。その様子を見ていた西野が太郎に話しかけてきた。

「何か問題が出たの？」

「ああ。株券発行会社なのに株券を発行しないで、過去に株式譲渡を多数行っていたことが分かったんだよ」

　会社法のくだりなどをだいぶ省略して説明したにもかかわらず、西野の答えは「なるほどね」だった。

「えっ？　どういうことか分かってる？　つまり、過去の株式譲渡は無効ってことだよ」

「うん。分かってるよ。株式譲渡スキームの際にこの問題が出ることは珍しくないから。今まで何度か遭遇したことがあるわよ」
「そうなんだ。その結果、ディールはどうなったの？」
「うーん。感覚的には半分弱がブレイクしたかな。過去の株式譲渡を補完するのが現実的じゃないことが多いから」
　西野は太郎よりもこの論点について詳しかった。太郎は内心焦ったが、それを表情に浮かべることなく尋ねた。
「今回のディールでもかなりの数の株式譲渡が行われているんだけれども、やっぱり壊れることになるのかな」
「うーん。その辺はさすがに分からないけれども、なんか奇策のようなものないの？」
　逆に尋ねられてしまい太郎は焦った。法務デューデリジェンスの書籍に何か書いてあった記憶はあるのだが、その詳細を思い出すことはできなかった。
「その場合でも方法はあると思うけれども、過去半分近くディールが壊れたことからすると、簡単ではないんだろうね」
と、あいまいな回答で締めくくった。

　堀田との会話を終えた新堂が、FAの安積に話しかけた。
「安積さん。この部屋の資料って会社の人にコピーをお願いしたりできるんですか」
「コピーは機材の問題もありますので原則閲覧でお願いしたいと思いますが」
「コピーダメなんですか？　今まで資料開示を求めていたのに全然開示されず、突然現地で段ボールの山を持ってこられても満足に検討できませんよ。ねぇ堀田さん」
　堀田も渋い顔をして頷いている。
「コピーがダメなら、せめて書類の写真を撮ることは認めてもらってくれませんか。そうでもしないと、調査不十分で再調査になりかねませんよ」
「承知しました。ちょっと先方の意向を確認します」

そう言うと携帯電話を取り出し、おそらく対象会社のFAである杉山と話し始めた。しばらくしたところで、「了承が取れました」と安積が笑顔を浮かべて報告した。
　新堂は当然のことのように軽く頷き、太郎と東田の方に向いて告げた。
「ここにある書類で詳細調査が必要なものについては、書面を写真で撮って現地調査終了後に検討するように。あと、明日とか俺が不在のときに判断に迷うことがあったら、写真とともにメールしてくれ。基本的にいつでもメールは確認しているので」
　東田は「分かりました」と頷いた。太郎は疑問に思っていることを口にした。
「写真を撮るとのことですが、カメラはどうするのですか？」
「スマホでいいだろ」
　吐き捨てるような物言いだったが、太郎は契約書のような細かい資料をスマホで撮影することができるのかと若干不安になった。また、機密資料をスマホで撮影することも気が引けた。けれども、デジカメで撮影したとしても、漏洩のおそれはさほど変わらないかと思い直した。
　太郎は試しに自分のスマホで契約書を撮影してみたところ、拡大してみると文字は鮮明に映っており、プリントアウトしても何ら支障はないだろうと思われた。新堂が資料の写真撮影を認めさせたことは、作業が遅れている太郎のことを考えてのことだ。若干物言いに棘はあるものの、新堂が場を率いてくれていることに感謝していた。

……Scene 14「資産」（169頁）へ続く。

解　説

関係当事者：法務、財務

〔該当する手続段階〕

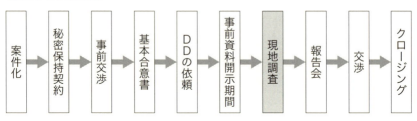

1 ▪ 議事録の種類

　過去に対象会社がどのような意思決定をしてきたのかを確認するため、デューデリジェンスにおいて議事録を検討する作業は重要です。これは、法務デューデリジェンスのみならず、財務デューデリジェンスにおいても妥当します。

デューデリジェンスにおいて検討する主要な議事録は、以下のとおりです。

① 　株主総会議事録
② 　取締役会議事録
③ 　経営会議議事録

　その他、上場会社であれば監査役会議事録や株主総会の想定問答集なども検討対象に入ります。

① 　株主総会議事録

　株主総会議事録には、重要な決議事項が記載されています。過去に実施した定款変更や、組織変更などを株主総会議事録から把握することができます。また、役員報酬に関する決議内容を把握し、実際の役員報酬支給額が違反していないかを確認することも重要です。

② 　取締役会議事録

　取締役会は、会社法上3か月に1回以上開催される必要があります（会社法363条2項）。まずは、この点の法令遵守を検討することになりますが、

適切に3か月に1回以上取締役会を開催し、議事録を残している非上場会社は稀です。もっとも、この点に違反している事実が発覚したとしても、実務上、M&Aに与える影響は大きくありません。

その他、取締役会議事録を検討する際には、競業取引や利益相反取引について承認決議が得られているのか、株式譲渡につき取締役会決議が要件とされている場合に適切に決議を得ているのかなどといった点が重要な確認事項となります。なお、決議内容によっては、特定の取締役が特別利害関係人になるおそれがありますので、そのような取締役が決議に参加していないかも確認する必要があります。

株主総会議事録と比べ、取締役会議事録には、しばしば経営上の重要な決議事項が記載されることが多く、取締役会議事録から重要な情報を得られることもあります。

③ 経営会議議事録

会社法に定められている株主総会や取締役会とは異なり、任意の会議体による議事録の方が、対象会社において実際に問題となっている事項が表れることが多く、現在検討している事項や抱えている問題などを把握するうえで重要な資料となり得ます。また、議事録ではなく、稟議書などの資料にも、近隣問題や取引先とのトラブルなど、生の事実が浮き彫りとされていることが多くあり、対象会社の実体を把握するうえで非常に貴重な資料となります。

そのため、株主総会議事録や取締役会議事録の検討を優先するあまり、経営会議議事録や稟議書などの検討がおろそかにならないよう、時間配分に留意する必要があります。

2 ▪ クライアントとの情報共有

買主の担当者が現地調査に同席している場合には、発見した重要な事項については、できる限りリアルタイムに報告する必要があります。仮に、買主の担当者が現地調査に同席していなかったとしても、少なくとも現地調査の1日が終了するごとに、メールなどで調査した結果を報告すべきでしょう。それにより、担当者は買主の責任者に報告を入れ、リアルタイムに情報共有

することができるようになります。その結果、重点調査事項が新たに指示され、今後の現地調査の方針が変更されることもしばしば見られます。

なお、124 頁において説明しましたが、必ずしも DD アドバイザー間で情報共有が綿密に行われているとは限りません。そのため、買主が DD アドバイザーから報告を受けたのであれば、その結果を買主の責任者に伝えるのみならず、他の DD アドバイザーにも伝えるよう取り計らう方がよいでしょう。そのことにより、DD アドバイザー間でも情報共有がなされ、認識の齟齬が解消されることになります。

Scene 14

資産

　初日の現地調査が終了した。太郎にとってみれば、初めての実質的なデューデリジェンスであり、慣れないことばかりで神経が張っていた。また、常に新堂が目を光らせているので心休まる時間がなかった。が、その新堂も3日間ある現地調査のうち2日目に別の仕事があるようで、1日目の業務が終わるとともに、新幹線で帰路に向かった。駅で新堂を見送った太郎の顔は、自然とほころんでいた。

　ビジネスホテルに荷物を置くと、スーツのままロビーに向かった。昼食の際に決まったことだが、夜には法務と財務のデューデリジェンスメンバーで懇親も兼ねて現地の居酒屋で飲むことになっていた。太郎が新堂の目を盗んで昼間に予約した店に向かうため、ロビーで東田と会うことになっていた。財務メンバーは現地集合になっている。

　太郎はサイトの評価に従ってお店を選んだだけだが、訪れてみると古くからやっている感じの良い居酒屋だった。すでに財務メンバーの3名は全員席に着いている。

「すみません。待たせてしまって。先輩を駅まで見送っていたので」

　太郎が西野を含む3名に挨拶した。

「太郎君が選んだこのお店、なかなか良さそうだよ。お店の雰囲気とメニューの感じが」

　店構えからして、長年地元の人に愛され続けた居酒屋のようだった。しかも半個室になっていて、会話内容が他のお客さんに聞こえにくくなっている。

「そうだね。早速注文しようよ」

　愛想の良い店員さんのおすすめに従って、各人飲み物と食べ物を注文した。少し新幹線に乗っただけなのに、居酒屋の見慣れないメニューが新鮮

だった。選んだ居酒屋が良かったのか、皆料理とお酒に舌鼓を打っている。場が和んできたところで、自然と今日の現地調査の話になった。

「あの会社って、何であんなに資料出てこないんですかね。財務の方も資料の出が悪かったんですか」

「資料自体はある程度揃っているんだけれども、質問しても回答がなかなか返ってこないという感じかな」

西野の答えに2人の財務メンバーが頷いている。

「どうしてあんな風に非協力的なんだろう」

「買収される会社はデューデリに協力的でないことは多いけれども、FAが就いていながらあの対応の悪さは珍しいかも」

新堂も似たようなことを言っていた。

「先輩は、FAのせいじゃなくて、会社の担当者のせいだと話していたけれども、西野の目から見てもそう感じた？」

「そうね。例の資料が保管されているキャビネットの部屋に行ったときにFAと会社担当者のやり取りを見ている限り、FAは何とかしようとしているものの会社担当者が渋っている感じが強かったわ」

「どうして会社側が非協力的なんだろう」

「おそらく、社長やその親戚連中から資料の開示を控えるように指示が出ているんじゃないかな。痛くもない腹を探られたくないという思いからか、探られたくない箇所があるからか分からないけど」

確かに、あそこまで資料の開示を渋られると何か隠しているんじゃないかと疑ってしまう。

「ところで、財務のメンバーって、今日どんなことをしていたんですか。参考までに教えてほしいのですが」

太郎に尋ねられて財務メンバーの3名は、わずかな驚きを浮かべ顔を見合わせた。

「そうね。あんまりデューデリで法務と財務の間で情報共有することってないから、少し驚いちゃった。各々独自に調査を進めて報告するって感じだから」

このことも新堂が話していた記憶がある。
「今日進めていたのは、主に資産項目かな」
「資産項目？」
「太郎君、簿記2級取ったんでしょ？　なら分かると思うけれども、BSの資産の部に計上されているものの調査のこと」
太郎が簿記2級を取っていると聞いて、新堂の部下の東田がちょっと驚いたような顔つきで太郎の方を向いた。とはいえ、太郎が簿記2級を取ったのはずいぶん前のことであり、頭の中からすっかりと簿記に関する知識は抜け落ちていた。そんなことはお構いなしに西野は話を続けた。
「まずは現預金ね。決算書を作った際にどのように現金をカウントしていたのかとか、預金残高があっているかの確認ね」
「問題なかったの？」
「預金は問題なかったけれども、現金については適当ね。きちんとカウントせずに適当に記帳しているそうよ。ただ、金額的に大きくないし、中小企業だったら珍しいことじゃないかも」
太郎は「なるほど」と呟いた。
「売掛金については、長いこと変化していない取引先について滞留調査をしているところね」
「どういうこと？」
太郎の質問に、西野以外の財務メンバーが、そんなことも知らないのかと驚いたような表情を作った。
「売掛金って、取引をしていれば増減するのが普通でしょ？　それが変化していないってことは、取引が行われていなく、しかも長期間回収できていないという可能性があるってことなの。そういう滞留債権については、回収可能性が低いとして引当金[22]を積むことを検討しなきゃいけないってこと。簿記でやらなかった？」
「引当金ね。そういえば、そうだった」

---

[22] 将来の特定の支出や損失に備えるために、貸借対照表の負債の部（または資産の部の評価勘定）に繰り入れられる金額。

言われてみれば引当金という勘定科目があった。軽くビールで酔いが回った頭を必死に回転させた。
「それで、結局引当金を積むの？」
「その回答はまだ会社から出てきてないから、明日もらう予定。でも、かなり長期にわたって滞留しているから、よほどの事情がない限り積む必要があると思っている」
「他には？」
　太郎が先を促した。
「固定資産については、簿価が高い機械については実在性を確認している。工場見学の際に遊休機械が見つかったけれども、それなんかは減損対象になるわね。あと、減価償却の確認も実施している。ちなみに、減価償却費の計上については、適宜利益が出るように調整しているよ」
「どういうこと？」
「分かりやすく言うと、減価償却費を少なく計上して、利益が出るようにしているの。毎年行っているというわけじゃないけれども、利益を出したい年度には減価償却を止めているわね」
　太郎は驚いた。
「それって粉飾決算じゃない？　大問題じゃん。顧問税理士はその処理を認めているの？」
「うーん。上場企業だったら問題なんだけれども、非上場だったら珍しくはないことかな」
「どうして？」
「減価償却費を過少計上するってことは、利益が上がることになるよね。だとすると、税務署的には税金を多く支払ってもらうことになるので、特に問題視されないことが多いってわけ。もちろん、問題のない処理ってわけじゃないよ。ただ、実際に行っている企業が多いってこと」
「ということは、あの会社の利益も適切に減価償却費を計上すれば減るわけだよね？」
「そうね。その点については、もう計算済みだよね？」

西野は部下のメンバーの方を見た。部下は当然のように頷いている。

「その辺を修正したPL[23]については、各年度適切な数値に直して報告する予定。ただ、この減価償却については、事前開示の段階から分かっていたことだけれどもね」

太郎のもとにも同じ財務資料が手渡されていたが、当然のことながらそのことに気づいていなかった。そこまで悪くないと思っていた対象会社の決算書であるが、見た目以上に悪いのかもしれないと知り、安易に書類を信じてはいけないと気が引き締まった。

「あとは、棚卸資産の評価損かな。売れ残り在庫はほとんど価値がないと思うから、調査したうえで評価損を計上する予定」

西野から伝えられることは法務デューデリジェンスを行っていては気づきにくい重要な情報ばかりだ。

「あ、そうそう。会社の資産で高級車が2台くらいあるでしょ？」

どこにそんな情報が記載されていたのか分からず、太郎は首を傾げた。西野はそれに構わず話を進めた。

「その車両は、実質的に同族役員の個人使用目的のための車両だと思ってる。この点は、明日以降の確認事項ね」

個人的な資産が会社の資産とされているというわけか。これはこれで、会社を買収する際に誰がその資産を引き継ぐのかという問題となりかねない。とはいえ、どこに車両の内容が記載されているか分からないと後で困ることになる。太郎は恥を忍んで尋ねた。

「ところで、高級車の情報って、どこに記載されていたの？」

「ああ、それはね。確定申告書の科目明細のところに書いてあるよ。あとで確認してみて」

確定申告書か。財務資料と思ってほとんどノーマークだったが、意外と重要な情報が記載されているのだと知らされた。

---

[23] Profit and Loss statement の略。損益計算書。

【様式第5号】
附属明細書

1. 貸借対照表の内容に関する明細
　※下記以外の資産及び負債のうち、その額が資産総額の100分の5を超える科目についても作成する。
(1)資産項目の明細
①有形固定資産の明細

(単位：円)

区分	前年度末残高(A)	本年度増加額(B)	本年度減少額(C)	本年度末残高(A)+(B)−(C)(D)	本年度末減価償却累計額(E)	本年度償却額(F)	差引本年度末残高(D)−(E)(G)
事業用資産	104,265,408	2,402,141	121,959	106,545,590	××	1,259,421	106,545,590
土地	46,436,857	1,000,000	45,570	47,391,287	0	0	47,391,287
建物	54,644,103	1,386,604	76,389	55,954,318		1,158,133	55,954,318
車両	3,184,448	15,537	0	3,199,985	0	101,288	3,199,985
航空機	0	0	0	0	0	0	0
その他	0	0	0	0	0	0	0

「明日は何をする予定？」

「明日は今日質問した内容の回答をもらうのと、メインは負債になると思う。簿外債務などがないかの確認ね」

「明後日は？」

「基本的には予備日だけれども、会社の回答が遅いから結構3日目までずれ込むと思う」

　財務チームが順調にスケジュールをこなしていると知り、太郎は内心焦っていた。

「資産と負債以外は特に調査しないの？」

「実態BSを作成するのがメインになるけれども、その過程でPLの修正は行っていくことになるわ。あと、収益力分析やキャッシュ・フロー分析、BS分析などの分析は行う必要があるけれども、これは概ね事前開示資料の段階で終わっているから。もちろん、現地調査の際に発見したデータでBSやPLが変化するけれども」

『何てことだ』

174

事前開示で法務デューデリジェンスの資料がろくに出なかったこともあり、ほとんど何も手付かずのまま現地調査に臨んでいる法務と、順調に調査を進めている財務との差を見せつけられ、太郎のジョッキを握った手は止まったままになっていた。こんな所でのんきに飲んでいていいものかと思ったが、太郎が現状持っている資料では、ホテルでろくに作業を進められないことは明らかだった。
「太郎君。話変わるけれども、結構あの先輩にやり込められていなかった？」
　あの先輩が誰を意味しているのかは明らかだった。この場にいない新堂である。
「まあ仕方ないよ。新堂先輩は自分よりも何期も上でデューデリについても経験豊富なのに対して、自分はデューデリ初めてだし」
　苦笑いしながら答えた。
「そうね。あの人、確かに頭は良さそうだけれども、ちょっとイライラし過ぎじゃないかな。キャビネットに保管されている資料を見に行ったときも、会社の人と一触即発のような状態になっていて、隣にいてヒヤヒヤしちゃったもん」
「そんな状態だったんだ」
「そう。確かに、資料をスムーズに出さない会社の対応もよくないけれども、会社の人と仲が悪くなったら、より一層資料出てこないことにもなるし、最悪そのことが原因でディールが壊れたりするからね。あんまり会社の人と対立するのは良くないと思うの」
　それはそうだ。思い返してみれば、新堂は太郎にだけ厳しかったのではなく、対象会社の担当者やFAの安積にも詰め寄っていた感じがある。その結果資料が出てくることになり、資料の写真撮影も可能になったが、これ以上対立するのは得策ではないだろう。
「まあ、先輩は明日現場にいないから、大丈夫じゃない？　リラックスできそうだね」
「そうだね」

その場にいた皆が微笑んだのを確認して、ぬるくなったビールを喉に流し込んだ。

　　　　　　　　　　　　　……Scene 15「契約書」（181 頁）へ続く。

解　説

関係当事者：財務

〔該当する手続段階〕

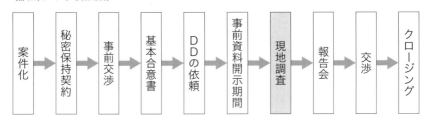

1 ■ 本業にかかわる資産

　資産項目の調査は、実在性と評価の妥当性を中心として確認を進めます。

　実在性の確認とは、その資産が本当に実在していることを確認する作業です。預金であれば通帳を、有価証券であれば実物を実際に確認する作業になります。

　評価の妥当性の確認とは、資産の簿価に見合う価値があるのかを確認する作業です。棚卸資産として計上されていても、実際には販売できる見込みがないのであれば、損失処理しなければなりません。

▶現金預金

　現金については、決算日（調査基準日）の金種表などがあればそれを参照して正確性を確認することになります。ただ、金種表まで作成して現金をカウントしている非上場会社は少ないでしょう。現実的には、現金実査を行い、調査日から調査基準日まで現金出納帳でさかのぼり、概ねの正確性を確認することになるでしょう。

　預金残高については、通帳や残高証明書などと突合することにより正確性を確認することになります。なお、定期預金については、事実上担保に供されており引き出せない状態となっていないか確認する必要があります。

　上場会社であれば問題なく一致するポイントとなりますが、非上場会社の場合には一致しないことも往々にして見られます。また、確定申告書に記載

されている通帳が見つからないという事態も起き得ます。現金預金でつまずく会社は、その他の勘定科目でも苦戦することになる傾向が高いといえます。

> **売掛金**

まず、売掛金の計上ポイントと計上額が適切か把握します。次に、売掛金残高が正確かを売掛金台帳や勘定科目明細から把握します。監査では、取引先に確認状を送付して、売掛金残高が正しいか確認することになります。しかし、デューデリジェンスでは、秘密性が要求されますし、時間的余裕もありません。そのため、通常このような手法で実在性を確認することは行いません。

また、滞留債権がある場合には、貸倒引当金が適切に計上されているのか把握する必要があります。

その他、値引やリベートを行っていることもあるため、これらの事実や基準を把握する必要があります。

なお、受取手形が存在する場合には、割引や裏書手形の有無を確認し、銀行書類等と突合する必要があります。

> **棚卸資産**

まず、棚卸資産の評価基準や方法を把握します。その上で、対象会社における棚卸作業の内容や資料を把握することにより、棚卸資産の正確性を検証します。機会があれば、棚卸資産の現物確認を行い、保管状況や滞留状況などを確認するとよいでしょう。

適切な破棄基準や評価損の計上基準を設けていない場合には、把握した情報に基づき、評価損を計上する必要があります。多くの中小企業では、全く売れる可能性のない滞留在庫を抱えていることがあります。そのため、実態貸借対照表を作成する際には、これらの棚卸資産の評価損を計上する必要があります。

その他、対象会社の倉庫に保管されていない預け在庫の存在も忘れずに調査する必要があります。

2 ■ 固定資産

➢什器備品等

　什器備品等については固定資産台帳を基にして、重要な資産については現物と一致しているか確認を行う必要があります。車両等の車検証などと突合できる資産については、可能な限り実在性を確認しましょう。

　また、オーナー企業などでは、私的利用している自動車が会社資産として計上されていることが多く見られます。これらの資産については、税務調査において指摘を受けるリスクを考慮するとともに、買収時の処理（オーナーが引き取るのかなど）についても検討する必要があります。

　そのうえで、各資産に適切な減価償却費が計上されているか確認しなければなりません。非上場企業では、黒字にすることを目的として減価償却費の計上をストップしていることがあります。この場合、固定資産の償却不足が存在することになります。減価償却費の計上をストップしたとしても、税務署としては税収が増えるだけなので、特段修正するよう指摘することはありません。

　その他、遊休資産については、減損処理を行うなどして適正な帳簿価格を計上する必要があります。

➢不動産

　不動産については、登記簿謄本と突合し、所有名義や担保権の定について把握することになります。担保設定されている借入金が負債として適切に計上されているのか確認する必要があります。

　また、固定資産税課税明細書や路線価等を参考にして、計上額と時価とが大きく乖離していないか確認することになります。不動産の重要性が高いのであれば、不動産鑑定士による時価算定を行うこともあります。

　なお、オフィスなどを賃借している場合には、退去時の原状回復費用の概算額を把握し、適正な資産除去債務が計上されているのかを確認する必要があります。

> **無形固定資産**

　IT企業などで無形固定資産の金額的重要性が高いときには、デューデリジェンスにおいても時間を割いて実在性検討を行うことになります。ソフトウェア資産については、資産性を厳しく評価することが会計上のルールとして定められています。基本的には、収益性が認められる（コスト削減効果という意味での収益性を含む）ソフトウェア以外は、資産性が認められなくなります。

　財務デューデリジェンスでは、このような会計上のルールに沿って、資産計上できるものなのかを確認し、過剰に計上されているソフトウェア勘定を修正するなどの作業を行います。

3 ▪ その他の資産

> **投融資**

　まず、現物を確認できる有価証券等については、株券や有価証券の実物などを実査しましょう。

　次に、時価を容易に把握できる有価証券については、その含み損益が適切に計上されているか確認することになります。また、デリバティブなどが組み込まれた金融商品で長期間解約できないものや、解約する場合に多額の違約金が発生するものがないかを確認する必要があります。

> **貸付金**

　貸付に関する契約書を閲覧し、貸付理由や回収状況を質問する必要があります。その上で、約定どおり回収できていない場合には、状況に応じて貸倒引当金を計上することになります。

> **その他の資産**

　その他の資産については、金額的重要性等が高いものについては、裏付けとなる証憑等を確認することにより、実在性を把握することになります。ただ、デューデリジェンスは、監査業務ではないため、あまりに微細な資産についてまで追及を行う必要はありません。あくまでも時間的・人的に制限のある中で調査していることから、重要性の高い問題を包含している可能性の高いところからアプローチすべきでしょう。

Scene 15

契約書

　現地調査2日目。太郎は、会議室の中に山のように積まれた段ボールを前に途方に暮れていた。太郎に割り当てられていた担当は、人事労務と商取引。そのうち、商取引に関する契約書については、本日中に終わらせておきたいと考えていた。ただ、何しろ分量が多い。どうにかしてこれらを絞る必要があるのだが、その基準が分からずにいた。

　自分なりに段ボール内の契約書を大雑把に分類したうえ、新堂に電話をかけた。聞くのをためらって限りある時間を消費してはまずい。昨夜の居酒屋で財務チームが思ったよりも順調に調査を進めていることを知り、朝からプレッシャーを感じていた。

　「おはようございます。これから契約書の調査に入ろうと思うのですが、分量が多いのでどうすればよいか相談したいのですが」

　「そうだな。確かに多かったな。どんな種類の契約書があるのか確認したか？」

　先手を打って調べておいてよかったと胸をなでおろした。

　「はい。契約書の種類を大まかに分けますと、仕入契約、販売契約、代理店契約、賃貸借契約、その他水道光熱費等の雑多な契約となります」

　「なるほど。どうしてあんなに契約書のファイルが多いんだ？」

　「この会社は、終了した契約も含めて破棄せず、何十年も保管し続けるという対応をしているようです。そのため、昭和時代の契約書も多数見られます」

　「よし、それじゃあ、重要性の高いところから調査してくれ。まずは、仕入、販売の上位10社を、代理店契約は上位5社を頼む。それが終了したら、賃貸借契約、水道光熱関連の契約書を確認し、余裕があれば、仕入、販売を上位20社まで広げ、代理店契約は10社まで広げてくれ。賃貸借契約

181

は、賃料滞納や無断転貸・増改築など解除事由がないかに注意しろよ」

「承知しました」

「ところで、契約書の確認事項って分かっているよな？」

「はい。COC[24]（チェンジ・オブ・コントロール）条項、競業禁止条項、独占権利条項を中心として、これらの条項が存在しないか確認します」

「大丈夫そうだな。ところで、どうしてそれらの条項を確認するのか理解しているか？」

予期していない質問のため絶句した。

「さあ。これらが重要な条項だからかと……」

新堂が俄かに不機嫌になっていくのが電話越しにも伝わった。

「ちゃんと予習してきたのか？ じゃあ聞くけれども、通常の顧問先から依頼される契約書チェックとデューデリで行う契約書チェックでは、大きく違う点があるんだけれども、何か分かるか？」

「……」

「それはな、通常の契約書チェックは締結前なのに対して、デューデリで確認する契約書は既にハンコが押されているってことだ」

「なるほど！」

思わず口をついた。

「ハンコが押されてる契約書の細かい点をチェックしたとしても、巻き直してくれやしない。だから、少しばかり不利な条項があったとしても、仕方がないとして進むしかないんだよ。ところが、将来的に大きな影響がある条項についてはきちんと確認して、クライアントに報告する必要がある。その条項ってのが、さっきあげた3つというわけだ」

ここまで説明されなくても理解できていた。COC条項は、買収などが行われた際に契約の相手方が契約解除を行う権利を有する条項である。仮にこの権利を行使されると、買収後に契約が終了してしまうおそれがある。競業

---

[24] M＆Aなどを理由として契約の一方当事者に支配権（Control）の変更（Change）、つまり経営権の移動が生じた場合、契約内容に何らかの制限がかかったり、他方の当事者によって契約を解除することができたりする条項。通常は、契約の解除権限が与えられることになる条項を意味する。

禁止条項は、将来競業先となる取引先と手を組むことができなくなる。その意味で、将来に与える影響が大きい。逆に、独占権利条項は、独占的権利を与える条項であるので、将来この契約書を利用して独占的に利益をあげることが可能になるかもしれない。このように、将来的に大きな影響を生じうる可能性のある条項を指摘して、クライアントに注意を促すというのが法務デューデリジェンスにおける契約書チェックなのだと改めて理解した。

「契約書を早めに終わらせて、労務に入れよ。労務は結構時間がかかるから、気を抜くなよ」

そう告げられると一方的に電話が切られた。

収入印紙
4000円

継続的売買取引基本契約書

　太田製菓株式会社（以下「甲」という。）と〇〇〇〇（以下「乙」という。）は、甲乙間における以下に定める売買対象物（以下「本件物品」という。）につき、以下のとおり継続的売買取引基本契約（以下「本契約」という。）を締結する。

第1条　（売買）
　　　　甲は、乙に対して、個別契約に従い本件物品を売り渡し、乙はこれを買い受ける。
第2条　（適用範囲）
　　　　(1)　本契約は、次条以下に規定する全ての個別契約（本契約締結前から存在する個別契約も含む。）に適用する。
　　　　(2)　個別契約の内容が、本契約と異なるときは、個別契約が優先
………

早速、契約書の確認を行おうとして段ボールの山に目を向けたとき、新堂に聞きそびれていたことがあると気が付いた。

『取引先上位10社をどうやって把握するのだろう』
　手っ取り早い方法としては、会社の担当者に尋ねるという方法だった。まずは、内線で総務部の部長の席に連絡をとった。
「お忙しいところすみません。遠出ですが、仕入と販売の取引先上位10社の名前を教えてほしいのですが」
　電話口から不機嫌な声が聞こえてきた。
「えっ？　それはうちの担当じゃありませんね。生産部に聞いてもらえますか」
　そう言うと、返事をする間もなく電話が切られてしまった。ちょっとムッとして生産部の部長に内線をかけて同じことを尋ねた。
「10社ですか？」
　またしても不機嫌そうな声である。新堂が昨日怒ったのも理不尽でない気がしてきた。
「はい、10社なのですが、20社になる可能性もあるので一応20社調べてくれますか。また、代理店についても上位10社を知りたいのですが」
「えっ？　20社？　分かりましたが、結構時間がかかるかもしれませんよ」
「時間がかかるってどのくらいですか」
「できる限り急ぎますが、回答が明日になるかもしれませんね」
「えっ！　もっと早く対応できませんか？」
「急ぎますけど、こっちも他の仕事があるんですよ」
　そう言うなり、電話が切られた。
　受話器を持ったまま、新堂から早めに契約書対応を行っておくよう指示されたことを思い出し、茫然としていた。その様子を見ていた西野が声をかけた。
「取引先の上位10社を知りたいの？」
「ああ。そうなんだけれども、会社の担当者が明日になるかもしれないって」
「正確じゃないかもしれないけれども、概ねの上位10社なら分かるわよ」

「えっ！　本当？」

太郎は目を見開いた。

「うん。ほら」

と言って西野はノートパソコンのファイルを開いた。エクセルには仕入先と取引先のリストが羅列されていた。

「この資料、どこで手に入れたの？」

「以前教えてなかったっけ？　勘定科目には、科目ごとの明細があることがあるって。この会社、仕入れと売上については明細を作っていなかったんだけれども、売掛金と買掛金には明細を作っているの。その金額順に順位付けを行ったというわけ」

遥か前になるが、営業損害のアドバイスをもらった際に似たような話を聞いた覚えがある。それはともかく、助かったという気持ちで一杯だった。本当に、財務側で把握している情報には助けられてばかりだった。財務担当が幼馴染の西野で本当に良かったと思った。これが全く知らない監査法人が別部屋で業務していたら、そう易々と情報をもらえなかっただろう。太郎は改めて財務情報の重要性を実感した。

西野からもらったファイルに従って契約書を探すだけでもかなりの時間を要した。発見した最新の契約書を逐一チェックする時間も惜しいため、太郎は発見するごとに自分のスマホに撮影していった。ところが、上位10社の中にも契約書が見当たらないものが2つ存在した。西野に聞いても「契約書までは見れてないから」と言って理由が分からなかった。そこで、仕方なく生産部長に内線を入れた。

「すみません。株式会社大西と吉田興産有限会社の契約書を探しているのですが、これらの契約書っていただきましたファイルに入っていますか？」

先ほどの生産部長の態度に軽く腹を立てていた太郎は、若干棘がある声で尋ねた。

「契約書ですか？　それはうちの管轄じゃなく総務部ですよ」

と言われ冷たくあしらわれた。太郎はまたしてもたらい回しにされたこと

15 契約書

ストーリー

が不愉快でならなかった。
　同じことを総務部長に尋ねたところ、これらは社長が長年懇意にしている会社なので契約書は作成していないとの回答を得た。改めて、これら2社の取引高を見てみると、いずれも上位5社に入っている大口取引先である。中小企業では、契約書が締結されず口約束で取引が進むことがあるというのを実務を通して知っていたが、仮に契約書ベースで調査を進めていたとすれば、これら2社の存在に気付かずにいたかもしれないと背筋が寒くなった。これら2社の存在に気が付けたのは、西野からもらったファイルのおかげであり、契約書が存在しない場合でも財務データには反映されるという事実を身をもって知った。

　仕入と販売の契約書を発見し終えた太郎は、次に代理店契約を検討することにした。取引先と同じように西野に上位5社を把握していないか聞いてみた。
　「代理店との取引？　うーん。代理店だけじゃないかもしれないけど、未払金勘定の上位から順に当たってみれば、取引高が多い代理店は見つかるかもしれない。データあげるから調べてみて」
　そう言われて西野からもらった未払金の勘定科目明細のデータを見てみると、代理店として契約書に名前が連ねられている会社がいくつか見つかった。
　「うん。このデータで何とかなりそうだ。サンキュー」
と笑顔で西野にお礼を言った。
　このやり取りを弁護士の東田が羨まし気に見ているのに太郎は気が付いた。東田は若干無口な性格だが、もしかしたら財務チームに聞きたいことがあるのかもしれない。後で二人っきりになることがあったら、東田に聞いてみようと思った。

……Scene 16「分析」（193頁）へ続く。

解　説

関係当事者：法務

〔該当する手続段階〕

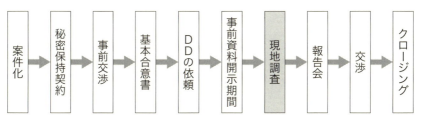

案件化 → 秘密保持契約 → 事前交渉 → 基本合意書 → DDの依頼 → 事前資料開示期間 → 現地調査 → 報告会 → 交渉 → クロージング

1 ▪ 契約書確認の重要事項

　企業は、通常多数の外部業者と契約を締結して事業活動を行っているため、契約書がかなりの数になることも珍しくありません。どのような会社とどのような契約を締結しているのかは、契約書を閲覧しなければ正確なところは分かりません。そのため、法務デューデリジェンスで契約書の確認作業は、現地調査においてかなりの時間を割くことになります。

　デューデリジェンスにおける契約書の確認作業は、契約書締結前に顧問弁護士が行う契約書の確認業務と大きく異なっています。顧問弁護士が契約書の確認を行うのは、契約締結前のタイミングであり、まだ当方にとって不利な条項等を自由に修正できる状態にあります。一方で、デューデリジェンスで確認する契約書は、既に双方当事者の押印がなされており、仮に対象会社にとって不利な条項等が存在していたとしても、修正することは通常できません。

　このように、デューデリジェンスで契約書を確認する際には、微細な有利や不利な条項ではなく、ディール後に大きく影響を与える条項がないかという点に着目して行うことになります。具体的には、以下の3つの条項に着目して検討作業を行います。

① 　チェンジ・オブ・コントロール条項（COC条項）の有無
② 　競業禁止条項の有無

③　独占権利条項の有無

①　チェンジ・オブ・コントロール条項（COC 条項）の有無
　チェンジ・オブ・コントロール条項とは、M＆A などを理由として契約の一方当事者に支配権（Control）の変更（Change）、つまり経営権の移動が生じた場合、相手方が契約を解除することなどの権限を認める条項をいいます。つまり、COC 条項が契約書に存在している場合、対象会社が買収された場合に、取引の相手方が契約を解除するおそれがあるということになります。
　仮に COC 条項が存在する契約書が対象会社において極めて重要な契約だったとします。このとき対象会社を買収した後に、契約の相手方が COC 条項を根拠として契約を解除すれば、そもそも対象会社の経営が成り立たなくなるおそれもあります。
　このように、COC 条項は、対象会社の将来事業計画に重要な影響を与える条項となります。そこで、法務デューデリジェンスにおいても、この条項が契約書に存在しないか確認することになります。
　なお、COC 条項は、「チェンジ・オブ・コントロール条項」や「COC 条項」などというようなタイトルで記載されているわけではありません。通常、以下のような解除条項の一部として記載されています。

〈COC 条項〉

> 第○条（解除）
> 甲又は乙が以下の各号のいずれかに該当したときは、相手方は催告及び自己の債務の履行の提供をしないで直ちに本契約又は個別契約の全部又は一部を解除することができる。なお、この場合でも損害賠償の請求を妨げない。
> 　①　本契約又は個別契約の一つにでも違反したとき
> 　②　監督官庁から営業停止又は営業免許もしくは営業登録の取消し等の処分を受けたとき
> 　③　差押、仮差押、仮処分、強制執行、担保権の実行としての競売、租税滞納処分その他これらに準じる手続が開始されたとき

> ④ 破産、民事再生、会社更生又は特別清算の手続開始決定等の申立がなされたとき
> ⑤ 自ら振り出し又は引き受けた手形もしくは小切手が1回でも不渡りとなったとき、又は支払停止状態に至ったとき
> ⑥ 合併による消滅、資本の減少、営業の廃止・変更又は解散決議がなされたとき
> ⑦ 災害、労働争議等、本契約又は個別契約の履行を困難にする事項が生じたとき
> ⑧ その他、資産、信用又は支払能力に重大な変更を生じたとき
> ⑨ <u>株式の過半数の譲渡、事業譲渡又は合併等により、経営環境又は資本環境に著しい変化が生じたとき</u>

　上記の条項例の⑨に記載されているように、株式の過半数が譲渡等された場合に、契約の相手方は解除しうることになります。そのため、解除されては困る重要な契約書にCOC条項が存在している場合には、買収契約を締結してから代金決済を行うまでの間に、COC条項が存在している契約の相手方から「買収がなされても契約を解除しない」旨の書面を取得することで対応します。

　なお、条項例の⑥に「合併による消滅、資本の減少、営業の廃止・変更又は解散決議がなされたとき」という記載があります。これは、多くの契約書に記載されている解除条件となりますが、原則として経営難等により法人が縮減ないし消滅することを想定しています。そのため、問題のないM&Aが実施された場合に解除されるという、COC条項とは異なりますので注意が必要です。

② 競業禁止条項の有無

　競業禁止条項とは、契約の相手方と競業関係に立つ者と新たに同様の契約を締結することを禁止する条項をいいます。具体的には、以下のような条項になります。

〈競業禁止条項〉

> 第○条(競業禁止)
> 乙は、本契約有効期間及び本契約終了時から3年間は、日本国において、甲と競合する第三者との間で本件業務と同様又は類似の取引を行ってはならない。

　このような条項が契約書内に存在する場合、今後様々な取引先と契約を締結して利益をあげる事業計画を作成していたのに、競業先とは契約を締結できずに予定していた利益をあげられないという問題が生じかねません。
　このように、競業禁止条項が契約書内に存在すると、対象会社の将来の事業計画に大きな影響を与えかねません。そこで、法務デューデリジェンスでは、契約書にこのような条項が存在していないか確認することになります。
　競業禁止条項が契約書内に発見され、その契約が重要なものであるときは、買収契約を締結してから代金決済を行うまでの間に、競業禁止条項が存在している契約の相手方との間で、同条項を削除する旨の覚書などを取り交わすことなどで対応します。
　③　独占権利条項の有無
　独占権利条項とは、一定のエリアなどにおいて独占的な権限を認める条項をいいます。具体的には、以下のように「独占権利」や「テリトリー」という名称の条項に記載されていることがありますが、必ずしも独立した条項である保証はありません。

〈独占権利条項〉

> 第○条(独占権利)
> 乙は、日本国内において、本件業務を独占的に実施できる権限を有する。
>
> 第○条(テリトリー)
> (1)　本件製品の商圏(以下「本件テリトリー」という。)は、日本国とする。
> (2)　甲は、本契約期間中、本件テリトリーにおいて、乙以外の代理店又は甲の直営店を設置しない。

独占権利条項が存在する場合、独占的な権利が認められている範囲内において、今後もライバルに邪魔されることなく収益をあげることができる予測が立ちます。そのため、このような条項が契約書内に存在する場合、将来の事業計画にも影響を与えうるので指摘事項にあげることになります。

2 ▪ 契約書の選定

　契約書の数は、対象会社が大きければ大きいほど増えることになります。無制限に時間と人的労力をかけることができるのであれば、全ての契約書を確認することができますが、実際にはデューデリジェンスに時間的・費用的な限界は存在します。そのため、重要性に着目して、確認する契約書を選定することが必要になります。

　まず、契約書の種類によって、確認対象とするか否かを検討することになります。例えば、水道光熱費関係の一般的なインフラの契約書を確認しても、それほど有益な情報が得られることはありません。このような契約書は検討対象から除外することになる可能性があります。

　次に、取引高などに着目して選定することが考えられます。時間的余裕を考慮に入れて、取引高上位10社や20社と決めて、契約書の確認作業を行います。この際の上位取引先の選定は、対象会社に選別してもらうことも可能ですが、売掛金や買掛金の勘定科目明細などの財務資料から取引高を確認して選別することも可能です。

　また、取引高は少ないものの、代替可能性がない重要な商品等を扱う取引先については、ヒアリングなどで把握したうえ、契約書確認の対象に加える必要があります。

3 ▪ 口頭契約

　中小企業では、契約書を締結せずに口約束によって取引を行っていることもしばしば見かけます。このような場合、どのような取引条件で行っているのかを過去の取引内容や担当者の説明からしか把握することができません。

　また、ともすると契約書自体が存在しないので、取引を行っていること自

体を見過ごしてしまうおそれもあります。マネジメントインタビューなどで口頭契約について確認することもできますが、回答者が口頭契約の存在を把握していないと、その取引が明るみに出ないまま現地調査が終了するということも考えられます。

　もっとも、このような口頭契約でも一定の取引高があるのであれば、財務資料から契約の存在を把握することが可能になります。売掛金や買掛金の勘定科目明細などを参照し、契約書によって把握できない取引先がないか確認することができるからです。

　このように、法務デューデリジェンスにおいても積極的に財務資料を活用することで、検討漏れのリスクが減ることになります。また、買主のM＆A担当者としても、財務デューデリジェンスにおいて発見された情報を法務のメンバーに伝えることで、情報の認識漏れがなくなるよう努めた方がよいでしょう。

4 ▪ スタンド・アローン問題

　スタンド・アローン問題とは、対象会社が一定のグループ会社に所属してメリットを享受していたものの、買収等によりグループから離脱することになり、享受していたメリットを得られなくなる問題をいいます。

　この問題は、仕入先や取引先の確保、資金調達、ソフトウェアの利用、給与計算等のバックオフィス機能、動産・不動産等の使用などの点で認められます。

　また、中小企業では、社長との人的関係によって維持されていた取引先とのやり取りが、買収等により社長が交替するに伴い、仕入単価が上昇したり、融通を利かせてくれなくなるという形でも表れます。

　契約書の確認を行う際には、対象会社にとって重要な契約を特定し、その契約がディール後も同条件で維持されるのかという点につき確認を行う必要があります。この点に不安が残る場合には、買収契約書において表明保証条項等でリスクヘッジしておく必要があります。

Scene 16

分析

　契約書の処理が一段落ついたときに昼食になった。前日と同じように昼食は弁当だったが、気を遣ってくれたのか少し種類が変わっていた。弁当を食べながら、堀田が話しかけてきた。

「この間に独自に会社の人と話していたのですが、M＆Aに伴って退職させる従業員がいるそうです。また、役員も相当数退職を予定しているとのことです。ただ、誰に辞めてもらったらいいのか、誰が辞めてしまっては困るのか、まだハッキリとはしていないのです。この辺の調査は法務デューデリジェンスに含まれませんよね」

　通常であれば新堂が答えるところだが、新堂が2日目は現場にいないため、太郎は東田の方を向いた。東田は淡々と答えた。

「そうですね。それはビジネス上の判断になりますので、法務デューデリジェンスの範囲には含まれません」

「そうですよね」

　一応確認したものの、予想したとおりの回答で少し落胆した様子だ。

「もっとも、従業員をリストラした場合の影響については、法務デューデリジェンスの検討事項になります。また、役員をディール終了後一定期間役員の地位に留まらせることをM＆Aの条件にすることも往々にして見られます。このような条項を最終契約書に組み入れるのも法務が行うことになります」

「なるほど。ディール終了後、役員全員が辞めてしまったら事業をどのように回せば良いのかと悩んでいたのですが、一定期間役員の地位に拘束させることもできるのですね」

　堀田は東田のアイデアに納得した様子だった。東田がスラスラと回答するのを見て、修習の期は大して違わないのに大きく差を付けられてしまってい

193

るような不安を覚えた。
「あと1つ伺いたかったのですが、親族が行っている関連会社との取引がいくつかあるのですが、いずれも親族間ということで市場価格よりも利益が出やすいように取引を行っているようです」
　その話は初耳だったようで、東田の顔に動揺の色が浮かんだ。
「そうなのですか？　ちなみに、どこからの情報でしょう？」
「財務チームから以前伺ったのですが。これって、法的に何か問題となったり、今後止めさせることはできるのでしょうか」
「うーん。当事者が納得しているのであれば、法的には取引は有効です。ただ、対象会社に損を与えている取引であるならば、契約書の条項に従って解除することも可能かもしれません。ところで、どの会社が親族が経営しているものなのでしょうか」
「業務委託先の太田物流と太田商事です」
　気を付けてみれば、社長と同じ「太田」の名前が入っている。むしろ、このことに法務チームが気づいていないことの方が問題である。
「分かりました。今後の調査において、これらの会社との取引を解除すべきなのか、また解除することが可能なのかについて検討いたします。ご指摘ありがとうございます」
　何とかミスを取り繕った形になったが、太郎が傍から聞いていても動揺が伝わってくるやり取りだった。東田も太郎と同じように経験を積んでいる最中なのだと知り、少し安心した。

　太郎は先ほどの堀田と東田のやり取りで気になっていたことを西野に尋ねた。
「さっき、財務の方で太田物流などの会社が高額取引を行っていると話していたけれども、あれってどうやって財務側で発見したの？」
　太郎の率直な質問に対し、東田は『その話を蒸し返すな』というような視線を向けたが、太郎は昨夜の居酒屋と同じスタンスで気楽に尋ねていた。
「それはね、分析に引っかかったから」

「分析？」
「そう。会計情報を利用して、収益性の改善を図ったり、異常な点がないか確認したりする手法ね。様々な角度から分析は行うことができるのだけれど、多いのは収益力分析、キャッシュ・フロー分析、貸借対照表分析、事業計画分析などかな」

「たとえば、太田物流については、他の物流会社の費用と比較したところ、高額な費用を支払っていたのね。それに名前が『太田』であることからすれば、関連会社なんだなと思うよね？」
「そうだね」
「こんな風に、いろんな角度から対象会社に調査を入れて、どの点を改善すれば利益が上がるのかとか、どのセグメントを拡大すべきなのかという調査を行うわけ」
「セグメント？」
「あ、セグメントというのは部門の意味ね。A部門の収益性が高い一方で、B部門の収益性が低い場合には、同じだけの資源を投入するのではなく、A部門に集中させた方がいいでしょ？」
太郎は無言で頷いた。
「分かりやすく言うと、大学受験の模試とかを受けると科目ごとに点数が出るでしょ？ そして、たとえば英語だったら単語力、読解力、作文力など細分化された項目で得手不得手がデータ化されるじゃない？」
大学受験ははるか前のことであり記憶が新しくなかったが、司法試験でも科目ごとに得手不得手のデータが出たのは記憶に新しい。
「その模試のデータみたいに対象会社を細分化して問題点や良い点などをピックアップするのが分析というわけね」
分かりやすい説明だった。財務畑の堀田も首を何度も大きく縦に振っている。難しいことを相手の理解度に応じて易しく伝えることができるのは、本当に頭の良い証拠だと思った。

太郎は思い出したように聞いた。
「ところで、さっきリストラを行うかもしれないという話があったよね」
「そうね。その話は私も聞いている」
「そうした場合には、将来の事業計画に影響が出るんじゃない？」
「もちろん出るわよ。リストラすれば人件費は下がることになる一方で、その際に特別退職金を支払えば経費がかさむことになるしね」
「そういった場合の不確定要素については分析でどう対応するの？」
「確定している要素については、それを反映した分析を行うのが通常ね。不確定要素の場合には、クライアントの意向を聞いて、場合分けでシミュレーションを作成したりすることもあるかな」
「なるほどね。分析はもう結構終わっていると話していたけれども、現地調査の過程で新たな事実が発見された場合には、既に行っている分析結果が無駄になっちゃうんじゃない？」
「そんなことないわ。分析が終わってるといっても、まだエクセルを組んだだけで報告書までは作成してないし。どこかのパラメータが変化しても、その項目を修正すればいいだけだから、簡単に対応できちゃうよ」
　これまで何度も財務デューデリジェンスを行ってきたので、一番効率が良い対応方法を身に着けているのかと感心した。それに引き換え、手探りで進めている法務デューデリジェンスは、今後大変な労力を強いられることになりそうで胃が痛くなった。

　　　　　　　　……Scene 17「労務問題」（202頁）へ続く。

解 説

関係当事者：財務

〔該当する手続段階〕

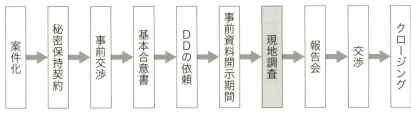

1 ▪ 収益力分析

　買主にとって興味があるのは将来の収益力であり、過去の収益は既に終了したこととして、直接の関心事ではありません。もっとも、過去の収益力は、将来の事業計画の相当性を検討する上で重要な資料になります。また、過去の収益構造を把握することにより、今後の改善案を検討することが可能になります。そのため、財務デューデリジェンスでは、収益力分析が行われます。

＞過去の損益計算書分析

　収益力分析を行う上で具体的に検討する資料は、過去数年分の損益計算書（PL）となります。どの程度の期間を検討対象とするかは、対象会社が従事しているビジネスの業界変動等を勘案して定めることになります。

　まずは、損益計算書に適用されている会計方針を確認し、それが対象会社のビジネスにとって適切なのか、過去に会計方針が変更されている事実はないかなどの点を確認します。会計方針を変更している場合には、変更前の期と変更後の期とで単純に比較することができず、比較できるように変更前の期の数値を修正するなどの対応が必要になります。

＞正常収益力分析

　正常収益力とは、対象会社の正常な営業活動における経常的な収益獲得能力を意味します。具体的には、一時的な取引に伴う特別損益や過去の経理処

理の誤りなどを排除し、現時点で対象会社が有する正常な収益力を把握します。

　正常収益力分析では、通常 EBITDA を用いて実施することになります。EBITDA とは、Earnings Before Interest Taxes Depreciation and Amortization の略であり、税引前利益に支払利息、減価償却費を加えて算出される利益を意味します。また、営業利益に非現金支出費用（償却費）を加算した金額を用いることもあります。

　この EBITDA に非経常的な損益の調整を行い、正常な EBITDA を算定することになります。どの項目を調整すべきかは、経理部やマネジメントインタビューによって把握する必要があります。

　正常収益力分析では、細分化すると以下のように様々な事項の分析を行うことが可能になります。どの程度の分析を行うかは、対象会社の事業内容、買主の意向や時間的余裕に配慮して決めることになります。

① 売上高分析
② 粗利益分析
③ 製品別売上高分析
④ 顧客別売上高分析
⑤ 地域別売上高分析
⑥ 販売数量・単価分析
⑦ 月次売上高分析
⑧ 製造原価・販管費分析
⑨ 人件費分析

2 ▪ キャッシュ・フロー分析

▶フリー・キャッシュ・フロー

　キャッシュ・フロー計算書は、①営業活動によるキャッシュ・フロー、②投資活動によるキャッシュ・フロー、③財務活動によるキャッシュ・フローにより構成されています。財務デューデリジェンスでは、①営業活動によるキャッシュ・フローと②投資活動によるキャッシュ・フローの合計である、

フリー・キャッシュ・フロー（FCF）を中心に分析が行われることになります。投資活動によるキャッシュ・フローは、通常マイナスの値となり、会社が営業活動で稼いだキャッシュから、現在の事業を維持するために投資しなくてはならない資金を差し引くことになります。FCFは、企業が事業活動を行った後、資金提供者である株主と債権者に自由に分配できるキャッシュ・フローを意味しています。

もっとも、非上場会社でキャッシュ・フロー計算書を作成していない場合には、損益計算書と貸借対照表の数値を用いてFCFを算定することになります。この場合には、以下の計算式によってFCFを求めます。

> FCF＝税引後営業利益＋減価償却費－設備投資額－運転資本の差分

> **運転資本分析**

運転資本とは、会社が事業活動のために投下している資金を意味します。運転資本は、短期に計上され決済されるため、流動性が高い資金となります。運転資本は、通常以下の計算式によって求められます。一般的な運転資本は、①の計算によって求められますが、日常の営業取引にかかる部分のみを捉えて運転資本を計算する場合には、②の計算によって求められます。

> ①運転資本＝流動資産（現金及び現金等価物を除く）－流動負債（有利子負債を除く）
> ②運転資本＝売上債権＋棚卸資産－仕入債務

運転資本分析には、以下のような様々な分析項目が存在します。どの分析を行うかは、対象会社の事業内容等に配慮して決めることになります。
① 回転期間分析
② 月次運転資本分析
③ 棚卸資産分析（回転期間分析・増減分析）
④ 売上債権分析（回転期間分析・増減分析）

⑤　仕入債務分析（回転期間分析・増減分析）

> **設備投資分析**

　設備投資分析は、過去に対象会社が実施した設備投資が適正な水準のものであったのか、事業計画を達成する上で適切な設備投資が織り込まれているのかという点に着目して行われることになります。

　過去に実施した設備投資が適正なものであったかについては、売上高と設備投資の比率を検討することが有益です。また、設備投資額と減価償却費の比率を検討することにより、老朽化に見合った設備投資が行われているのかを検討することも重要です。

　これらの過去の設備投資の適正性を把握した上で、事業計画や予算の精度を把握することになります。過去の設備投資実績と乖離する事業計画が提示されている場合には、適正な数値に修正する必要があります。

　なお、設備投資は、経営者の意思決定によって大きく変動することがあるため、上記適正性の分析を行う際には、マネジメントインタビューなどを通じて過去及び将来の設備投資の意思決定について把握することが重要になります。

3 ▪ 貸借対照表分析

　貸借対照表分析では、各勘定科目の検証を通じて、実態貸借対照表を作成する作業がメインとなります。これらの詳細は、資産（177頁参照）、負債（224頁参照）をご参照ください。

　なお、個々の勘定科目の検証とは別に、各年度や月別の増減分析を行うことにより、異常な増減がないかを検討することもあります。

4 ▪ 事業計画分析

　事業計画は、バリュエーションを行う上で重要な基礎資料となります。そのため、対象会社の事業計画に実現可能性があり、適正なものといえるのかにつき、分析を行う必要があります。

　なお、非上場企業が作成する事業計画は、前提となる根拠が薄弱であり、

楽観的予測に基づくものが散見されます。そのため、過去の実績や予算の達成状況などを勘案し、適切な事業計画か検討する必要があります。具体的には、以下の点を考慮に入れることになります。

① 作成者（作成能力の有無）
② 作成時期（作成してから環境が変化していないか）
③ 作成経緯（M＆Aのために作成されたものでないか）
④ 外部環境（業界の今後の変動）
⑤ 内部環境（対象会社の今後の変動）
⑥ 前提根拠（売上高、売上原価、販管費などの金額根拠）

Scene 17
労務問題

　重要と思われる契約書の写真を撮り終えた太郎は、自分の担当である労務問題に着手しようと考えていた。既に時刻は2日目の午後2時を回っている。3日目があるとはいえ、できる限り早期に自分の担当は目途をつけておきたい。万が一タイムオーバーになった場合には、取返しがつかないおそれがあるからだ。
　まずは、全体的な方針を確認するため新堂に電話を入れた。
「お疲れ様です。午前中に指示がありました契約書につきましては何とか対応しました」
「COCのある契約書があったか？」
「まだ時間がないので契約書の詳細までは検討していませんが、取り急ぎ契約書は写真に納めました」
「全部か？」
「はい。対象となる契約書全部です」
「その全部というのは、20社ではなく10社か？」
「はいそうです。3日目に余裕があれば数を増やします」
「本当は、COCなどのチェックは、写真撮っている時間があれば確認しちゃった方が早いんだが、まあいいや。で、次は労働に入るんだな？」
「そうです。そこで、事前に方針確認のためご連絡しました」
「労働のメインは、未払時間外手当になる。また、従業員退職金制度がある場合には、退職金額も確認する必要がある。要は、簿外債務の点が一番重要だ。ただ、最近は過労死も重要な問題としてピックアップされつつある。そのため、時間外労働手当を確認する際に、併せて過労死ライン[25]を超える従業員がいないか確認するように」
「分かりました」

「時間外労働手当を算定する際には、対象会社がどのような残業代対策を施しているのか確認することが先決だ。そのうえで、その対策が法的に有効か否か確認し、無効であればその前提で算定を行うことになる。対象会社がどんな残業代対策をしているか確認できているか？」

これまで指示された業務に手一杯で労働についてほとんど触れることができずにいた。

「すみません。まだ把握できていません」

「分かった。すぐに把握して動くように。おそらく固定残か管理監督者だと思うが」

固定残というのは、固定残業代制度もしくは定額残業代制度と呼ばれるもので、あらかじめ残業時間の多寡にかかわらず一定時間の残業代を固定的に支払っておく制度である。たとえば、1月30時間の固定残業代手当を支給している会社では、30時間未満の残業を行っても総支給額は変わらないが、30時間を超える残業を行う場合には、その超過部分が時間外労働手当として支給されるものである。

管理監督者制度とは、課長や部長などの管理職となった場合には、原則として時間外労働手当が支給されなくなるという制度である。

いずれも中小企業で典型的に用いられている残業代圧縮制度であり、弁護士経験4年の太郎であってもこれらの制度についてある程度の知識を有していた。

「あと、労働といっても委任契約の役員も範囲に含まれるのを忘れるなよ。役員退職金や選任決議などについても落とすなよ」

「分かりました」

---

[25] 発症前2か月ないし6か月間にわたって、1か月当たりおおむね80時間を超える時間外労働。又は、発症前1か月間におおむね100時間を超える時間外労働をいう。厚生労働省通達の「脳血管疾患及び虚血性心疾患等（負傷に起因するものを除く。）の認定基準について」を根拠としている。

『結構範囲が広いなあ』と電話を切り終えた太郎は軽くため息をついた。まずは、残業代対策として何を利用しているのか聞くことが先決だ。以前たらい回しにされた経験から慎重に考えたが、どう考えても総務部長が担当だと思えた。
「お忙しいところすみません。遠出ですが、残業代について伺いたいのですが総務部長のご担当でよろしいでしょうか」
「はい。私で承ります」
やはり総務部長で良かった。
「御社では、何らかの方法で残業代対策などを施していますか」
「何らかの方法といいますと？」
「たとえば、固定的に残業代を支給しているとか、一定の役職以上の管理者は残業代が支給されないなどの制度です」
「なるほど。そういったことですね。それであれば、うちでは課長以上の役職者には残業代を支給していません。また、課長未満の従業員については、職能手当として毎月45時間分の残業代を支給しています」
管理監督者と固定残のダブルか。結構、厚く残業代対策をしている。
「それ以外に、裁量労働制のような制度は適用してはいませんか」
「裁量労働はうちでは使っていません。ただ、うちでは残業代は発生したとしても全て払っていて未払なんかありませんよ」
「承知しました。一応調査しなければならないので、今後もお尋ねすることがあると思いますが、よろしくお願いします」

まずは、総務部長の回答に沿って、社内規程の内容を確認した。調査対象は、主に就業規則と賃金規程になる。賃金規程に固定残業代制度と管理監督者の規定が存在した。管理監督者制度は往々にして有効となりにくい。過去の判例が要求する要件が著しく高いからだ。そのため、課長以上の役職者を管理監督者としているとの総務部長の回答を受けたときから、要件を満たしていない者が多数であるだろうと想定していた。この辺は、各役職者の権限や地位などについて、可能な限り詳細な情報を聴取する必要があると考えて

いた。また、過去の判例を当たって管理監督者として有効と認められるための要件を念のため洗っておく必要があると考えていた。

　一方で、固定残業代制度は要件を満たしていれば有効となることはあるが、その要件は時代とともに変遷するものである。そのため、固定残業代制度の要件についても再確認しようと思っていた。

　M＆Aでは、様々な種類の法律知識が要求される。会社法のみならず、労働分野では労働法の知識が必要になる。また、契約書の解釈もしなければならないため、当然民法に関する知識も要求される。許認可や知的財産も問題となることもしばしばある。これら全てについて専門的知識を有している必要はないが、ある程度のあたりをつけることができる程度の知識は重要となる。以前行った残業代請求に関する訴訟の知識が、M＆Aで生きるとは太郎にとっても想定外のことであった。

　時間外労働で真っ先に行わなければならないことは、労働時間の確定である。前日工場見学を行った際にタイムカードの機械を見かけたのを思い出した。そのため、基本的には従業員はタイムカードにより労働時間管理を行っているはずである。とはいえ、タイムカードを定時に打刻させてからサービス残業を行わせる会社もしばしば見られるため、タイムカードの時刻のみを信じることはできない。また、労働の結果として支払われる給与明細も、未払残業代を算定する際には必要になる。これらの資料を総務部長に要求しようと考えたときに、ふと疑問がよぎった。

　対象会社には、数百もの従業員がいる。これら全てについて残業代を計算することになるとすれば、到底残り１日半などで終わるはずもない。思案したあげく、勝手な判断をすべきでないと考え、新堂に電話をかけた。

　「お忙しいところ何度もすみません。対象会社の従業員は数百人もいるのですが、どのようにして残業代計算を行った方がよいでしょうか」

　「ん？　その前に、残業代対策の方法は分かったのか？」

　「あっ、すみませんでした。対象会社では、固定残業制と管理監督者を用いています」

「固定残は何時間分？」

「45時間です」

「給与明細上、基本給と区分している？」

「すみません。これから給与明細を確認するところです」

「固定残の要件は知っているか？」

「はい。概ね知っています」

「概ねじゃ困るんだよ。まずは3要件の正確な内容と、最近の判例動向を押さえてから動いてくれ。あと、管理監督者はどこから？」

「課長以上です」

「それはやり過ぎだな。かなり未払が出るだろうから、しっかり算定してくれよ」

「それで、人数が多いのでどのようにして計算しようかと考えているのですが」

「ああ。そうだな、ある程度まとまったグループでサンプルをとって対応しよう。基本的に従業員は、工場の工員とバックオフィスの従業員の2種類だよな？」

「はいそうです」

「だとしたら、工員の下級職1名、上級職1名、バックオフィスも同様に2名のサンプルを1年分とって計算してくれ。それを従業員数と2年に膨らまして概算額を算定しよう」

2年というのは、賃金債権の消滅時効期間[26]である。

「承知しました」

「あと、可能な限り労働時間についてはデータで全従業員分もらってくれ。過労死ラインの検討も行う必要があるからな」

「そうですね。あと、対象会社はタイムカードで労働時間管理を行っていますが、タイムカード外の残業がないか確認したいと思います」

---

[26] 労働基準法115条により賃金債権の消滅時効期間は2年とされている。賃金債権の消滅時効期間については長期化が検討されている。

「そりゃそうなんだが、どうやって確認するつもりなんだ？」
「えっ？　総務部長に聞いてみるとか……」
「そんなんで、サービス残業がありますと言うのか？」
　確かに、ついさっき総務部長が未払残業代はないと言っていたばかりである。タイムカード外の労働時間があると言うはずがない。
「ではどうすれば……」
「本来的には従業員に直接聞くのがいいんだが、直接のアクセスは禁止されているから仕方ない。この辺はマネジメントインタビューで聞くのが限界だろう」
　そういうと、話すことは話したという感じで電話が切られた。太郎は、デューデリジェンスでは制約の範囲内で真実発見をしているのだということを改めて実感した。

　すぐさま太郎は総務部長を内線で呼び出した。
「たびたびすみません。労働時間の件なのですが、いくつか確認してもよろしいでしょうか」
「はい。なんでしょう」
「まず、労働時間管理なのですが、タイムカードで管理されているということでよろしいでしょうか」
「そうですよ」
「全ての従業員でしょうか」
「そうですね。基本的に全ての従業員に押してもらっています」
「タイムカード打刻外の残業などはないですよね」
「当たり前じゃないですか！」
　途端に不機嫌な返答になり、太郎は焦った。
「すみませんでした。タイムカードを何らかの形で集計したデータなどはお持ちですか。もしよければ、そのデータをいただきたいのですが」
「一応給与計算ソフトに入れていますが、どのくらい必要なのですか」
「できれば全従業員分を１年間欲しいのですが」

「えっ！　ちょっと待ってください。給与計算ソフトからは、個別の従業員の労働時間しか吐き出せないのですよ。全従業員の処理をするともの凄く時間がかかってしまいますよ！」
　総務部長がまくし立てたため、太郎は電話口でたじろいだ。
「分かりました。それでは、工場の工具の平社員と課長クラス１名ずつの労働時間データを１年分、工場以外の従業員の平社員と課長クラス１名ずつの労働時間データを１年分いただけますか。選定はお任せします。また、それら４名の給与明細も１年分ください」
「分かりました」
　渋々ながら納得した様子だ。過労死ラインの従業員については、別のタイミングで聞くことにした。
「あと、従業員に退職金制度は存在するのですか。また、役員の退職金制度は存在しますか」
「従業員退職金制度はかなり前に存在したのですが、今ではやめてしまっています。ただ、役員の退職金制度はあります」
「役員退職金規程をいただけないでしょうか。また、その退職金額が分かるようでしたら教えてほしいのですが」
「役員退職金ですか？　もう財務メンバーに渡していますよ。ちゃんとそちらで情報共有してくださいよ！」
　ちょっと不満げに告げられ電話が切られた。

『何でこの会社の人は皆怒りっぽいんだ』と腹立つ心を落ち着かせ、受話器を置いて西野に向かって尋ねた。
「ねえ西野。役員退職金に関するデータって既にもらってる？」
「ええ。役員退職金規程と現状の退職金額のシートをもらっているわ」
「それ、ちょっとくれないかな。あと、どうしてそのデータを持っているの？」

「退職金制度を採用している場合には、退職給付引当金[27]を負債として計上しなければならないの。現時点で役員が退職した場合に会社が支払うべき退職金を負債として計上しておくのが会計上のルールだから」

「なるほどね」

西野は話しながらUSBメモリにファイルを転送し、それを太郎に手渡した。

『ここでも財務と法務で同じ情報を利用するのか』

現地調査を通じて、双方の情報共有が重要になる場面に遭遇するにつれ、以前西野に言われた会計の重要さをまたしても認識させられた。

……Scene 18「負債」(217頁)へ続く。

---

[27] 将来の退職給付のうち当期の負担に属する額を当期の費用として引当金に繰り入れ、引当金の残高を貸借対照表の負債の部に計上するもの。

解　説

関係当事者：法務、財務

〔該当する手続段階〕

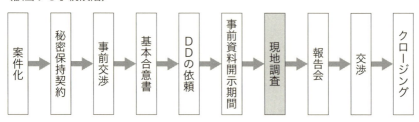

1・未払時間外手当

＞労働時間管理

　デューデリジェンスにおいて、労働関係で最も問題となるのは未払時間外手当です。未払時間外手当は、対象会社では把握していないので、独自に調査を行い算定することになります。

　未払時間外手当を確認するためには、まず対象会社においてどのような形で労働時間管理が行われているのかを把握する必要があります。会社によって労働時間管理の方法はまちまちです。タイムスタンプやタイムカードのような機械的な方法を採用している会社もあれば、日報を提出させるなどというように、自己申告に基づいて労働時間や残業時間が把握されているケースも見られます。

　機械的な方法で労働時間管理をしている場合には、把握された時間以外の労働時間（打刻前の準備時間や打刻後の終礼など）がないかをヒアリング等を通じて把握することになります。また、タイムカードによっては労働時間内と見られるものの、給与計算に始業時刻までの時間を一斉カットしていたり、30分以下の端数の労働時間をカットする扱いを取っていることもあるため、注意が必要です。

　なお、タイムカード外の労働時間がないか疑わしい場合であっても、通常のデューデリジェンスでは一般の従業員に質問をすることができません。そ

のため、サービス残業の実態などが確実には把握できないという問題は、残らざるを得ません。

> **時間外労働対策**

多くの会社では、時間外労働に対して何らかの対策を施しています。まずは、対象会社がどのような対策を施しているのかを把握し、その対策が法的に有効なのかを検討することになります。時間外労働対策として用いられていることが多い手法は、以下のとおりです。

① 固定（定額）残業代制度
② 管理監督者制度
③ 裁量労働制度

① 固定（定額）残業代制度

固定残業代制度とは、時間外労働を行うか否かにかかわらず、予め一定の金額を時間外労働手当として支払っておき、その金額を超える時間外労働を行ったときに初めて差額分の時間外労働手当を支払うという方法です。例えば、基本給25万円の従業員に対して、毎月45時間分の固定残業代として10万円が支払われていたとします（総額面35万円）。この従業員は、45時間以下の時間外労働をしている場合には、給料の支給額は変わりません。45時間を超える時間外労働をして初めてその超過分の時間外労働手当が支給されるようになります。

非常に多くの会社が、固定残業代制度を採用しています。もっとも、固定残業代制度は、労働基準法等により正面から認められている制度ではなく、解釈上認められている制度に過ぎません。過去の判例からすると、概ね以下の要件が求められています。

> i 固定残業代を支払うことについて合意があること
> ii 給与明細等で固定残業代が基本給等から区分されていること
> iii 固定残業代に対応する時間数や金額等が明確であること

ただ、この要件も確定的なものではなく、現在もなお判例理論によって解

釈が揺れています。そのため、固定残業代制度を採用している会社を調査する場合には、その時点の最新の固定残業代に関する判例理論を把握したうえで、適法性を検討する必要があります。

② 管理監督者制度

労働基準法上の「管理監督者」（労基法41条2号）に対して、時間外労働手当（深夜労働手当を除く）を支払わないとする制度です。課長や部長等の管理職になったときに、それ以降は残業代が支払われなくなるという形で、多くの会社で採用されている制度です。

しかしながら、管理職と「管理監督者」は異なります。労基法上の「管理監督者」に該当するためには、極めて高い要件をクリアしなければなりません。

一般的に「管理監督者」に該当するためには、以下の要件を基本的に満たす必要があるとされています。

---

i 経営者と一体的な立場で職務を遂行していること
ii 経営方針に基づき、部下の採用や配置、賃金その他の労働条件の決定を行う権限を有していること
iii 就業規則等で定められた労働時間に拘束されることなく、出退勤の自由が認められていること
iv 給与や賞与等の待遇につき、一般の労働者と比べて高い待遇を得ていること

上記要件からうかがえるように、「管理監督者」といえるためには、役員一歩手前クラスの権限と給与を得ている必要があります。一般的な課長や部長クラスでは、上記要件を満たさないことが多いでしょう。

そのため、デューデリジェンスにおいて、上記要件に照らして「管理監督者」と認められない場合には、これらの者についても未払時間外手当を算定して、簿外債務として把握する必要があります。

③ 裁量労働制度

裁量労働制度は、所定の業務について労使協定によりみなし労働時間数を定めた場合、当該業務を遂行する労働者について、実際の労働時間数に関係

なく協定で定める時間数の労働をしたものとみなす制度をいいます。

裁量労働制度には、専門業務型裁量労働制度と企画業務型裁量労働制度があります。

専門業務型裁量労働制度の対象となる業務は、「業務の性質上その遂行の方法を大幅に当該業務に従事する労働者の裁量にゆだねる必要があるため、当該業務の遂行の手段及び時間配分の決定等に関し使用者が具体的な指示をすることが困難なもの」（労基法38条の3第1項1号）です。

企画業務型裁量労働制度は、「事業の運営に関する事項についての企画、立案、調査及び分析の業務であって、当該業務の性質上これを適切に遂行するにはその遂行の方法を大幅に労働者の裁量に委ねる必要があるため、当該業務の遂行の手段及び時間配分の決定等に関し使用者が具体的な指示をしないこととする業務」（労基法38条の4第1項1号）に、「対象業務を適切に遂行するための知識、経験等を有する労働者」（同条項2号）が就く場合にのみ採用できます。

いずれの制度についても、要件が細かく定まっているため、対象会社が裁量労働制を採用している場合には、これらの要件（手続要件を含む）を満たしているか精査する必要があります。

> **調査方法**

対象会社の労働者の人数が少ないときには、全員の未払時間外手当を算定することが可能かもしません。しかし、通常のデューデリジェンスでは、全員の未払時間外手当を算定する時間的余裕はありません。また、時間をかけて正確に把握したところで、実際に全額の請求がなされるわけではないため、実益も限られています。

そのため、一定程度のサンプルを抽出して、対象会社全体の未払時間外手当を推定するという作業を行うことになります。従業員のサンプルについては、業態ごとに労働時間や賃金に変化があれば、その業態ごとにサンプルを抽出することになります。その際に、対象会社の担当者にサンプルを抽出してもらうと、時間外労働が少ない者をサンプルとされてしまうおそれがありますので、可能な限りDDアドバイザーにてサンプル指定すべきでしょう。

現在の賃金債権の消滅時効は、発生から2年間であるため（労基法115条）、サンプルなどを利用しつつ、過去2年分について未払時間外手当を算定する必要があります（賃金債権の消滅時効期間については、長期化が検討されています。）。なお、調査時点で退職している者についても、2年以内に退職している者から未払時間外手当の請求を受けるリスクは残存しています。そのため、これらの者についても調査対象とすることを忘れないようにしましょう。

➤対応方法

　調査の結果、労働者が数百名の会社であれば、億単位の未払時間外手当が算定されることも往々にして見られます。これらの未払時間外手当は、法的には存在しているとしても、実際に全額が請求されることはありません。そのため、これらの簿外債務を報告書において指摘することはあっても、引当金に計上することは少ないでしょう。

　それでは、これらの未払時間外手当について、買主としてはどのような対処方法をとるべきでしょうか。未払時間外手当を交渉材料として対象会社の譲渡対価を減額するということも考えられます。また、表明保証条項や補償条項に規定して、一定期間の間に未払時間外手当の請求があったときは、この対処に要した費用については、売主が支払うという処理を行うことも考えられます。

2 ▪ 退職金

　対象会社に退職金制度が存在するのかを確認する必要があります。まずは、退職金規程が存在するのかを把握します。従業員退職金制度が存在しなくても、役員退職金制度は存在することもありますので、両者を区別して検討する必要があります。

　なお、退職金規程が存在しなくても、過去に一定のルールによって退職金を支払っている場合には、黙示の慣行によって退職金が支払われることになっていたとして、退職金の支払いを認める判例もあります（東京地判昭和48・2・27労経速807・12、東京地判昭和51・12・22判時846・109）。その

ため、ヒアリングや決算書等を通じて過去の退職金の支払実績について把握する必要があります。

　退職金の支払義務が対象会社に認められる場合、現在全従業員等が退職した場合を仮定して、退職給付引当金等の計上を行う必要があります。この作業は財務デューデリジェンスにおいて行うことになりますが、慣行による退職金の支払について財務アドバイザーの認識が薄いこともありますので、法務アドバイザーとの連携が必要になるところです。

3 ▪ 過労死

　現在、会社内で過労死が発生するとマスコミ等に取り上げられ、「ブラック企業」などというレッテルが貼られるおそれがあります。本社で過労死が発生したのではなく、子会社において発生したとしても、同様にバッシングにあう可能性があります。そのため、M＆Aを実施する際にも、対象会社に過労死につながる可能性がある従業員がいないか十分留意する必要があります。

　この点、『脳血管疾患及び虚血性心疾患等（負傷に起因するものを除く。）の認定基準について』（平成13年12月12日付け基発第1063号厚生労働省労働基準局長通達）により、労災判断の一事由として以下の点を考慮するとされています。

> 具体的には、発症日を起点とした1か月単位の連続した期間をみて、
> ① 発症前1か月間ないし6か月間にわたって、1か月当たりおおむね45時間を超える時間外労働が認められない場合は、業務と発症との関連性が弱いが、おおむね45時間を超えて時間外労働時間が長くなるほど、業務と発症との関連性が徐々に強まると評価できること
> ② 発症前1か月間におおむね100時間又は発症前2か月間ないし6か月間にわたって、1か月当たりおおむね80時間を超える時間外労働が認められる場合は、業務と発症との関連性が強いと評価できること
> を踏まえて判断すること。
> 　ここでいう時間外労働時間数は、1週間当たり40時間を超えて労働した時間数である。

　これを踏まえ、1か月あたり80時間を超える時間外労働を行っている従業員がいないか把握しておく必要があります。もし、そのような従業員がいるようであれば、できる限り早期に労働時間の改善を行うよう伝える必要があります。

Scene 18
負債

　2日目も終わりに近づいた頃、堀田が今日1日の発見事項を本社に報告しなければならないとして、財務と法務の各々のチームに声をかけた。各々のチームは、それよりも前に対象会社の担当者に明日までの宿題と称する資料依頼や質問事項を作成するのに慌てていた。そのため、本日中にまとめたファイルを堀田にメールすることになった。

　その際に、昨晩はどうしていたのかという話題になり、財務と法務のメンバーで飲みに行っていたことを話した。すると、堀田は、1人で夕飯を食べるのも忍びないということで、今晩は一緒に飲まないかと誘ってきた。堀田は腰の低さゆえに、現地調査の2日間を通じてかなり財務と法務のメンバーと親しくなっており、二つ返事で夜の街に繰り出すことになった。

　太郎と東田はお店の奥の6人個室に通された。格式の高そうな老舗の料理屋である。店決めは堀田が行った。「会社から予算が下りているからご馳走させてください」というので任せていたが、こんなに高級なお店をチョイスするとは思っておらず、少し太郎は圧倒された。ホテルに荷物を置いてすぐにお店に訪れたにもかかわらず、既に堀田は個室の入口に着席していた。
　「堀田さん、そんなところに座らないで、奥にどうぞ」
　クライアントであるのに下座に座られては居心地が悪いので、太郎は堀田に上座を勧めたが「私はトイレが近いので」と言って席を譲らなかった。太郎と東田が上座に座るのは気が引けたため、堀田の横に太郎・東田の順に座ることになった。太郎の隣が堀田になったため、財務チームを待つ間、太郎は気を遣って堀田に話しかけた。
　「率直な話、御社があの会社を買う可能性はどのくらいあるのでしょうか」
　東田も太郎の質問に興味があったようで少し身を乗り出した。

「うーん。正直なところ、私個人としては問題のある会社だと思っているので、あまり前向きではないのですよ。ただ、うちの会社は上場会社といえども社長のワンマン企業ですので、社長次第というところがありまして」
「社長はどうお考えなのです？」
「社長は何を考えているのか、正直つかみにくいところがあります。昨日の株券交付がなされていない問題を報告した際にも、『解決方法を探しておいて』としか言いませんでしたし」
「そういえば、社長は現地に来ていないですね」
「そうなんですよ。社長以外の社員も私以外誰も来ていないのです。普通であれば考えられない状態なのですが、それでも社長は独特の感性で物事を進めることがありまして。ただ、上場前からこの会社を見てきていますが、社長の動物的勘は外れたことがありません。いつも深夜まで飲んだくれているのですが、大きな方針では間違わないのですよ」
「なるほどですね。いかにもベンチャー企業の社長という感じがしますね」

　突然、廊下が騒がしくなり、財務の3人のメンバーが個室に入ってきた。堀田と法務のメンバーが下座席に座っているのに西野は一瞬驚いた様子だったが、既に座っている3名を移動させる方が面倒と考えたのか、「すみません。上座で恐縮ですが失礼します」と言いながら着席した。
「全員揃いましたね。それでは、飲み物を注文しましょうか」
　堀田の掛け声を皮切りにして2日目の宴会が始まった。太郎は、堀田に本日の発見事項の報告を行わなければならないことを思い出した。とはいえ、飲んだ後に仕事の話をするのも億劫なので、この場である程度話しておこうかと考えた。
「今日、財務チームではどんなことをしていたのですか」
　太郎の問いかけに西野が答えた。男5人の中に西野が1人いても、西野はいつもの雰囲気を崩さなかった。男社会で似たような経験を多く積んでいるのかもしれない。
「今日は、負債を中心に調査していました」

「何か発見しましたか」

堀田が尋ねた。

「そうですね。昨日調査していました、滞留債権の一部はやはり引当金計上の必要があるとの結論に至りました。また、滞留在庫についても評価損を計上する必要があります。会社の担当者は売れると豪語していますが、デューデリですので厳しく評価しておいた方が御社のためになるかと考えています。あと、資産除去債務[28]についても計上漏れがありましたので修正する予定です」

堀田が頷いている。そもそも堀田は上場会社の経理担当なので財務には明るいのだろう。特に質問することなく、西野の話に耳を傾けている。

「そうそう、気になったのはコベナンツ[29]です」

「コベナンツ？」

つい太郎の口から漏れた。

「金融機関からの借入れの際に、財務的な制限が設けられるんですよ」

堀田が西野に代わって答えた。それを受けて西野が引き継いだ。

「そうですね。2期連続赤字や債務超過など、一定の財務制限条項に引っかかると一括返済しなければならなくなるという条項です。対象会社のメインバンクのコベナンツには、2期連続赤字の条件が設けられています。前々期は色々な手段を用いて黒字にしていますが、前期は赤字、そして当期もこのままだと赤字になる見込みです」

「いろいろな手段って？」

「減価償却費を計上しなかったり、売上を期ずれで前倒し計上したり、いろいろね。ただ、それも限界に近くて、当期末にはどうやっても赤字になりそう。だから、焦ってM&Aで売却して、責任逃れをするつもりなんでしょ」

---

[28] 有形固定資産の取得等によって生じ、通常の使用の結果固定資産の除去に関して契約等で要求される法律上の義務。賃貸借契約終了後の原状回復費用見積額として計上されることが多い。

[29] Covenants。金融機関が企業に協調融資などをする場合、一定の財務健全性維持を求める契約条項。貸し手側の元利の確実な回収が目的で、条項に抵触すると返済期限前でも金融機関は資金返済を要求できることになる。

> 第〇条（コベナンツ）
> 下記①及び②の財務制限条項に抵触した場合に多数貸付人の協議が整わない場合は、期限の利益を喪失します。
> ① 純資産維持
> 　平成〇年〇月期第2四半期決算期末日以降、各年度の決算期末日及び第2四半期決算期末日において、提出会社の貸借対照表においては、純資産を平成〇年〇月期の75％以上を維持し、連結の貸借対照表においては、純資産の部がマイナスでないこと。
> ② 営業利益の維持
> 　平成〇年〇月期以降の各年度の決算期における連結及び提出会社の損益計算書に示される税引後純利益が、2期連続損失とならないこと。

「ちなみに、前々期にそんな粉飾をしていなかったら、黒字になったの？」

「当然赤字」

「ってことは、本当だったらもっと前に期限の利益を喪失してたってことじゃん。金融機関が知ったら怒らない？」

「怒るかもしれないけれど、金融機関も内心怪しいと思っていたんじゃない？　けれども、貸し付けてしまったという負い目もあるから、金融機関の担当者も明らかな粉飾でない限り、突っ込んだ追及をしなかったんじゃないかな」

「なるほど。対象会社は12月決算だから、ディールも12月中に終わらせたいと焦っていたわけか」

堀田が納得したように頷いた。

「ということは、仮に買収したとしても、すぐに期限の利益喪失になってしまうというわけ？」

太郎が西野に尋ねた。

「必ずしもそうではないと思うわ。金融機関としても一括請求すれば解決というわけではなく、できる限り利息を取りつつ長期に回収を続けたいと考えるのが通常だし、仮にM&Aが成立すれば実質的な支払当事者は変更になるのだから。コベナンツも見直しになる可能性もあると思う。これは、

ディールがある程度進むことになった際に金融機関と交渉することになると思うけど」
　頷きながら聞いていた堀田が話を振った。
「ところで、この会社では親族間の借入れがなされてますよね」
「そうですね」
　西野が同意するのを見て、太郎は内心驚いていた。親族間の借入れの話は初耳だ。太郎の様子を察知してか、西野が付け加えた。
「契約書はないみたいだけれども、親族間の借入れが確定申告書に記載されているの」
　またしても契約書が存在しない取引である。どうしても法務は契約書頼みになってしまいがちで、契約書がない取引に弱くなってしまう。そのやり取りを横目に堀田が尋ねる。
「あの親族間契約ですが、引当金を積む予定ですか」
「ヒアリングで最終決定しようと思っていますが、これまでの返済実績からすれば積みそうですね。ただ、この辺の債務は買うとしても綺麗に清算してからにした方がよろしくないですか」
「そうですね。可能であればこの手の親族間取引は一掃しておきたいですね。あと、金融機関などの連帯保証は当然当社に切り替えることになりますよね」
「通常であればそうですね。契約を締結してから決裁日までに実行するのが一般的だと思います。ただ、御社は上場企業ですので、金融機関交渉はそれほど問題ないとは思いますが」
「そうですね。ただ、金融機関もうちのようなベンチャーに無尽蔵に貸してくれるわけではありませんから、気がかりではありますが」
「そうそう。今思い出しましたが、会社の資産として私的な高級車を数台計上していますよね」
「はい。そうですね。ジャガーとBMWですね」
「これの処理もいずれ会社の方と検討する必要がありますし、将来税務調査で指摘を受ける可能性があると思います」

「確かにその可能性はありますね」
「あと、車両以外にもいろいろと会社を食い物にしている可能性がありますので、これらの追徴課税については十分注意する必要があると考えています」
「はい。おっしゃるとおりです。うちもワンマン経営ですが、まだ上場していますからね。非上場の同族会社では、個人と法人の区別は実質的にないようなものですから」
コップの酒を見つめながらしみじみと呟いた。

堀田は中間管理職の仕事に慣れているようで、話しながらもコップが空に近くなりそうな人がいると注文を促していた。また、食べ物も足りなくなるのを見計らって、テキパキと注文を行っていた。根っからの士業である太郎は、こういった気遣いが苦手だった。今でも学校を卒業して一般企業に勤めることなく弁護士になる人が多数を占めている。弁護士は特殊な仕事で、個人事業主の集合体のような構成をしている。そのため、企業のように社長を頂点とする三角形ではなく、限りなく裾野が広い台形のような組織構造になることが一般的である。そのため、太郎のように宴会などで気を遣うのが苦手なタイプが多くなるのである。

酒もビールから日本酒に変わっていたが、堀田は特に酔って乱れた様子は見せなかった。
「ところで、法務の方で何か簿外債務のようなものは見つかりましたか」
太郎は東田の方を一瞬見たが、特に口を開かなかったので、回答を引き取った。
「簿外債務ですと、未払残業代があると見込んでいます」
「残業代ですか。確かにありそうですね。どのくらいの額になるか分かりますか」
「まだ算定中なのですが、管理監督者制を幅広く活用しているので、かなりの金額になると思います」
「西野先生。未払残業代は引当を積むのですか」

「未払残業代は積むときもありますが、積まないときもあります。確かに法的には債務として存在しているのですが、請求される可能性が高いとは言えませんので。一方で、役員退職金については、当然引当を積むことになります」

「役員退職金ですが、あの規程は信憑性があるのでしょうか」

「といいますと？」

「どちらかというと、今回のディールの際に退職金をもらおうとして急遽作った規程のような気がしてならないのですが。ディールの当初から、会社買収対価とは別に退職金をもらうことを条件としていましたし。金額的にいくらくらいになりますか？」

「規程に沿って先方が算出した金額によりますと、7億円ほどです」

「7億円！」

堀田が大げさにのけぞった。

「あ、ただこれは役員が全員退職した場合の金額ですよ。まだ、どの役員が退職するか定かでありませんが、社長とその親族に限定すれば、その3分の2程度にはなりますが」

「それでも大金過ぎますよ。どうにかなりませんか？」

このやり取りを見ていた東田が口を開いた。

「まだ退職金を支払うと確約したわけではありません。そのため、最終段階で交渉の余地はあると思います。また、先ほどご指摘されたように、買収対価を実質的に引き上げるために急遽作成した役員退職金規程である可能性も否定できません。この点は、最終日に調査してみたいと思います」

「分かりました。是非ともご検討お願いします。そもそも、買収対価として提示されている10億円ですら、支払うのは困難なところ、さらに退職金で数億円なんてとても払うことはできませんから」

体を小さくして堀田は頼み込んだ。太郎は、労働部門を担当している身として気持ちが引き締まった。

……Scene 19「知的財産権」（229頁）へ続く。

解　説

関係当事者：法務、財務

〔該当する手続段階〕

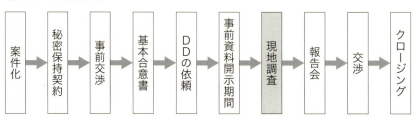

1 ▪ 負債

　負債項目の調査では、網羅性を満たしているのかという観点が重要になります。これは、全ての負債が漏れなく貸借対照表に計上されているのかという問題です。負債の計上漏れがあると、その分だけ実態純資産が過大に計上されるという問題につながります。また、実質的にも簿外債務を認識できていないという状態になりますので、買収後に予期していない問題が発覚することになります。

　ところが、実在性の確認と網羅性の確認を比較すると、はるかに網羅性の確認の方が困難です。たとえば、100万円の現金が存在するという実在性を検証するためには、実際にその100万円の現金の存在を確認するだけで足ります。一方で、100万円以外には現金がないという網羅性を検証する際には、どこまで調べても、ほかに絶対に存在しないとは言い切ることができません。

　このように、簿外債務はデューデリジェンスにおいて重要な調査事項ではあるものの、発見が著しく難しい網羅性の問題であることに留意する必要があります。

＞買掛金

　まずは、買掛金の計上基準を確認する必要があります。その上で、勘定科目明細、請求書などを確認し、網羅的に計上されているかを確認します。こ

れらの作業により差異が認められたときには、その差異原因をヒアリング等により追及することになります。

なお、細部にわたって確認する時間はないので、上位10社や20社など、一定のラインを引いて確認作業を行うことになります。

> **引当金**

将来において何らかの費用等が発生する場合において、将来どの程度の負担が生じるのかを見積もって、あらかじめ計上しておく負債を一般的に引当金といいます。既に原因となる事実が発生しており、将来発生する可能性が高く、金額の見積もりが可能であれば、引当金を計上することが会計基準によって求められています。

もっとも、非上場会社では、引当金を適切に見積もって計上していることは極めて稀です。そのため、財務デューデリジェンスでは、引当金を漏れなく把握したうえで、適切に負債として計上することが必要になります。

引当金で代表的なものは、人件費に関する引当金であり、賞与引当金、退職給付引当金、役員退職慰労引当金になります。これらの引当金は、賞与制度や退職金制度が存在しており、一定の支給実績があれば計上する必要があります。これらの計上金額は、通常は対象会社の社内規程等を通じて算定することになります。なお、退職金規程が存在しないものの、慣行によって支払われている場合にも、退職金支払義務があるとして引当金計上を行う場合があることに注意が必要です。

その他の引当金についても、将来負担が相当程度確実に見込まれるのであれば、計上する必要があります。例えば、販売済みの製品について一定期間にわたり無償での保証を行っている場合には、製品保証引当金として計上することもあります。

なお、賃貸借契約の原状回復費用等については、その見積額を資産除去債務として計上する必要があります。資産除去債務は、引当金とは名称が異なりますが、性質的には近似しています。

> **借入金**

一般的に多くの会社では、金融機関から融資を受けています。これらの借

入金は、買収と共に借り換えなどを実施することもあり、その内容や条件等を把握しておく必要があります。

まずは、借入金明細を入手し概要を把握したうえで、金銭消費貸借契約書と照合することになります。その際に、借入額、条件、返済スケジュールや担保（連帯保証人）のみならず、財務制限条項（コベナンツ条項）の有無について確認しておく必要があります。

コベナンツ条項とは、赤字が継続した場合や純資産額が一定基準を下回った場合などに、期限の利益を喪失させて約定の弁済期日前に一括返済を迫ることができるようになる条項をいいます。このような条項が存在している場合、そもそも対象会社の財務状況が悪いことも考えられるため、どのような経緯でコベナンツ条項が付されるようになったのかを確認した方がよいでしょう。

2 ▪ 税金

対象会社において過去に実施した税務上の取扱いが否認されることにより、将来的に追徴課税などを受けることになるというリスクが考えられます。そのため、脱税や租税回避行為が存在しなかったのかという点につき検討を行うことになりますが、この点を深く調査するためにはかなりの時間と手間がかかるため、財務デューデリジェンスでは、そこまで詳細な調査は行わないことが一般的です。この点のリスクが特に高いなどの事情がある場合には、別途税務デューデリジェンスを実施することもあります。

なお、M＆Aのスキームに関連する税金については、一般的な財務デューデリジェンスに含まれません。この点を特に確認することを希望する場合には、オプションとして追加依頼をする必要があります。

その他、金額的重要性が高い場合には、税効果会計を適用して繰延税金資産や繰延税金負債を計上することもあります。

3 ▪ 偶発債務

偶発債務とは、現時点において未だ現実の債務となってはいないものの、

将来的には損失を被るリスクを有している債務をいいます。現時点において債務として認識されていないため、負債として計上する必要はありませんが、リスクとして存在する以上レポートには記載する必要があります。

しばしば偶発債務として取り上げられるものとして、以下のものがあります。

① 未払時間外手当
② 保証債務
③ 訴訟紛争

　① 未払時間外手当

　未払時間外手当については、法務デューデリジェンスにおいて概算金額等を含めて検討することになるのが一般的です（210頁参照）。そのため、これらの結果を財務アドバイザーにおいても情報共有する必要があります。

　② 保証債務

　対象会社が第三者の債務を保証していたとしても、その第三者が適切に返済を行っている場合には、特にその保証債務は負債として計上されません。しかし、その第三者の支払が将来的に滞ることになれば、対象会社が保証債務の支払いを請求されるおそれがあります。このような保証債務については、契約書やヒアリングを通じてできる限り把握する必要があります。

　そして、保証債務が発見された場合には、その取扱いについて協議する必要があります。保証債務を売主が個人的に引き継ぎ、対象会社の保証債務を終了させるという方法も考えられます。また、表明保証条項や補償条項により、将来的に万が一請求された場合には、その金額等を売主が支払うなどと約束することも考えられます。

　③ 訴訟紛争

　現在係争中の事件があり、それにより何らかの請求を将来受ける可能性がある場合には、そのリスクについては把握する必要があります。これらの作業は法務アドバイザーの弁護士が実施します。訴訟がある程度進行している場合には、勝敗の可能性を推測することは可能ですが、最終的にどのような判決が下されるかは分かりません。

そのため、このような偶発債務が認識された場合には、上記保証債務と同様に表明保証条項や補償条項により対応することになると考えられます。
　なお、未だ訴訟等に発展していなくても、労働基準監督署からの是正勧告や弁護士からの内容証明などが送付されている場合には、偶発債務になりうるリスクは高いと判断されます。そのため、そのような事情を把握した場合には、内容とリスクの程度を適切に把握する必要があります。

Scene 19
知的財産権

　現地調査3日目。太郎にとって新堂がいる現場とそうでないのとでは緊張の度合いが違う。昨日とは違った緊張感に包まれて会議室のドアを開けた。既に新堂は到着しており、資料を見ながらノートパソコンを打っていた。朝新幹線に乗ってきたことを考えると、早朝起きしたことは間違いない。一方で太郎は、昨日堀田に勧められるがままに日本酒を飲み過ぎて、顔が浮腫んでいる。飲ませた張本人である堀田は大目に見てくれるかもしれないが、事情を知らない新堂が大目に見てくれるはずはない。
「結局のところ、残業代はどうなったんだ？」
　朝の挨拶もなしに単刀直入に切り込んできた。
「会社が使っている給与計算ソフトの関係で、全ての従業員の労働時間データを入手することは困難とのことでした。ただ、工場とバックオフィスの4名について1年分の労働時間データと給与明細は今朝には入手できる予定です」
「その4名が中間値であるとの保証はあるのか？　選別はお前が行ったのか？」
「いえ。選別は総務部長に任せています」
「だとすると、あえて未払残業代が出ないサンプルを選んでいる可能性があるから、こっちで指定しろ。ここに従業員名簿があるから、入社年数を参考に中間値になりそうな人物を適当でもいいから4人ピックアップしてこの4名のデータをもらい直せ」
　総務部長に無駄足を踏ませる指示であり、不機嫌になるのは想像に難くなかった。
「先輩、既に違う4名の資料をもらう手配をしているので、別の4名に代えてくれと言いにくいのですが……」

新堂の目が鋭く光った。
「お前は担当者が不機嫌になるのが怖くて、間違ったレポートを作成しても良いと考えているのか？　太郎、お前のクライアントは誰なんだ？」
「それはバウムクラストさんですが、あんまり対象会社の人との関係が悪くなると、買収にも影響を与えたりしませんか……」
　以前聞きかじった新堂の問題点だったが、新堂の勢いを止めるのに少しは効果的だったようだ。少々新堂の声のトーンが落ち着いた。
「確かにぶつかり過ぎは良くないけれども、そもそもディールを実行するか否かはまだ確実ではないだろう。間違った情報をクライアントに提供して判断を誤らせることがないように、多少ぶつかったとしても徹底的に調査は行うべきだと考えている」
　新堂の持論ももっともだった。
「総務部長には、サンプルが４名では少ないと伝え、こちらで指名した４名のデータも要求しておいてくれ」
　確かに、この方法であれば先に用意した４名のデータが無駄にはならないかもしれない。むしろ、残業代が出ない従業員をあえて選定している場合には、会社の意図を知ることができるかもしれない。太郎は改めて新堂の指示の的確さに感嘆した。

「ところで、労働の資料が到着するまでの間、手待ちになるだろ？　その間に知財をやっておいてくれないか。この会社ほとんど知財はないから、簡単に処理できると思うから」
「確か、商標権があったくらいですよね」
「その辺は決めつけないで、特許なども過去に取得していないか確認しておいてくれ。あと、ライセンス契約を締結している可能性もあるから、その手の契約書がないか確認も頼む」
　太郎が段ボールの山を前回確認した際には、ライセンス契約のようなものは見当たらなかった。しかし、完全になかったかと言われると疑問が残る。簡単に処理できると言われた知的財産権ではあるが、契約書の山を総ざらい

しなければならないとすると、かなり時間がかかるのではと不安が頭をもたげた。

　知的財産権の担当が総務部長か生産部長か定かでなかったが、労働の件も伝えなければならなかったので、総務部長に内線を入れた。
「おはようございます。遠出です。早速で恐縮ですが昨日お願いしていました4名の労働データはいかがでしょうか」
「おはようございます。その情報につきましては、既にまとめていますのでこれからメールで送ります」
「ありがとうございます。誠に恐縮なのですが、サンプルが4名ですと御社の従業員数からして少し不足しているのではないかという意見もあり、お忙しいところ恐縮なのですが、工具の青野竜也様、水橋直之様、バックオフィスの今野明美様、黒田尚志様の4名の同じデータをお願いしてもよろしいでしょうか」
　恐る恐るお願いしたものの、意外とあっさりと総務部長は応じてくれた。今日は機嫌が良いのかもしれない。ここぞとばかりに追加で質問を行った。
「あと、御社で取得している知的財産権について教えてほしいのですが」
「知的財産権ですか？　うちではないと思いますが」
「昔の決算書に商標権という記載があるのですが、商標権を取得したことはありませんか」
　思い出したように総務部長が答えた。
「ああ。そういえば、数年前に新製品の商標を取得したことがありました。ただ、これはほとんど使わずに終わってしまいましたが。関連資料をメールで送っておきますよ」
「そのほかに、商標や特許などを取得したことはありますか」
「いえ。うちの業態では、基本的に自ら知的財産権を取得することはありません」
「そうなのですね。では、どこかの企業とライセンス契約を締結していることはないでしょうか」

「ライセンス契約ですか？　確か機械系の契約でいくつか結んでいた覚えがありますが」
「どのようなファイルに入っているか分かりますか」
「ファイルの背表紙にライセンス契約と記載されているはずです」
思いがけず効率化できて、太郎の心は躍った。

まずは、ライセンス契約のファイルを段ボールの山から見つけ出した。ライセンス契約については、通常の契約書と同様にCOCなどのチェックを行うとともに、どのような権利が対象になっているのかを確認しておいた。それほど重要ではない権利に関するライセンス契約であった。

メールをチェックしたところ総務部長から商標権のファイルが届いていた。新堂に事情を説明したところ、現在特に利用していない商標なのであれば、単に権利内容の確認をしておけばよいとのことであった。新堂から教えてもらったJ-PlatPatというサイトで対象会社に商標権が帰属していることや、その権利の内容などを確認した。こちらも特に重要ではない商標権で

引用元：特許情報プラットフォーム　https://www.j-platpat.inpit.go.jp/

あった。

　太郎は新堂に調査結果を報告した。
「知財関連の調査が終わりました」
「何か重要な発見はあったか？」
「商標権1つとライセンス契約数通でしたが、いずれも特に重要と思われるものではありませんでした」
「そうだろうな。この会社の業態だとあまり知財に頼ってはいないと思っていた。とはいえ、会社によっては知財が重要な位置づけとなるデューデリもあるから、常に知財の重要性がないと勘違いするなよ」
「知財が重要な位置づけを占める場合には、弁理士をデューデリに入れるんですか」
「内容によりけりだけれども、本当に知財に重要な価値を置いている会社では、弁理士を入れることになる。最近では、ソフト会社などのIT系企業でも特許や著作権の関係で知財が重視されている会社もあるから気をつけろよ」

　新堂はすぐに不機嫌になったり、要求が過度なところもあるが、基本的に後輩である太郎の成長を考えて指示を出してくれている。今回の知財部門を振ったのも、太郎の経験のためだと実感でき、昨日新堂が現地にいなくて良かったと考えていたことを少し反省した。

　　　　　　　　　　……Scene 20「子会社」（237頁）へ続く。

解　説

関係当事者：法務、財務

〔該当する手続段階〕

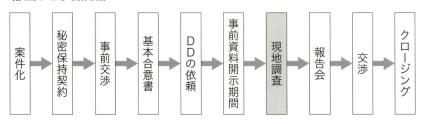

案件化 → 秘密保持契約 → 事前交渉 → 基本合意書 → DDの依頼 → 事前資料開示期間 → 現地調査 → 報告会 → 交渉 → クロージング

1 ▪ 知的財産権

　知的活動で生まれたアイデアや創作物には財産的な価値を持つものがあります。これらは、知的財産権と呼ばれています。典型的なものとして、特許権、実用新案権、意匠権、商標権、著作権等が存在します。対象会社において、知的財産権の価値の比重が高いのであれば、弁理士などをアドバイザーとした知財デューデリジェンスを実施することになります。それほどまで知的財産権が重要でない場合には、法務デューデリジェンスの一環としてどのような知的財産権があるのかを確認することになります。

▶権利の帰属

　まずは、対象会社から保有する知的財産権の一覧を提出してもらいます。そのうえで、権利の根拠資料である登録原簿の謄本などの証憑を確認することになります。これらの原簿を紛失している場合などは、特許情報プラットホーム（J-Plat Pat）などを通じて、対象会社における知的財産権の詳細を確認することになります（URL：https://www.j-platpat.inpit.go.jp/）。

　これらの作業によって、特許権、実用新案権、意匠権、商標権等の登録されている権利については確認することができますが、著作権のように登録しなくても権利が発生する知的財産権については、調査の限界が自ずと生じます。

　なお、これらの権利の帰属が確認できたとしても、知的財産権には無効や

取消しのリスクがつきまとうため、表明保証条項等によりリスクヘッジしておく必要性があります。

> **権利の制限**

対象会社に問題なく知的財産権が帰属している場合であっても、その利用に制限が存在する場合もあります。何らかの制限が付されている場合には、買収後に予定どおり権利を利用できない場合もあるため、そのような制限がないか確認することが必要になります。

この点、各種登録原簿等を確認することにより、担保権や専用実施権等が付されていないか確認することはもとより、契約書等によって何らかの制限が課されていないか確認し、ヒアリングによって発見されていない制限等がないか確認しなければなりません。

また、共有となっている知的財産権については、予定していたとおりの権利行使ができないことも想定されるため、共有者が存在しないかを確認する必要もあります。

2 ■ ライセンス契約

知的財産権は、自ら保有していなくても、他社の権利をライセンス契約等で利用していることもあります。このようなライセンス契約の名称は、OEM契約書、共同開発契約書等といったものもあります。ライセンス契約により得ている収益が多額である場合には、そのライセンス契約が将来的に解消されることがないか十分確認する必要があります。具体的には、契約書の項目で説明しましたが（187頁参照）、COC条項が存在しないか、競業禁止条項が存在しないかといった点を確認することになります。

共同開発契約では、重要な成果物に関する権利の帰属が対象会社に帰属するのかという点に着目して検証を行い、既に発生した権利については、権利帰属につき争いがないか確認することになります。

3 ■ 紛争

知的財産権は、他の権利と衝突することにより、損害賠償や差止請求等を

受ける可能性があり、その金額は莫大なものになるおそれがあります。とはいえ、デューデリジェンスにおいてそのような権利侵害があるのかを確認することは極めて困難です。

そこで、議事録や稟議書、その他他社からの通知書にこのような知的財産権を巡る紛争の火種が記載されていないかにつき、十分注意する必要があります。そのうえで、他社からの権利主張等が認められた場合、判断に専門的知識が必要となるのであれば、弁理士の意見を仰ぐこともあります。

なお、これは対象会社において知的財産権を有していなくても生じる問題です。対象会社が他社の知的財産権を無断で使用していた場合には、その会社から莫大な損害賠償請求を受ける可能性があります。そのため、特に対象会社が知的財産権を保有していなかったからといって、知的財産権について全く調査しないということにはなりません。

Scene 20
子会社

　東田は既に何度も新堂とともにデューデリジェンスを経験したことがあるようで、あまり新堂に指示を求めることはなかった。黙々と自分の担当をこなしている。もともと口数が多くないので、太郎も積極的に話しかけるのがはばかられていた。
　そんな東田が新堂に確認を求めている。
「先生。私が担当している子会社の太田包装ですが、どの範囲まで調査を行うべきでしょうか」
「ん？　子会社か。ここの従業員は何人くらいだっけ？」
「従業員は５名ですね。社長の親戚が数十年前に開いた会社で、隣接県に位置しています。業務内容は、会社名のとおり対象会社の製品の包装資材の大半を提供しています」
　淡々と要点を説明していく。
「その会社の重要性はどのくらいなんだ」
「重要性と言いますと？」
「その会社がなくなったとして業務に支障が出るのか」
「えっ、もちろん包装ができなくなれば問題だと思いますが」
「そういう意味じゃない。包装業者なんて世の中いくらでもあるだろう。費用が他の業者よりも安いなどの代替可能性がないかを知りたいんだ」
「単価の安さですか……」
　東田は会計にかかわる問題点なので、財務側に尋ねたいのだろう。
「自分が確認しましょうか」
　太郎が尋ねた。東田が若干嫉妬にかられたような目を向けた。
「西野、ちょっといい？　太田包装について聞きたいんだけれども」
「太田包装がどうかしたの？」

「あの会社って、一般の包装業者よりも有利な価格で商品を提供していたりする？」
　西野はノートパソコンを少し操作してUSBメモリを差し出した。
「太田包装に関するデータはこれね」
「えっ？」
「こっちも最終日で忙しいから、ちょっと自分で確認してくれる？　取引高がそれほど大きくないから、詳細調査は行ってないの。有利な価格で取引しているかは、単価を出して同業他社の単価と比較すればある程度分かると思うから」
　西野に聞けば簡単に分かるかと思っていたら、厄介な仕事を背負うことになってしまった。今更この業務を東田に戻すのも心苦しい。安請け合いしたことに太郎は若干後悔していた。
　その様子を見ていた新堂は、おもむろに口を開いた。
「それじゃ、太郎は子会社の重要性を調べてくれ。東田は、それ以外の株式取得の経緯、子会社との契約内容、子会社の労務管理などを調査してくれ」
「子会社の労務管理はどの程度やりますか？」
　東田が尋ねた。
「残業代計算とかはいらない。ただ、バウムクラストが買収したとなれば孫会社になる。孫会社でも過労死が出ると問題になりかねないから、就業規則などの資料確認と労働時間データはもらっておいてくれ」
「承知しました」
　太郎と西野の会話の中で、取引高が大きくないという西野の話を聞いていたのかもしれない。新堂の方針はいつの間にか決まっていた。

　太郎は、西野からもらったデータをとりあえず片っ端から開いてみた。3分の2がPDFファイルであり、残りがエクセルファイルだった。事前開示資料のときもそうであったが、弁護士が慣れ親しんでいるワードファイルはほとんど開示資料として使われない。

PDFファイルを開いても商品単価のような資料は見当たらなかった。そこで、エクセルファイルをいくつか開いたが、いまいち内容が読み取れない。考えたあげく、忙しそうにノートパソコンを打ち込んでいる西野に声をかけた。
「忙しいところ悪いんだけれども、さっきもらったファイルで、商品単価ってどの資料を見れば分かるか教えてくれないかな？」
「えっ？　まだそんなことしてたの？」
　驚いた表情を作ったあと、「仕方ないわね」と呟くと、太郎のノートパソコンのファイルから１つのエクセルファイルを開いた。新たにシートを作り、何やら奇妙な関数を組み入れていくと、３分も経たずに商品ごとの単価表が完成した。
「このシートのここが商品一覧でしょ、そしてこれが商品数、シートは月ごとだから１年を通じて合計した方が単価は安定すると思う。なので、新たにシートを作り年間の販売額を合計数値で除したってわけ。分かった？」
　言っている内容は分かるものの、目の前で多数のエクセルシートが繰り広げられ、その説明が早いので正直なところよく分からなかった。職業柄会計士はエクセルの扱いに慣れているのだろうが、太郎の目の前で瞬く間に求めている情報が作られる様を目の当たりにし、驚愕に近い感情が生まれていた。
「すごいね。芸術のようだったよ」
　西野はちょっと微笑んだが、すぐに真顔に戻った。
「こんな作業で30分とか１時間とか費やしていたら日が暮れちゃうよ。さっさと終わらせなきゃ」
　今見せられた速度で西野たちは仕事を処理しているのか。一体どれだけの情報を捌き続けているのだろうかと太郎は不安に思った。確かに、弁護士は文書を作成するのは得意だが、エクセルを使うことは滅多にない。けれども、エクセルを使いこなせた方が効率的にこなせる仕事はあるだろう。機を見てエクセルの勉強でも行おうと太郎は考えた。

　西野が作成してくれた単価表とインターネットから入手した同種製品の単

価を比較したところ、太田包装での販売単価は市価よりも2〜3割高めであることが分かった。また、対象会社の隣接県ではなく、同一県内であっても似たような包装資材を提供してくれる会社も複数見つかった。そのことを太郎は新堂に報告した。
「了解。だとすると、太田包装は必要な子会社ではなく、むしろお荷物のような会社なのか。この結果を東田にメールして共有しておいてくれ」
近くで話を聞いていた東田に「メール送っておきます」と告げて調べたデータを送付した。
確かに、子会社が代替不能な事業を行っている場合には、ディールを実行した後に取引が打ち切られないか注意を払う必要がある。一方で、代替可能な事業を行っているのであれば、そこまで配慮する必要はなく、むしろディール実行後に値引交渉などを行うことが可能になるかもしれない。これらの情報はクライアントにとって有益な情報であることは明らかだった。

……Scene 21「インタビュー」（244頁）へ続く。

解 説

関係当事者：法務、財務

〔該当する手続段階〕

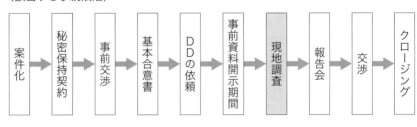

1 ▪ 重要性検討

　対象会社が子会社や関連会社を有していることがあります。なお、子会社や関連会社という用語は、法務や会計の場で微妙に異なって用いられていますが、簡便的に過半数超の議決権を有する会社が子会社で、子会社には当たらないものの20％以上の議決権を有する会社が関連会社という前提で説明を進めます。

　対象会社が有している子会社や関連会社の株式を対象会社の買収時に売主に売却するなどして手放すこともあります。この場合には、特にこれらの会社を精査する必要はありませんが、対象会社の事業経営において重要な位置づけとならないかを確認する必要があります。もし、対象会社の事業経営に不可欠である場合には、新たに子会社等との間で契約を締結するなどして、対応策を講じる必要があります。

　一方で、対象会社が有している子会社や関連会社を対象会社とともに買収することもあります。この場合には、これらの会社の重要性に応じて何らかのデューデリジェンスを実施する必要があります。

　重要性を検討する際には、量的な観点と質的な観点から検討を行うことになります。子会社等を通じて得られる売上高の割合が対象会社において大きいのであれば、厳密にデューデリジェンスを実施することを検討しなければなりません。また、子会社等の従業員が多数なのであれば、それだけ重要な

業務を営んでおり、しかも未払時間外手当もかなりの額となることが予測されるため、精密なデューデリジェンスを実施することも考えられます。

また、売上高や従業員数が少なかったとしても、対象会社が事業遂行する上で極めて重要な知的財産権を子会社等が有しているのであれば、その権利内容等を確認する必要があります。その他、労働者の過重労働が酷く、過労死などの問題が生じかねないのであれば、その実態を把握して過労死問題が買収後のグループ内で生じることがないよう確認する必要があります。

2 ▪ スコープ検討

重要性検討を行い、デューデリジェンスの対象とすることが決まった場合には、どの項目にどの程度のデューデリジェンスを実施するのかを決定する必要があります。重要性が低い場合には、財務デューデリジェンスの一環として決算書を確認する程度に留めることもあるでしょう。逆に重要性が高い場合には、対象会社と同様のレベルでデューデリジェンスを実施することも考えられます。

まずは、デューデリジェンスの初期段階で子会社等の現地調査が必要かを決めておく必要があります。現地調査が必要なのであれば、日程などのスケジュールをあらかじめ決めておかなければならないからです。

子会社等が有している知的財産権が重要である、過重労働がないか確認する必要があるなど、ピンポイントで子会社等の調査を行おうと考えている場合には、それに関する資料をメールベースなどで収集し、それらの資料を確認するとともにヒアリングを実施することで対応できることも多く見られます。

デューデリジェンスの時間的制約や費用的制約もありますので、これらの点については、買主とDDアドバイザーとの協議により決めることになります。

3 ▪ 子会社等との取引

子会社等との取引は、グループ外の取引先よりも優遇されていることがあ

ります。対象会社が優遇されているのであれば、子会社等を犠牲にして多くの利益が対象会社に計上されていることになります。一方で、子会社等が優遇されているのであれば、対象会社の利益が子会社等に流れていることになります。

　このような子会社等との取引が、一般的なマーケットの水準と比べて異常なのか否かという点につき検討しなければなりません。仮に異常であると判明した場合には、正常な水準に戻した場合の対象会社の収益力等を把握する必要があります。また、税務上の問題が生じないのか確認しなければなりません。

　また、M＆Aに際して子会社等を切り離すべきか否かを検討する際には、子会社等との取引の正常性や代替可能性について検討することになります。例えば、子会社がマーケットよりも高額で対象会社に原材料等を卸している場合には、他社に切り替えることで対象会社の利益を上昇させることが可能になります。一方で、その子会社が卸している原材料等が独特のものであり、他の業者に切り替えることが困難であるなどの事情がある場合には、その子会社との取引をやめるわけにはいきません。このように、子会社等の重要性を把握する際には、単に子会社等に着目すればよいわけではなく、マーケットとの比較という観点も重要になります。

　なお、親会社と子会社等のグループ間取引については、特段契約書等を交わしていないケースも散見されます。注文書や注文請書をFAXやメールなどでやり取りすることによって、商品や単価などが決められている場合です。このような場合には、実施にはどのような合意のもと取引が行われているのか、マネジメントインタビューなどで確認して把握する必要があります。

　なお、対象会社のみを買取対象とした場合にスタンド・アローン問題が生じることもありますので、その点にも配慮しなければなりません（192頁参照）。

Scene 21
インタビュー

　昼休みに太郎が弁当を食べていたら、向かいに座っていた新堂が声をかけてきた。新堂は、弁当を食べつつノートパソコンを打っている。なんでも午後に行われるマネジメントインタビューに際して、質問事項をまとめているとのこと。太郎にも午前中にこれまでの検出事項を報告していた。
　ふいに新堂の手が止まり、堀田に話しかけた。
「堀田さん。午後にマネジメントインタビューが行われる予定ですが、堀田さんの方からも聞きたいことがありましたら質問してくださっても構いませんよ。何か聞きたいことがありますか」
「そうですね。個人的に一番関心がある点は、ディールが終了した後に従業員と役員の誰が残るのかという点です。キーパーソンに辞められてしまうと買収後の事業経営に支障を来しかねませんので」
「承知しました。それでは、その点につきましては、堀田さんに質問をお願いしようと思います。我々は、それ以外の法務上気になる点について質問を行います」
　そう言うと、新堂は再びノートパソコンに視線を戻した。新堂の弁当はいつの間にか空になっていた。

　昼休みが終了してしばらくすると、インタビューに向けて会議室内が徐々に騒々しくなった。対象会社のFAである杉山が頻繁に出入りし、机と椅子の場所を変えてインタビューの準備を行っている。安積も杉山と何か話し合っている。そうしたところ、杉山が突然大きな声を出した。
「皆さん。これから予定されていましたマネジメントインタビューを行います。別の会場でインタビューを行うことも検討したのですが、この会議室以外に他の従業員の目につかないように会場設定を行うことが難しいとの結

論に至りましたので、この場でインタビューを実施したいと思います」
 杉山の掛け声に応じて、財務と法務のチームと堀田が会議室の隅にセッティングされた机と椅子に集まった。
 太田製菓からは３名の取締役が出席し、インタビューに答えるようだった。代表取締役社長の太田守、その息子で専務取締役の太田仁、平取締役の黒田敦の紹介が順を追ってなされた。太田姓の二人は心なしかふんぞり返っているような印象を受けるのに対し、黒田は若干萎縮している感じである。黒田は太田姓でないことからして、同族ではない取締役ではないかと太郎は思った。

「初めにインタビューを行うのは法務ですか、財務ですか」
 杉山が尋ねた。新堂と西野は一瞬互いに目を向けた。西野が年上の新堂に先を譲るようなリアクションをとり、新堂が頷いた。
「先に法務の方から質問を行います」
 新堂の鋭い眼光に一瞬取締役３名が身構えたように見えた。
「まずは、事前に伝えられています現在進行中の訴訟についてです。現在、売掛金回収訴訟を原告として起こしているのが１件、損害賠償請求訴訟を被告として提起されているのが１件あると伺っています。これ以外に現在係属中の訴訟紛争はありませんか」
「はい」と黒田が答えた。
「それでは、過去に訴訟や、訴訟に至らなくても揉めた事件はありませんか」
 外堀から埋めていく様子が証人尋問のようだと太郎は感じた。
「なかったと思うが」と社長が答えた。
「そうですか。この社内稟議書に過去の労災を巡る紛争の対応ついて検討した記載があります。ご覧いただけますか」
 ３人の取締役と杉山が資料を覗き込んだ。そこには、工員が骨折した原因が労災に該当するとして内容証明が届いたことにつき、どのような対応をすべきかを検討した稟議書であった。社長と専務が黒田に視線を送った。

「確かに過去に労災であるかを巡り書面が届いたことがありましたが、弊社は業務上の災害ではないとして断固拒否する旨の回答を行いました。それから、相手方からは特に回答はなされておらず、弊社の主張が通ったものと考えています。そのため、これは紛争ではないと考えています」

　黒田は淡々と答えた。理路整然としており、同族会社のなか実力で取締役まで登りつめた知性が感じられた。

「分かりました。それでは、次に未払残業代についてお伺いしますが、過去に未払残業代として請求を受けたことはありませんか」

「そもそもうちでは未払の残業代はないから、請求を受けるいわれもないよ」

　社長が若干ムッとした様子で答えた。

「そうですか。ここに労働審判[30]で未払残業代について争った資料があるのですが、ご存じですか」

　取締役3名も驚いていたが、太郎も驚愕していた。労働分野は自分の担当であり、対象会社の回答によれば未払はないとのことであった。新堂が目の前で提示した労働審判申立書の一式書類がどこにあったのか疑問だった。

「このファイルはどこにあったんだ？」

　社長が怒気を含んだ声で尋ねた。

「この段ボールの中にありましたよ」

と新堂が言って、会議室隅に山積みにされている段ボールの前で手を広げた。社長と専務が黒田を睨みつけ、黒田は困った表情をしている。それとともに、段ボールの中から労働紛争に関するファイルを見つけることができなかった太郎も萎縮していた。

「この労働審判の結論はどのようになったのでしょうか。和解により終結したようなのですが、和解調書[31]が見当たらないのですが」

---

[30] 労働者と事業主との間で起きた労働問題を労働審判官1名と労働審判員2名が審理し、迅速かつ適正な解決を図ることを目的とする裁判所における手続。
[31] 裁判手続上で和解した場合に作成される書面。判決書と同様に債務名義として強制執行を行い得る。

「確か、いくらか金銭を支払って解決したと記憶しています」
　黒田が答えた。
「この紛争で争われているのは、固定残業代制度が無効か否かという点ですが、和解金を支払ったということは、労働審判では無効と判断したということでしょうか」
「いえ、その点については結論を出さずに、紛争を解決するために一定の金銭を支払うことで終わらせたと理解しています」
「そうですか。少々専門的なお話になり恐縮ですが、御社の固定残業代制度は基本給と手当の区分が不明確となっており、法的には無効と評価せざるを得ないと考えています。そのように労働審判の際に指摘を受けたことはありませんか」
「先ほども申し上げたとおり、その点については結論が出ませんでした」
「あと、念のためにお伺いしますが、過労死ラインを超える時間外労働を行っている従業員はいらっしゃいますか」
「そんな社員はいない！」
　黒田の口調も若干強めになった。
　このやり取りを聞いていた太郎は茫然としていた。これは太郎の担当部門である労働に関する質問である。新堂は独自に労働についても資料を検討していたようだ。
　ただ、これ以上追及しても水掛け論になると判断したのか、質問事項が次に移った。
「次に役員退職金について伺いますが、現在ご提示の役員退職金規程はいつ作成されたのですか」
　会議室の空気が張り詰めた。
「正確には記憶していませんが、かなり以前のことだったと思います」
　黒田が答えた。
「かなり以前とは、10年位前でしょうか。それとも、創業当時からでしょうか」
「正確には記憶していませんが、10年よりも前のことだと思います」

「過去、10年間に3名の取締役が退任していますね。水島取締役、高木取締役、水元取締役です。この3名には役員退職金規程に基づき退職金は支払われたのでしょうか」
「さあ、ちょっと記憶にありませんが」
「財務チームの方々、過去に役員退職金が支払われたというデータはありますか」
「役員退職金という項目では見当たりませんが」
 西野が答えた。新堂もそのことを決算書から把握していたのかと太郎は気が付いた。西野の答えを踏まえて、黒田がとっさに反応した。
「退職金は必ずしも役員退職金という項目で支払うわけではないと思います。違った名目で支払ったのではないでしょうか」
 西野は『確かにその可能性もある』という表情をした。しかし、新堂は怯まなかった。
「なるほど。たとえば、水島取締役の在職期間からしますと、退職金規程によれば5000万円程度の退職金が支払われることになると思われます。退職時の決算書はこれですが、どの名目で支払っているのか教えていただけませんか」
「水島は不祥事退職したから退職金を支払ってないかもしれないだろう」
 社長が横から口を挟んだ。
「そうなんですか。それでは、その他2名についてはいかがですか」
 新堂の執拗な追及は止まらない。
「その点については、財務担当に聞かなければ分からないところもあるので、追って調査します」
 と黒田が告げた。

 話が一段落ついたところで、堀田が口を開いた。
「それに関連して私からも少し質問させていただきたいのですが……。まず、今回ディールが終了するにあたり、退職を希望されている取締役はどなたでしょうか」

「私と息子、それに婿の太田隆です」
　それまでの尋問口調の新堂の質問が終了し、落ち着きを取り戻した社長が回答した。
「3名ですね。けれども、私どもとしましては、仮に御社を買い受けることになったとしても、中枢を担っていました3名が退職してしまうことになると、経営に支障を来さないか懸念しております」
「その点はご心配なく。ここにいる黒田がこの会社のことは熟知しています。そのため、私どもが抜けたとしても特に業務に支障は来しません」
「そうは言っても、太田社長のお人柄を頼っている取引先もいるのではないでしょうか」
「いえいえ。私が創業してからかなりの年月が経っています。私どもの個人的な信用をもとに取引している業者は、今ではほとんどありません」
「分かりました。それでは、次に従業員のリストラについてお伺いしたいのですが……。どの人物がリストラ対象となっていますか」
「具体的な人選についてはまだ決まっていません。ただ、現在の弊社の状況からしますと、人員のだぶつきがあります。そのため、管理職を一定数減らす必要があると考えており、現在そのリストを作成しています」
　社長に代わって黒田が答えた。
「このリストラは、解雇[32]を想定していますか。それとも自主退職を想定していますか」
「弊社としましても自主退職してくれればそれに越したことはありません。ただ、予定していたほどの退職者が見込めない場合には、解雇も検討せざるを得ないと考えています」
　堀田の質問は、新堂とは打って変わって穏当なやり取りとなった。新堂のように相手に切り込むことが必要な場面もある一方で、堀田のようにお互いの関係を崩さない程度で質問する方法も効果的かもしれないと太郎は思った。

---

[32] 使用者の一方的な意思表示による労働契約の解除。使用者と労働者が合意により労働契約を解約する場合を「退職」「自主退職」「合意退職」などという。

法務と堀田からの質問が終了し、財務の質問に移った。
「まず、滞留在庫についてですが、こちらについては今後売れる見込みがあると報告を受けていますが、具体的に特定の業者との間で交渉されているのでしょうか」
「いろいろな業者とは交渉しています」
　黒田が答えた。実務的な点は黒田が把握しているようだ。
「滞留在庫のうち、消費期限まであと１か月を切っている在庫についても、業者との間で販売契約は結ばれておらず、交渉中との理解でよろしいですか」
「はい。まだ交渉中です」
　滞留在庫については評価を落とすと決めたようで、西野は次の質問に移った。
「次に、金融機関とのコベナンツ条項についてですが、２期連続損失計上した場合に一括返済の約定がありますね」
「はい。そういった約定はあります」
「このままですと、前期に引き続き当期も損失計上する可能性が高く、コベナンツ条項に抵触してしまうのではないでしょうか」
「先ほどもお話ししましたように、弊社ではリストラなどの経費削減に努めています。そのため、必ずしも当期に損失が計上されるとは限りません」
「そうは言っても、当期は12月の１か月ほどしか残っていない状況ですが、リストラについてはリストをまだ作成中の段階ですよね」
「リストラについてはそうですが、別途営業努力や経費削減策を講じています」
　苦し紛れの言い訳のように太郎の目にも映った。
「では、仮にそのように努力したにもかかわらず、２期連続赤字となった場合にはどうされますか」
「形式的に財務制限条項に抵触したとしても、金融機関がすぐに一括返済を迫ることはないと思います。特にメインバンクをはじめとする金融機関さんとは長年にわたり懇意にしていただいておりますし」

西野はこれ以上追及しても仕方がないと考えたのか、話題を変えた。
「次に、車両について伺いたいのですが、会社資産としてジャガーとBMWがありますね」
「はい。ジャガーについては、社長が利用していますし、BMWについては専務が利用しています」
用意してきた回答のようで淡々と答えた。
「具体的にどのように利用しているのですか」
「私も息子も通勤で毎日利用しているよ。何か問題かね」
「そうなのですね。では、本日はどこに駐車していますか」
社長と専務の顔に動揺の色が走った。
「駐車場は、ちょっと離れたところにあるんだよ」
本社には広い駐車場が存在する。いつもかなりの空きがある。それなのに遠くに駐車するわけがない。黒田は社長と専務の方から目をそらしている。
「では、恐縮ですがその賃貸借契約を見せていただけますか」
「契約書があったかは分からないけれども探してみるよ」
社長は渋々承諾したものの、太郎はそのような賃貸借契約を目にしたことがなかった。おそらく、その場しのぎの回答であろうと思った。
「次に、太田物流と太田商事についてですが、これらの会社は親戚などが経営している会社で間違いありませんか」
「はい、そうです」
ぶっきらぼうに社長が答えた。
「これらの会社との取引ですが、一般の市価よりも高い価格で取引を行っているように見受けられます。また、子会社の太田包装についても同様です。このような取引を解消することにより、経営改善を図ることはお考えにありませんか？」
「何をもって市価よりも高いと言っているんだ！　会社によっては同じサービスのように見えても質が異なるんだ。分かったような口を利くんじゃない！」
執拗に親族間のやり取りを責められたことから、遂に社長が爆発した。黒

田と杉山が社長を抑えようと必死になっている。ただ、西野は表情を変えずに社長の怒りが収まるまで静かに見つめていた。

「私の質問でお気を悪くされたのであれば謝罪いたします。立場上、不愉快なご質問をしなければならない立場にあるため、ご容赦いただければと思います」

西野の冷静な対応に一瞬社長が怯んだかのように見えたが、小娘に負けてはならないと思ったのか再度睨みつけた。

「そりゃあ、事業をやっていればいろいろと問題も抱えることになる。全てうまく行くとは限りはしない。もちろん、このディールも思いどおり行くとは限らないぞ。うちを欲しいという会社はほかにもたくさんいるんだからな！」

捨て台詞のような言葉を吐いて、社長は席を立った。専務と黒田もそれにつられて会議室から退出した。

安積が西野のそばにやってきた。

「すみません。こんな形でインタビューが終了してしまい。別途インタビューの機会を設けましょうか？」

「いえ。私こそ社長様を怒らせてしまったようで申し訳ありません。ただ、予定していた質問事項は概ね終了していますので、改めてインタビューの機会を設けていただく必要はありません」

「分かりました。それでは、追加の質問などがありましたら、QAシート[33]などを用いてご質問を投げてください」

その様子を見ていた新堂は太郎に「あの社長、都合が悪いから怒ったふりして逃げたんだぜ」と耳打ちした。

会議室から杉山と安積が退席し、財務法務チームと堀田のみとなった。そのメンバーでインタビューの振り返りを行った。

---

[33] 対面して質問するのではなく、書面上（データ上）のやり取りにより質問・回答を行うためのシート。

Q&A／資料依頼シート
財務DD

質問No.	質問日	質問者	種別	参照資料名	関連質問No.	勘定科目	質問事項／依頼資料
1	6／19	××	資	—	—	全般	2015年の11月、12月、2017年の11月、12月の資金繰り管理表（実績）をご提出いただけますでしょうか。
2	6／19	××	資料依頼	—	—	全般	2017年12月末時点の借入金相手先別明細をご提出いただけますでしょうか。
3	6／19	××	質問	—	—	全般	2015年度〜2017年度にかけて売上総利益、営業利益が伸びているにもかかわらず、営業収支は下がり続けているようですが、主な要因は何か、ご教示いただけますでしょうか。
4	6／19	××	質問	××	—	前渡金	2017年12月末の××の前渡金の取引はどういった取引でしょうか。取引の全体像をご教示ください。

「堀田さん、先方の社長を怒らせてしまってすみませんでした」
西野が謝った。
「いえいえ。先生は当然聞くべきことを聞いただけですよ。それにしてもあれほどワンマンだと、他に何をしているか分かったもんじゃないですね。黒田取締役もストッパーとして効いていないようでしたし」
「そうですね。我々が調査で発見できた以外の簿外債務もたくさんあるかもしれません」
「そういえば、車両の件ですが、離れた駐車場を契約していたと話していましたが、どうも信じられませんね」
「あれは嘘ですよ。確定申告書にもそんな賃料支払の事実はありませんし。仮に会社の業務として車両を使用しているのでしたら、当然駐車場も会社の経費で支払うはずです。この点を追及しても良かったのですが、まだ質問が残っていたので怒らせない程度に留めておきました」

253

太郎はギョッとした。社長を怒らせたタイミングが意図したもののように聞こえたからだ。そして、本当か否か分からないものの、社長の口から「他社も買収を検討している」という新たな事実を引き出していた。

　現地調査が終了し、帰りの新幹線を待っているときに、気になって太郎は新堂に尋ねた。
「最後に社長が捨て台詞のように言った、他社も買収を検討しているという話、本当ですかね」
「さあ、どうだろう。ただ、基本合意書には独占交渉期間[34]が設けられていなかっただろう？」
　そう言われてみれば、そんな条項はなかったような気がする。
「だから、あながちブラフでもないような気もするんだが。ただ、あれだけ問題のある会社だから、好き好んで買いたがる奴もいないんじゃないか」
　新堂はそう言ったものの、太郎の不安は拭い去れなかった。

　　　　　　　　　　……Scene 22「海外子会社」（259頁）へ続く。

---

[34] Ｍ＆Ａにおいて、一定の期間他の当事者と買収交渉を行うことを禁止する条項。

解　説

関係当事者：買主、法務、財務

〔該当する手続段階〕

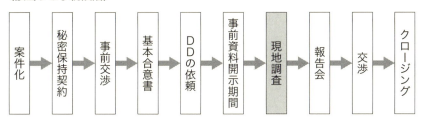

1 ▪ 事前準備

　現地調査において実施されるインタビューは、通常それほど長時間行うことはできません。限られた時間の中で引き出したい情報を効率よく収集することがポイントになります。そのため、あらかじめ事前準備を徹底しておく必要があります。

　まず、質問の回答者の選定を行うことになります。回答者が全く対応できない質問であったり、資料を閲覧しなければ回答できない質問ばかり行うことになれば、貴重なインタビューの時間を無駄にしてしまうことになりかねません。そこで、どのような者が回答者になるのか、あらかじめ打合せを行う必要があります。

　なお、インタビューの前に質問事項の概要を対象会社側に渡すよう依頼されることもあります。売主側としても、回答に際して資料が必要であれば準備しておいた方が効率的ですので、質問事項の概要を求められるようであれば提出した方がよいでしょう。ただ、突然質問をぶつけて隠している事項を追及した方が効果的な場合もありますので、そのような質問は漠然と記載しておくか、記載しないということも考えられます。

2 ▪ インタビューの姿勢

　インタビューにおいて質問する事項は、得てして資料の確認等を行った結果、対象会社が隠している事項であったり、疑問が拭い去れない事項になります。そのため、対象会社としても答えにくかったり、感情的になるおそれがある質問が投げかけられがちです。

　もっとも、我が国のほとんどのM&Aは、友好的M&Aであり、買主と売主が対立していることは稀です。また、将来的にM&Aが実施された場合、統合作業においても両社が円満に実施する方が好ましいため、デューデリジェンスにおいて敵対的になることは、極力避けるべきでしょう。

　このように、デューデリジェンスにおけるインタビューは、訴訟における反対尋問とは異なり、追い詰め過ぎて怒らせることは極力避けるべきです。

　ただ、買主としては、追及不足により問題点が顕在化しないまま買収を行うことは好まず、問題点を指摘したうえでそのリスクヘッジを行ったり、買収価格の調整に用いることを希望しています。そのため、これらのバランスを見計らい、買収交渉に用いるだけの情報を引き出せたのであれば、それ以上追及しないという調整が重要になります。

3 ▪ 実施方法

　インタビューは、法務アドバイザーと財務アドバイザーとが各々実施することになります。現地調査の日程が、法務と財務とで異なっている場合には、インタビューに同席することは困難でしょう。ただ、一緒の日程で現地調査を実施しているのであれば、極力他方のインタビューには同席すべきでしょう。

　インタビューでは、それまで調査した結果、疑問に思うことや特に重要な点について質問がなされることになります。多くの場合、これらの質問及び回答は、他のDDアドバイザーにとって有益な事項が含まれています。また、対象会社の担当者としても、財務と法務が別の機会でインタビューを行うことになると、重複した質問がなされ、重複した回答を行わざるを得ませ

ん。これは忙しい対象会社の担当者にとって非常にストレスになります。

そのため、法務アドバイザーや財務アドバイザーの全員がインタビューに出席する必要はありませんが、全体像を理解している人物が最低でも1人は、他のアドバイザーが実施しているインタビューに参加していることが好ましいでしょう。

4 ▪ 買主担当者の関与

インタビューでの質疑応答は、一過性のものであり、後になって質問することは通常できません。もちろん、後日再インタビューやQAシートなどを用いて質問することは可能ですが、その際には対象会社にとって都合の悪い事項に対するうまい回答が用意されているかもしれません。そのため、問題点の追及などは、タイミングを逸することなく行う必要があります。

法務アドバイザーも財務アドバイザーも、専門的な視点で資料を検討して質問事項を練っていますが、買主担当者も本件の利害関係人として多くの時間を費やして資料検討を行っているはずです。そのため、買主担当者の質問が、非常に有意義なものになることが往々にして見られます。また、特に独自の質問事項を作成していなくても、DDアドバイザーに対する対象会社担当者の回答がおかしいと感じた場合には、遠慮なく発言を行った方がよいでしょう。上記のとおり、インタビューでの質疑応答は一過性ですので、タイミングを逃すことなく追及することが真実発見に有益だからです。

5 ▪ QAシート

インタビューのようなリアルタイムの質問で聞きそびれた事項や、インタビュー後に疑問に思ったことなどをQAシートとして対象会社に投げかけることがあります。質問の数が少ない場合には、ダイレクトにメール本文で尋ねることもありますが、質問の数がある程度多い場合にはエクセルなどで作成したQAシートをやり取りした方がよいでしょう。

なお、インタビューとは異なり、QAシートの回答は、回答に十分な時間をとって検討することができます。そのため、とっさに口を滑らせるなどの

ボロが出ることは期待できません。売主側を追及したい場合には、インタビューの機会を十分に活用する必要があります。

Scene 22

海外子会社

　タイの子会社の現地調査は既に明日に迫っていた。正確に言うと、今夜出発になる。羽田空港を深夜に飛び立ち、バンコクの早朝に着く便に乗る予定だ。タイで1泊し、また深夜便で羽田に戻るという機内2泊、現地1泊、タイ滞在2日という強行スケジュールだ。デューデリジェンスメンバーで調整したところ、その日程でしか組めなかったから仕方がない。とはいえ、仕事で海外に行くのが初めてである太郎には、スケジュールはさておき、不安と期待に満ちていた。

「チケットはこちらで手配しておくから、パスポートと仕事道具だけ持って来い」
　新堂の言葉を信じ、午後10時頃羽田空港のチェックインカウンターの前で待っていると、新堂と東田がやってきた。普段着で旅行鞄を引きずっている太郎とは対照的に、二人はスーツと業務用の鞄を手にしているだけである。どうやら職場からそのまま直行したようだ。
「お前、旅行と勘違いしてないか？」
　一目見るなり新堂は言い放った。
「大丈夫です。スーツはこの鞄に入っていますから」
とオレンジ色の大きな旅行鞄を叩いた。

　バンコクのスワンナプーム国際空港には現地時刻午前4時頃に到着した。チェックインした後、機中で寝られないと困るという言い分で、急ピッチで飲んだアルコールが早朝であるためか頭に残っている。おかげで普通であれば寝づらい機内でも、特に気にすることなく爆睡することはできていたが、別の意味で足がふらついた。

コンクリートむき出しの壁面が永遠に続くだだっ広い空港を10分ほど歩いたところで、ようやく入国審査の行列に突き当たった。早朝であったためか行列はさほど長くなく、ほどなくして太郎の番になった。少し威圧的な空港係員にスタンプをもらうと、ホッと一安心できた。
「待ち合わせは、午前10時に会計事務所だったよな？　だとしたら、まだ早すぎるから空港で朝食でもとるか」
　新堂の提案に従って、空港内の軽食屋に足を踏み入れた。スーツ2人と普段着1人の組み合わせは、タイ人の目にも異様に映るらしい。太郎は居心地の悪さを感じながら着席した。
「動き回る前に、今後の予定を確認しておこう」
　太郎は頷いた。
「まず、午前10時までにタクシーで会計事務所に赴く。そこで、財務メンバーとも合流すると。1時間ほど打合せを行った後に、各々車でタイの工場まで移動する。移動時間はおおよそ3時間程度かかる見込みだ。昼食時間などを考えると、1日目は工場の責任者と顔見せ程度に終わると思われる。1日目の夜は工場近くの町で宿泊予定だ」
　新堂はここで一息入れた。
「翌日は朝から本格的な調査に入る。もっとも、タイ語が分からない以上、原則として調査はタイ人会計士と弁護士が行うこととし、うちらはその概要把握を逐次行うことになる。2日目の夕方に工場を離れ、そのままこの空港に到着し、深夜便で日本に帰国する。この流れで問題ないな」
「はい。問題ありません」
　太郎は答えた。
「ところで、タイの工場の責任者は日本語が分かる人物なのか？」
　そう言われてみれば、太田製菓がやり取りをしていることを考えると、日本語ができる者が現地にいてもおかしくない。
「その点は未確認ですが、一部事前開示されたタイ子会社の資料には、日本人らしい従業員の名前もありました。なので、日本語も可能かもしれません」

太郎は、確認を怠っていたことにバツの悪さを感じながら報告した。

午前10時。集合場所とされているビルを探しただけで汗が背中一面を濡らした。

シーロム地区に位置する会計事務所の大会議室に法務チーム、財務チーム、そして堀田が集まっていた。遅れて、会議室にタイ人会計士2名とタイ人弁護士2名が入室した。

西野によれば、以前の職場のツテを頼りに現地で働いている日本人会計士を紹介してもらったとのことだった。その会計士にデューデリジェンスを直接依頼できれば良かったのだが、あいにく当方の日程が確定しており、その日本人会計士が対応できなかったため、懇意にしている会計事務所と法律事務所を紹介してくれたということだった。

異国の地で西野に会えたことで、太郎は少しホッとしていた。

「おはよう。飛行機内は寝られた？」

「あんまり。機内泊って、昔から苦手だから」

そう言った西野の顔には若干疲れが見え隠れしていた。

太郎の名刺の裏面には英語表記がされていたが、今まで裏面で名刺を渡したことはなかった。この先もないだろうと思っていたが、現実に裏面で名刺を渡しながらぎこちない自己紹介をしている自分がいるのを信じられなかった。

紹介者に近いこともあり、西野が簡単な自己紹介と調査の概要を英語で説明した。太郎は、幼馴染の西野がそれほど苦もなく英語で説明を行っているのを目の当たりにして、目が点になっていた。その後、現地会計士と弁護士からいくつかスケジュール確認と質問がなされたが、西野のみならず新堂も英語で会話に加わっていた。太郎は、自分に英語で発言を求められないよう小さくなっていた。英語での会議の内容は、正直なところ1割程度しか理解できていなかったが、全て理解しているかのように大きく頷くリアクションを取り続けていた。

工場まで自動車で移動している間、太郎は自己嫌悪にかられていた。今回

22 海外子会社 ストーリー

の海外出張が決まってから仕事の合間を縫って英語の勉強をしていたつもりだったが、結局のところ誰かに話すレベルには到底至っていなかった。これから別の海外案件も受けることがあるかもしれない。そのときに備えて本格的に英語を勉強せねばと考えていたが、深夜便の影響からかいつの間にか眠っていた。

「もうすぐ着くぞ、太郎」

当然夢から目覚めさせられて驚いた。見回すとあたり一面緑色の畑が広がっている。その先に茶色い少し大きめのバラックのような建物が見えた。あれが目指している工場のようだ。車のドアを開けると、熱風が入り込む。いつの間にか太陽が真上に位置しており、赤道近辺特有のギラギラとした光が降り注いでいた。

「ようこそいらっしゃいました」

突然、日本語で出迎えられて太郎は驚いた。工場の責任者の宮原一馬だった。40代半ば、背が高く日焼けをしていて、黒縁の眼鏡をかけた、笑顔が似合う人物だった。

宮原は、十数年前にタイ人の奥さんをもらい、それ以来タイに在住しているそうだ。太田製菓のタイ子会社には、7年ほど前から現地で雇われて、今では責任者を務めているとのことだった。奥さんがタイ人であるため、タイ語の読み書きも問題ないとのこと。日本語で意思疎通ができると知って、太郎は肩から妙なプレッシャーが抜けていくのを感じた。

宮原と日本人・タイ人の法務財務メンバーとの間で簡単に自己紹介が行われた。タイ子会社という地理的関係もあり、宮原には同族会社特有の持って回った言い回しや隠し事の雰囲気が特になく、太郎もすぐに好感が持てた。しかも、宮原は日本語とタイ語は問題ないものの、英語はそれほど得意でないということだったので、太郎は満面の笑みで握手までして共感を示した。

タイ郊外の工場に着いたときには既に午後3時を回っていたため、今日は軽く工場見学を行い、明日にタイ人会計士と弁護士が依頼した資料を閲覧す

る時間を設けることになった。タイ工場で生産しているものは、太田製菓が使用する糖類とでんぷん類という原材料であった。太田製菓が曲がりなりにも経営を続けていくことができる理由は、原材料から物流まで、多くの点で自製が可能になっている点であった。特にバウムクラストの社長の見立てによれば、タイ工場の原材料の品質と価格競争力は、太田製菓の中でも魅力的ということだった。

　工場の中は外の暑さに増して機械の熱も加わり、扉を開けた瞬間から熱風が噴き出し瞬間的に顔を撫でた。
「慣れていないと凄く暑く感じるかもしれませんね」
　宮原がそう告げて工場の中に入っていった。太郎は噴き出る汗を拭いながら、そのあとに続いた。
　工場内では大型機械が大きな音を立てて動いている。ただ、どの機械も本社で工場見学した際の機械とは異なり、若干危険なように見受けられた。人力に頼る箇所が多くあり、人手が加えられる箇所の機械がむき出しになっているような状態である。
「工場では人手がかなり使われているようですが、怪我をすることはないのですか」
　太郎は、宮原の近くを歩きながら質問した。
「確かに、機械に手を挟んで怪我をすることなどはある程度生じます。しかしそれほど多くはありません。骨折などもたまに生じますが、死亡事故というのは私が勤め始めてから７年くらいになりますが一度もありません」
　太郎は工員を見回してみた。本社で働いていた工員は、暗い表情が目についたが、タイ工場の工員は楽しみながら作業を行っているような印象を受けた。

　その日の夜は、法務と財務の日本人メンバーで現地料理屋に繰り出した。堀田も誘ったのだが、気を遣ったのか参加しなかった。現地料理屋については、宮原と仲良くなった太郎がお勧めの店を聞き出していた。

「タイの飲食店は予約をしなくても問題ないのですが、席がなかったら困るでしょうから、私が予約を入れておきます」

宮原は丁寧にお店の地図までプリントアウトしてくれた。

財務チームも同じホテルで宿泊していたため、ロビーで待ち合わせて一緒にお店に向かった。しかし、地図とグーグルマップを駆使しても、目指すお店がなかなか見つからない。暑さのせいか皆の苛立ちが高まってきたところでようやく目指すお店を発見することができた。ローカルなタイ料理屋だ。

西野が英語で予約していることを告げたが、店員が英語を理解できないらしく、結局予約できていたか否か分からない状態で空いている席に通された。一息ついたものの、渡されたメニューは全てタイ語で記載されており、写真もついていないので何を注文すればよいのか全く見当もつかなかった。バンコクの空港で朝食をとったときのメニューは英語表記されていたのだが、ここはタイ郊外の都市であり、特に観光名所というわけでもないことから、外国人は滅多に訪れないのかもしれない。

英語が通じないと知って太郎はやる気を出し、他の客が食べているものや飲んでいるビールを指さし、ジェスチャーを交えながら注文を行った。徐々に店員とも打ち解けて来て、太郎が話す日本語とジェスチャーに応じて、店員が笑顔で適度な料理を運んでくれた。

どの料理も日本のタイ料理屋で食べるものとは異なり、辛さや甘さ、酸っぱさが飛び抜けており、刺激的だった。

「太郎、お前は英語じゃなくてタイ語勉強した方がいいんじゃないか」

ビールをあおり陽気になった新堂がヤジを飛ばした。

……Scene 23「許認可」(270 頁)へ続く。

解 説

関係当事者：法務、財務

〔該当する手続段階〕

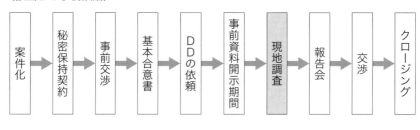

案件化 → 秘密保持契約 → 事前交渉 → 基本合意書 → DDの依頼 → 事前資料開示期間 → **現地調査** → 報告会 → 交渉 → クロージング

1▪調査の対象にすべきか

　対象会社が海外企業である場合はもちろんのこと、対象会社が海外子会社を有している場合のように、デューデリジェンスの対象に海外企業が含まれることは、往々にして見られます。特に、最近では国境をまたいだ取引もインターネットを通じて頻繁に行われるため、このような海外企業のデューデリジェンスも必然的に増加しています。

　対象会社が海外子会社を有していた場合、それもスコープにすべきでしょうか。基本的には、国内子会社をスコープにするのと同じような観点で、量的重要性（売上高など）や質的重要性に着目して決定することになります。ただ、国内子会社の調査と異なり、現地の会計事務所や法律事務所の助力も得る必要があり、必然的に費用がかさむという問題があります。

　しかし、海外子会社は、物理的に本社と離れていること、言語や文化などの相違もあり目が届きにくいことなどから、不正が行われるリスクが高い傾向にあります。子会社や孫会社で生じた不祥事であっても、グループ会社全体の責任になりかねません。そのため、よほど重要性が低くない限り、デューデリジェンスを実施しておいた方が安全でしょう。

2 ▪ どの程度の調査を行うのか

➤簡便な方法

　海外子会社をデューデリジェンスの対象に含めるとして、一番簡便な方法としては、決算書を取り寄せて日本において検討するというものがあげられます。この場合であっても、決算書の基となった資料をPDFファイルなどである程度収集することはできますが、言語の問題もありどの程度まで実効性を有するかは疑問です。ただ、何も調査しないよりは意味があります。

　簡便な方法の場合、通常法務デューデリジェンスは実施されません。会計数値は、ある程度国際会計基準に準じた内容となっており理解可能であるのに対し、法律は各国で全く異なっているのが通常であり、現地の弁護士でなければ責任を持って判断ができないからです。

➤折衷案

　綿密に調査を行う方法との間に位置する手段は、状況に応じて様々なものが考えられます。現地の法律事務所や会計事務所に依頼を行うことは、費用の観点から避けたいところではあるが、大きなリスクがないかの確認はしておきたいという場合には、DDアドバイザーを担当した日本人弁護士や公認会計士を海外子会社の現地調査に向かわせるという方法が考えらえます。これは、現地に日本語が話せる責任者がおり、現地語の資料についても大まかな翻訳や説明が可能な場合にとられることがある手段です。

　確かに、法律や税制は異なるところが多いのですが、現地で資料を確認しながら現地責任者に質疑応答することができるのであれば、かなりの情報を入手することが可能になります。日本で電子メールを通じて情報収集するのとは、入手できる情報の量と質がはるかに異なることになります。

　その結果、重要な問題点としてクローズアップされ、それについて現地の専門家の意見が必要になったときは、その点だけ現地専門家に費用を支払って確認するという作業を行います。

➤綿密な方法

　現地の法律事務所や会計事務所に独自にデューデリジェンスの依頼を行

い、調査を行ってもらう方法です。現地の法律や税務に精通した専門家がデューデリジェンスを実施することになるため、一番確実な方法といえます。

ただ、この方法にも以下のような問題点があります。

① 費用がかさむこと
② クオリティに疑問が生じかねないこと
③ 納期に対する意識に問題があること
④ レポートの言語

　① 費用がかさむこと

どの国であっても、国をまたぐクロスボーダー案件を扱う事務所は、ローカルの案件のみを扱う事務所と比べて、費用が高額であるという特徴があります。また、ローカルで信用できる事務所が見つからないということもあり、世界的に有名な事務所などに依頼せざるを得なくなることも往々にして見られます。そのため、デューデリジェンス費用が高額になりがちであるとの問題があります。

このようなことを避けるため、比較的安価で能力の高い現地事務所を紹介してもらうことが重要になります。

　② クオリティに疑問が生じかねないこと

いわゆる先進国であれば専門家の意識も高く、クオリティの高い調査報告書が提出されることが期待できます。ところが、国によっては、弁護士や公認会計士の資格制度も曖昧であるなどして、調査のクオリティに疑問が生じることも散見されます。最終的に提出されたレポートの内容が不十分であったとしても、それが法律や税制の不備によるものなのか、調査不足によるものなのか判然とせず、疑問点が解消されないまま終結を迎えることも見られます。

そのため、可能であれば現地の法律事務所や会計事務所に任せっきりにせず、日本からも買主担当者やDDアドバイザー数名が同席するなどして、リアルタイムに質疑応答できる状態にしておくことが好ましいでしょう。

　③ 納期に対する意識に問題があること

日本は、世界的に見ても時間を厳守する傾向にあります。特に、ビジネス

の場においては、電子メールの返信も即座に丁寧に行われるという印象があります。

ところが、この扱いは世界的に見れば特殊であり、現地事務所の納期に対する意識が低いことも往々にして見られます。電子メールなどで質問を送ったとしても、返信されないまま放置されるということも、しばしば見られます。

デューデリジェンスでは、通常タイトなスケジュールが組まれており、そのスケジュールどおりレポートが提出されないことになれば、ディール自体に悪影響が出るおそれもあります。そのため、できる限り信頼できる事務所を選定して依頼することが重要になります。

④　レポートの言語

ローカルの事務所に依頼した場合、提出されるレポートはよくて英語です。役員会などで検討する際に、英語のままのレポートでは不都合であるとして、重要な点を翻訳しなければならない手間暇や費用が生じます。レポートの提出に時間がかかる場合、翻訳の時間を十分に取れないという問題も生じかねません。

デューデリジェンスの対象となる海外子会社がある国に、信頼できる日系の会計事務所や法律事務所があるのでしたら、そこに直接依頼し、日本語版のレポートを提出してもらうということも考えられます。この場合、確かに費用はかさむものの、クオリティや納期の点でも日本企業が望む程度のものに仕上がるでしょう。

3 ▪ 調査の留意点

海外子会社では、日本では到底考えることのできないレベルの不正や問題が発覚することがあります。カルチャーの違いもありますが、物理的に距離が離れており、現地語の資料や慣習を理解しきれていないということから、問題の発覚が遅れがちになるためと考えられます。

また、海外の法制度に基づく罰則は、何百億円という日本では到底考えられないような金額に上ることもあり、それが状況次第では日本本社にも課せ

られることがあります。

　また、日本と法制度や政治が異なることから、確実に取得していたと思っていた許認可が取り消されたり、地方自治体から追加の費用請求を受けるといった、予想外の問題が生じることがあります。

　このように、問題のレベルが大きかったり、予想外の問題が生じたりと、海外子会社が抱えるリスクは極めて高いといえます。そのため、海外子会社を調査する際には、些細な点でも放置することなく、質問・確認作業を行うことが重要になります。

Scene 23
許認可

　翌日は、朝から工場に集合した。実質的には、本日1日で終了させる必要があったため、できる限り時間を有効活用する必要があったからだ。
　まずは、昨日依頼していた資料が机の上に置かれていた。あまり書類で契約などを締結するという風習がないためか、検討すべき書類の量は大して多くはなかった。タイ人会計士と弁護士がそれらの書類を検討している間、日本人チームは宮原に対してヒアリングを実施していた。新堂と西野は、いつの間に用意したのか、質問を小刻みに投げかけている。
「この会社が他社と比較して優れている点はどこでしょうか」
　西野が尋ねた。
「そうですね。法人税が一定期間免除されていることですかね」
「法人税が免税されているんですか？　どのような仕組みでしょう」
「BOIという制度をご存じですか？」
　西野は首を横に振った。
「BOIという投資奨励制度がタイには存在しており、タイに有益な外資系企業の投資を促しているのです。要件を満たせば一定期間法人税が免除されたり、持分について優遇されたりします」
「持分について優遇とはどういったことでしょう」
「タイでは、原則として外国資本が法人の50％以上の出資を行うことができません。たとえば、株式会社ですと日本企業は49％しか株式を保有できず、マジョリティの51％はタイ人やタイ法人で保有しておかなければならないのです」
　全く知らない情報で太郎は驚いた。以前新堂が話していたが、国によって日本では考えられないような制度があるため、何かの時に相談を受けても安易に回答できないなと考えた。

「タイの外資規制については一応調べています。ただ、BOIについては詳しくないので教えてほしいのですが、持分について優遇されるのはどの程度なのでしょうか」

「許認可の内容によって異なるのですが、うちでは100％外資、つまり太田製菓が全株式を保有する形で設立されています。これは、タイ人株主に配慮することなく、会社の方針を決めることができるという意味で都合が良いと思います」

「よく分かりました。それ以外に御社が優れている点はありますか」

「そうですね。特殊な技術を用いているわけではないのですが、この地域で古くから営業している関係で、うちと同じような業務をしている会社は見当たらないため、半ば独占的な状態となっています」

「なるほど。特殊な技術を用いていないということでしたが、特に特許などを取得されているわけではないということですか」

「そうですね。特許などではないのですが、少々製造工程に技術が必要でして、これを他社では真似できないようなのです」

西野の質問は、その後も真似できない技術の内容について掘り下げていった。

西野の質問がひと段落ついたところで、新堂の質問が始まった。

「先ほどのお話とは逆に、会社で困っていることや問題となっている点について教えて頂けますか」

「困っていることですか。そうですね……。あるとすれば人ですか。工場の従業員は、近所に住んでいる人達なのですが、家では農家を兼業している人が多いのです。そのため、収穫期などの時季には従業員を集めることが困難になります」

「なるほど。従業員の出入りが多いということでしょうか」

「そうですね。この国では、終身雇用という概念は存在せず、少しでも条件が良いとすぐに転職してしまうという傾向があります。タイでは就業率が99％、逆に言えば失業率が1％程度という特徴があります。この原因は様々

あるのですが、外国人が1人就労するためには、原則としてタイ人4人を雇わなければならない制度なども影響していると思います」
「外国人1人が働くためにタイ人4人を雇用しなければならないのですか」
「はい。原則的にはそうなっています。その関係で、多くの会社で人手不足の状態となっており、うちでも従業員を確保するのに手を焼いています。ただ、幸いうちの企業では近隣企業よりも少し高い給与を提示できているので、従業員の確保は何とかできています」
横で聞いていた太郎は、またしても思いがけない情報が飛び出したと驚いていた。本当に海外の法制度を扱う際には、常識を捨てて臨まなければならないと感じていた。

ヒアリングがひと段落ついたところで、タイの子会社において重要と思われるポイントは概ね絞られて来ていた。
まずは、BOIと呼ばれる許認可である。この許認可が有効に取得されているのか、そして、親会社である太田製菓が買収されたとしても問題なく存続するのかという点をタイ人弁護士を通じて確認する必要がある。
次に、ウイークポイントとして挙げられていた従業員の確保について今後も継続的に雇用できるのかという点について調べてもらう必要がある。さらに、工場では労働者の労災が発生しているとのことであったため、過去の労災事例を調べてもらうとともに、紛争に発展していないか確認してもらう必要があった。
「昨日の飲み屋でのジェスチャーを使って、これらの指示をタイ人弁護士に伝えて来いよ」
新堂がニヤリとしながら太郎に告げた。
「えっ、そんなの無理ですよ。間違って伝わったらどうするんですか」
「まあ、何事も経験だ。隣で聞いているから、可能な限り伝えてみろ」
自分の拙い英語を聞かれることをどうしても避けたかった。しかも、同じ部屋に西野と財務メンバーもいる。何度か抵抗を試みたものの、新堂は本気で言ったらしく引き下がらなかった。

観念して太郎は英語でタイ人弁護士に話しかけたが、皆「？」という表情を作り全く伝わらない。「やっぱりダメです」という表情を作り新堂の方を向いても新堂は太郎を解放してくれなかった。やけっぱちになった太郎は、紙に「BOI」と書きなぐり、「ぷりーず、ちぇっく、でぃーす！」と叫んだ。笑顔を絶やさないタイ人弁護士にこれがウケたらしく、その後も何となくコミュニケーションをとることができた。

　太郎のやり取りを横で見ていた新堂は、「通じただろ？　この経験を忘れるな」と言いながら、肩をポンと叩いた。

　肩で息をしていた太郎は、少し冷静になっていた。太郎としても、どうにか伝えたいことは相手に伝わったという実感がある。もし、ここで勇気を出さず何もコミュニケーションを取らずに2日間終わっていたら、今後も逃げ回る人生を送っていたかもしれない。またしても、太郎は新堂の取り計らいに感謝した。

「そっちはどう？」

　余裕を取り戻した太郎は、西野に尋ねた。

「うん。会計関連の資料がきちんと保存されていないという問題はあるけれど、概ね大丈夫そう。こっちの経理担当者が意外としっかりとしているから」

「そうなんだ。それじゃあ、何とか今日中に業務は終わりそうだね」

「そうは言ってもタイ子会社は連結子会社[35]になるの。連結っていうのは、決算書を合算する対象ということね。なので、ある程度の決算書の信用性は必要になるの。タイ語の証憑も多いから、この点はタイ人会計士に任せるしかないかな。特に問題ないという結論さえもらえれば、今ある決算書をベースに連結することになるから、その結論待ちね」

「なるほどね。やっぱり、会計は難しいなぁ」

---

[35] 企業の連結財務諸表の対象となる子会社。連結子会社かどうかは、親会社が子会社の議決権の過半数の株式を所有している場合のみならず、親会社が役員派遣などを通じて子会社の意思決定権を支配するなど、実質的な関係によって判断する。

「そういえば、さっき英語でタイ人弁護士と話してなかった？　何とか通じたみたいだったじゃない」
「さっきの見てた？　恥かいちゃったよ」
「日本人って間違えるのが恥ずかしいっていう完璧主義者が多いけれども、たとえ1回で伝わらなくても、何度でも言い直して伝わればいいんだよ。相手も必死に理解しようとしてくれるし。私もまだまだ英語は勉強中。太郎君も引き続き勉強した方がいいよ」

弁護士になって勉強といえば、法律の勉強のみしていれば良いと考えていた。しかし、法律の勉強はむしろ当然であって、会計や英語などの業務に関連する可能性がある分野についても勉強しておく必要があると、今回のデューデリジェンスを通じて痛感させられた。

本当にいつになっても勉強は終わらないのだという思いを胸に、太郎は日本に向けた深夜便で眠り込んだ。

……Scene 24「バリュエーション」（279頁）へ続く。

解　説

関係当事者：法務

〔該当する手続段階〕

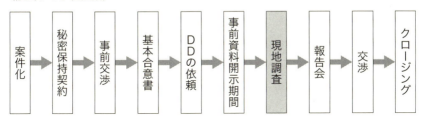

1 ▪ 許認可の注意点

　対象会社が許認可を取得していることに着目して、買収対象とすることはしばしば見られます。特に、対象会社が有している許認可が取得しにくいものである場合、その傾向が強く見られます。

　許認可については、以下のような観点からデューデリジェンスが実施されます。

① 　必要な許認可を取得しているのか

② 　許認可を承継できるのか

③ 　承継後に許認可が取り消されないか

　① 　必要な許認可を取得しているのか

　まずは、依頼資料リストなどを通じて、対象会社から取得済みの許認可一式のリストを入手することになります。専門的な許認可については、どのような業務のために取得しているのか説明をしてもらう方が効率的です。

　現在使用していないなど重要性が低い許認可以外については、許可証などの根拠資料を提出してもらいます。その有効期限などを確認し、現在もなお効力を有していることを把握します。許可証を紛失している場合もあるので、その場合には再発行等の代替手段を講じてもらう必要があります。

　なお、事業所ごとに必要な許認可もありますので、許認可の性質にも配慮

しつつ漏れがないか確認することになります。

② 許認可を承継できるのか

許認可の承継は、M＆Aのスキームによって大きく異なります。株主構成のみ変わる株式譲渡スキームの場合には、許認可をそのまま承継できることが通常です。ただ、許認可によっては、株主構成や経営者に変化がある場合に、一定の措置を講じなければならないものもあるため、確認作業が必要になります。

その他のスキーム（合併、会社分割、事業譲渡等）の場合には、各許認可について承継するための要件を確認する必要があります。この要件は、行政通達によって時代とともに変化することがありますので、その都度、監督官庁に電話等で確認することをお勧めします。

許認可を取得するためのM＆Aでは、承継できるのかという点が一番重要になります。許認可が承継できないことになれば、事業継続もできず、全く価値を生み出さなくなるという結論も考えられます。このように、この点の判断を間違えると極めて深刻な事態を招きかねないので、十分注意して確認する必要があります。

③ 承継後に許認可が取り消されないか

必要な許認可の取得が確認でき、それを問題なく承継できたとしても、過去の違反行為により許認可が取り消されてしまっては意味がありません。取消しに至らなかったとしても、業務停止処分などを受けることになれば、当初予定していた事業計画が達成できなくなりかねません。

対象会社における許認可の重要性が高いのであれば、過去の違反行為がないか、監督官庁から何らかの指摘を受けていないかという点につき、十分確認する必要があります。

2 ■ コンプライアンス

対象会社やその子会社でコンプライアンス（法令遵守）違反がある場合、損害賠償、業務停止、リコールなどの事態が生じかねません。特に、買主が上場企業である場合には、コンプライアンスの徹底が求められます。

コンプライアンスの対象となり得る法令は、業種によって異なります。全ての法令について確認することは事実上不可能なので、スコープを定める際に買主との間で検討対象を確認しておく必要があります。なお、通常のデューデリジェンスのスコープでは検討しない事項として、以下のようなものがあげられます。

> ・各種業法違反（宅地建物取引業法、旅館業法、建設業法、保険業法、貨物自動車運送業法、労働者派遣業法、古物営業法、食品衛生法、風営法等）
> ・下請法
> ・景品表示法
> ・個人情報保護法
> ・独占禁止法
> ・消費者契約法

これらとは種類が異なりますが、反社会的勢力との関係が疑われる場合や、反社会的勢力が関与していないことが極めて高いレベルで求められる場合には、反社チェックを行うことも考えられます。これは、通常の法律事務所や会計事務所で提供するサービスの範疇外となりますので、別途専門業者に依頼することになります。

語学

　インターネットが普及した影響もあり、現在中小企業であっても海外取引を行う会社が増え、英文契約書のチェックや作成業務の対応が求められています。それに関連して、M＆Aにおいても対象会社の契約書に英文契約書が存在することも散見されます。現地調査に赴いたところ、英文契約書のファイルが存在することが発覚し、その対応ができずに窮するという事態も生じかねません。

　また、ストーリーにもありましたが、日本企業が海外子会社を有しているケースは、近時多く見られます。海外子会社については、何も確認せずに買収することはリスクが高いため、何らかの形で海外子会社の調査に関与することになります。その際に、英語が全く理解できないと、途方に暮れることになりかねません。

　翻訳ソフトの性能も向上していますが、未だ人間が確認してミスを修正しなければならないレベルであり、その状況が画期的に変わる保証はありません。

　語学力が仕事のボトルネックにならないよう、ある程度のレベルでも良いので、英語の読み書きができるよう隙を見て勉強してもよいのではないでしょうか。もちろん、余力があればスピーキングを鍛えても良いと思いますし、他の言語に着手しても構いません。

Scene 24
バリュエーション

　海外子会社調査も終了し、そのフィードバックも現地会計士・弁護士からなされた。これらの資料をもって、太郎は必死に報告書の原案を作成していた。既に午後9時を回っている。太郎以外の弁護士も当然のことながら担当した範囲の報告書を作成しているのだが、未経験であることも相まって太郎の負担は大きかった。参考資料として、これまで新堂の事務所において作成した報告書例をいくつかもらっていたが、会社ごとに事情が異なるため単純に利用することはできなかった。どの範囲の内容をどの程度掘り下げて書けばよいのか判断に迷うことが多かった。

　もちろん、太郎はこの仕事だけを抱えているわけではない。何十という訴訟事件を並行的にこなし、飯嶋先生からの指示を受けて調査事項や法律相談にも同席している。これらの業務の隙間を縫って、そして深夜の時間を使っ

バウムクラスト株式会社　御中

デュー・デリジェンス報告書（法務）

対象会社　太田製菓株式会社

×年×月×日

法務デュー・デリジェンス
××××

て報告書を書いている。が、遅々として進まない作業にいら立ちを覚えていた。

　ふと、西野がどの程度まで報告書を作成しているのか気になり、電話をかけてみた。
「やあ、お疲れ。今例のデューデリのレポートを作っているんだけれども、結構手こずっていて。そっちはどんな感じ？」
「例の案件でしょ。あれって報告会は来週だったよね。うちは、私のパートは終わったので、残りを部下に作ってもらっているよ。あとは、バリュエーションを仕上げないといけないかな。予定どおりには完成すると思うけど、そっちは大丈夫？」
　思ったとおり財務のレポートは順調に仕上がりつつあるようだった。大丈夫なわけないじゃないかと半笑いの表情でため息をついた。
「何か疲れているみたいだね。そろそろ仕事を切り上げて夕飯にでも行こうと思っていたんだけれども、一緒に行く？　今回の案件振ってもらった恩もあるから、一杯奢るよ」
　本当は、あと数時間レポート作成に挑むつもりだったが、むしゃくしゃする気持ちを抱えて作業しても効率が悪いかなと思い直し、西野の誘いに乗ることにした。
「よし。それじゃあ、9時半くらいでいい？」
「いいよ。それじゃあ、深夜でもやっている西麻布のお店のアドレスをメールしておくからそこに9時半で」
　結構遅くまで夕飯も食べずに仕事をしているんだな、ほんと士業って大変な仕事だなと呟きながら、作成途中のレポートを保存してパソコンの電源を落とした。

　メールのURLを頼りに訪れた西麻布のレストランは、一見したところマンションにしか見えないような隠れ家的なお店だった。太郎は恐る恐る扉を開いた。

「いらっしゃいませ」
　30代くらいの女性が笑顔で迎えてくれた。店内は若干薄暗く、高そうな家具が備え付けられている。テーブルに通されると西野が先にメニューを見つめていた。
「あ、太郎君。場所分かった？」
　メニューから視線をあげて微笑んだ。本日の仕事が終了した達成感が顔に表れている。
「何か民家みたいなお店だね。入るのに一瞬ためらっちゃったよ」
「そうだよね。初めてだとレストランって分かりにくいと思う。このお店は夜の12時からでもコースメニューが頼める珍しいお店なんだ。遅めのディナーなんかの場合に、結構多くの人が重宝していて、混み始めるのも午後9時以降。遅くまで働いている人のお店だね」
「そうなんだ。いろんなお店を知っているなぁ」
「そうでもないよ。ところで、このお店フレンチのコースメニューしかないんだけれども、メインは肉か魚かどっちにする？　あとドリンクは、ビールにする？　それともワイン？」
　太郎を案内した女性店員にテキパキと注文を行い、すぐに運ばれてきたシャンパンで太郎達は乾杯をした。

「今回のデューデリって、初めての経験だったんだけれども、何かいろいろあったような気がする」
　西野はシャンパングラスを傾け、泡を見つめながら、太郎の話に合わせた。
「そうだね。てんこ盛りだったね。同族会社の社長と専務、なかなか出てこない資料、海外子会社、しかも結構タイトなスケジュールで。初回にやるデューデリとしては、フルコースだったかも。けれども、これを経験したんだったら、今後のデューデリは簡単に思えるんじゃないかな」
「そういえば、これからバリュエーションを行うと話していたけれども、あれって株価算定のことだよね」
「そうだよ。それも依頼されていたから」

24　バリュエーションストーリー

「今回の対象会社の株価って、結局どのくらいになりそうなの？」

「結構微妙なんだよね。それが。会社の純資産は、元々の決算書だと５億あったんだけれども、修正項目を考慮すると最終的には債務超過[36]になるんだ」

サラッと言ったため、聞き間違えたのかと思った。

「えっ？　債務超過って言った？」

「そう。まだ正確な数値は出ていないけれども、減価償却漏れや引当不足などを諸々考慮すると、数億円の債務超過になると思う」

「ということは、株価はどうなるの？」

「債務超過だからといって、直ちに０円という評価になるわけじゃないのよ」

話すか否か迷った素振りを見せた後、言葉を継いだ。専門的な話になるので、話しても理解できるのか不安だったのかもしれない。

「株価評価の方法は、大きく分けて①マーケット・アプローチ、②インカム・アプローチ、③コスト・アプローチの３種類に分類されるのね。マーケット・アプローチというのは、株式市場などのマーケットの評価を参考にする評価手法。インカム・アプローチというのは、将来的な収益獲得、つまりインカムに着目した評価手法ね。そして、コスト・アプローチというのは、純資産額などを参考にする評価手法。債務超過だから０円というような評価は、コスト・アプローチに偏った方法だけれども、必ずしもそうとは限らないということ」

「どうして、そうとは限らないの？」

「貸借対照表の純資産っていうのは、この時点で事業を停止して、資産を売却して負債の返済に充てた残りを意味するとも考えられるでしょ。けれども、会社は今後も経営を続けるのだから、必ずしも純資産イコール株価とはならないの」

---

[36] 債務者の負債の総額が資産の総額を超える状態。資産をすべて売却しても、負債を返済しきれない状態。

なるほど、確かに言われてみればそのとおりだ。
「かといって、対象会社は今後も赤字続きになる可能性が高いから、インカムもそれほど期待できない」
「なるほどね。だとしたら、0円と評価しちゃえばいいんじゃない？」
「それも一理あるんだけれども、実際にクライアントが買収することにした場合、バリュエーションで0円と評価されている株式を10億円で買ったとなると、買収の結果が失敗に終わると代表訴訟にも発展しかねない。なので、今回のバリュエーションは、ちょっと悩ましいんだ」
西野の悩みは、聞いてみれば「なるほど」と納得せざるを得ない話だった。単に調査した事項を報告すれば良いわけでないため、かなり悩ましい状態であることは間違いなかった。

「ところで、株券不発行の件あったでしょ。あの問題って結局どう処理することになるの？」
突然西野が法務の質問をしてきたので、面食らった。
「そうだよね。あの問題をどう処理するのか気になっていたんだ。株券を担当しているのは新堂先輩だから、結論については聞いてないんだけれども、過去の当事者から覚書を取得するのは非現実的だよね」
「私もそう思う。そうすると、いろいろ調査したけれどもディールはブレイクするのかな」
どうせディールが壊れるならば、太郎が現在作成している報告書も放り出してしまいたい欲望にかられた。

「そういえば、あの新堂って弁護士、頭が切れるのは分かるんだけれども、イライラし過ぎなところがあるよね。思いどおりに事が進まないと苛立ってしまうエリートのような感じ。大学どこか知ってる？」
記憶を辿ってみたものの、新堂がどの大学を出ているのか覚えがない。東大なのかもしれないが、そうでないかもしれない。正直なところ、弁護士は司法試験に合格した後は大学名にさほど重きを置かない。同業種であれば、

24 バリュエーション ストーリー

283

優秀か否かは話している内容や書面を見れば一目瞭然だからだ。
「んー、大学は知らないな。ただ、先輩は優秀だし、冷たいと思う一面もあるけれども、後輩を育てようとしてくれている兄貴肌の面もあるんだよ」
「そうだね。それは感じる。器が大きいようで小さいところもあるから不思議なんだよね」
言い得て妙だと太郎は思った。

突然太郎の携帯電話が震え、待ち受け画面を見たところ電話をかけてきたのは、ちょうど話題に上っていた新堂だった。太郎は飛び上がり、周囲を見回した。どこにも新堂の姿は見えなかった。
「ちょうど先輩から電話がかかってきちゃった」
「えっ！？」
西野もタイミングの良さに驚いたようだ。
「はい。お疲れ様です、遠出です」
「今ちょっといいか？ さっき堀田さんから電話がかかってきて、今回のディールがビッド[37]になったと言われた」
「ビッド？」
「入札のことだよ。うちのクライアント以外に買い手がいて、そこと競争させて勝った方が買収することになる」
「えっ！？ 本当ですか。今までそんなこと何も聞いていないじゃないですか」
「そうなんだよ。堀田さんもかなり驚いていてね。詳しい手続は後でFAを通じて連絡があるそうだが、まずはビッド方式になることを踏まえてクライアントと打合せをすることになったから、会計士の西野さんにも伝えておいてくれ」

---

[37] Bid。入札の意味。M＆Aの価格決定方法のひとつであり、売却案件に対し、複数の買収希望会社が入札によって最も良い条件を提示した会社を最終的な買収会社とする方法。

西野は太郎と新堂の電話が終わるなり尋ねてきた。
「今回のディール、ビッドになったの？」
「そうなんだ。堀田さんからついさっき聞いたらしい。詳細は追って連絡があるそうだけれども、早急にクライアントとの間で打合せを行いたいって」
「それは分かったわ。ただ、今回のディールがビッドになるとはね……」
「MAでビッド形式になることって珍しいの？」
「日本のMAでは珍しいわね。通常は相対取引で処理されるから。ただ、大きめの案件についてはビッドになりやすいかな」
太郎は気になっていた点を口にした。
「ところで、本件がビッドになったことで、デューデリレポートを作らなくてよくなったってことはない？」
「あいにくですが、レポートはデューデリジェンスの結果報告ですので。落札方式がビッドになったからといって作成義務が免除されることはありませんのよ」
西野はニッと笑った。

……Scene 25「報告会」（293頁）へ続く。

解 説

関係当事者：財務

〔該当する手続段階〕

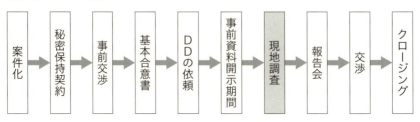

1 ▪ バリュエーションの必要性

　最終的に買収対象企業をいくらで買うのかは、買主にとって大きな問題です。当然売主はなるべく高い金額で買ってほしいわけですから、場合によっては想定以上の金額で買わざるを得ないケースもあるでしょう。しかし、あまりに高い金額で買ってしまうと、会計上多額ののれんが生じてしまいます。のれんとは、簡単にいえば買収金額と対象会社の純資産の差額です。たとえば純資産が20億円の会社に対して30億円の対価を支払って買収したとすると、のれんは10億円計上されます。この10億円ののれんは、買収後に稼ぎ出す収益で回収していく必要があります。仮に、買収後に思ったようなパフォーマンスを出せずに業績が低迷するようなことがあれば、こういったのれんは減損会計の適用により、損失処理を迫られることになります。

　このような損失処理の状態となった場合、経営者は、株主をはじめとする利害関係者に対して説明責任を果たさなければなりません。そのため、バリュエーションを第三者評価に委ね、買収金額に一定の第三者性を持たせる必要があるのです。

2 ▪ バリュエーションの種類

　バリュエーションには様々なものがありますが、大きく分けて以下の3つのアプローチが存在します。なお、これらの企業価値評価方法を単独で用い

ることは少なく、複数の手法により算定した金額を折衷することにより合理的な金額を算定することが多く見られます。
① マーケット・アプローチ
② インカム・アプローチ
③ コスト・アプローチ

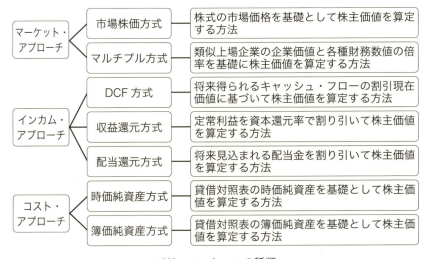

バリュエーションの種類

　マーケット・アプローチは、資産の市場性に着目した評価手法です。市場価格そのものが存在する場合のほか、その資産自体の市場価格が存在しない場合でも類似資産の市場価格を参考にして評価額を算出する方法も含まれます。具体的には市場株価方式、マルチプル方式といった手法がマーケット・アプローチに属する評価手法になります。
　インカム・アプローチは、資産の収益性に着目した評価手法です。その資産が将来どのくらいの収益を生み出すのかから引き直して資産の評価額を算出する手法です。DCF方式、収益還元方式、配当還元方式といった評価手法が代表例であり、赤字企業の場合であっても一定の将来収益を見込むことにより、高い評価額になることがあります。

コスト・アプローチは資産の費用性に着目した評価手法です。資産を調達するのにどのくらいかかるのか、また現時点で処分した場合にどのくらいの価値になるのかといった視点で評価額を決定する手法です。時価純資産方式や簿価純資産方式といった方法があります。

企業評価の手法には様々なものがありますが、どの評価手法を適用するかはケースバイケースです。ある方法を恣意的に選んで良いというものではありません。どのような評価手法を用いるべきかは、局面や対象会社が老舗企業なのかベンチャー企業かによっても変わってきます。

3 ■ マーケット・アプローチ

➤市場株価方式

市場株価方式とは、対象企業が上場企業である場合において、市場における株価を基礎として、企業価値評価を行うという手法です。市場における株価を使用することから、恣意性が介入する余地がなく、非常に客観性の高い評価手法です。もっとも、市場における株価が存在するのは上場企業に限られるため、非上場企業に対しては適用することができないという問題があります。

➤マルチプル方式

マルチプル方式は、類似の上場企業の株価を参考にして対象企業の株価を算定する方法で、類似会社比準方式や倍率方式などと言われることもあります。

まず、類似した業種の上場企業を選定します。そして、選定した上場企業のEBITDA（Earnings Before Interest Taxes Depreciation and Amortizationの略であり、税引前利益に支払利息、減価償却費を加えて算出される利益）などの財務指標と企業価値等との倍率を算出します。これに対象会社の同じ財務指標に当該倍率を乗じることによって、対象企業の企業価値を算定するという方法です。

たとえば、類似上場企業のEBITDAが200で企業価値が3,000である場合、EBITDA倍率は15倍となります。対象企業のEBITDAが30の場合、

これに EBITDA 倍率 15 倍を乗じることで、対象企業の企業価値は 450 と評価されることになります。

マルチプル方式は、類似上場企業の選定が行いやすい場合には、客観性を確保しやすい評価手法になります。しかし、類似のビジネスを行っている企業が存在しないような極めて新規性の高いビジネスやニッチなビジネスの場合には、類似上場企業を選定することが困難になります。マルチプル方式では、類似上場企業を複数選定し、客観性を確保することになります。そのため、複数の類似上場企業を選定できない場合には適用が難しくなります。

4 ■ インカム・アプローチ

➤ DCF 方式

DCF 方式は、Discounted Cash Flow Method の頭文字をとったもので、直訳すると割引キャッシュ・フロー方式ということになります。現代のファイナンス理論における主流的な考え方であり、インカム・アプローチでは、原則としてこの手法が用いられます。ある資産の価値は、その資産が将来にわたって生み出すキャッシュ・フローの割引現在価値と等しいという考えに基づいています。

DCF 方式の特徴は、達成できるかどうか現時点では誰にも分からない将来事業計画を拠り所として、価値の評価を行うという点にあります。そのため、客観性に疑問がある評価手法ではあるのですが、実際には現代における価値算定手法の代表選手として、様々な局面で用いられている企業価値算定手法です。

DCF 方式ではまず複数年の将来事業計画に基づいて各年度のフリー・キャッシュ・フロー（198 頁参照）を算出します。何年分の計画を用いるかはケースバイケースですが、通常は 3 年～5 年分の計画をもとに評価を行うことが多く見られます。ただ、厳密に策定できるのはどんなに長くても 3 年分程度でしょう。適切な事業計画であることを確認した後、各年度のフリー・キャッシュ・フローを算定します。

各年度のフリー・キャッシュ・フローを算定したら割引計算を行うのです

が、ここで何パーセントで割り引くのかが問題となります。何パーセントで割り引くか、つまり割引率を決定する要素としては、貨幣の時間価値とリスクプレミアムの2つがあります。貨幣の時間価値は単純に時間が経過することで生じる利息分を見込むという意味合いです。一方で、リスクプレミアムというのは、将来事業計画を用いることによる不確実性に関するリスクをどの程度織り込むのかという話であり、通常は割引率にリスク分を上乗せすることで調整することになります。

割引率として一般的に用いられるのが、加重平均資本コスト（WACC：Weighted Average Cost of Capital）という指標です。企業の資金調達の源泉として、株主からの資本調達と借入れ等の有利子負債による調達のそれぞれにかかるコストを企業の資本構成も加味しながら加重平均したもので、DCF方式の実務においては一般的に用いられている指標であるといえます。日本企業の場合に用いられるWACCの水準としては一般的には5%～10%程度が最も多くみられます。

割引率が決定した後に、将来キャッシュ・フローの割引計算を行うことになります。ただ、上述したように、策定する将来事業計画はせいぜい3年分から5年分です。しかし、事業活動は5年経過したからといってそこで終わるわけではなく、順調にいけばその後も継続していくことになります。そのため、5年分のキャッシュ・フローだけで事業価値を評価するのはおかしな話になります。そこで、ターミナル・バリューという概念を用いることになります。ターミナル・バリューは、日本語では永続価値と訳されますが、策定した将来計画の最終年度以降も事業活動が永続することを前提として、その価値を見積もった将来計画の最終年度のキャッシュ・フローとして加算するものです。

ターミナル・バリューは、一般的には最終年度の単年度のキャッシュ・フローを割引率で割り戻すことによって算出されます。

DCF方式は、事業計画の信用性や割引率の信用性の点から、客観性が保たれにくい企業価値評価方法です。もっとも、マーケット・アプローチの手法であるマルチプル方式は、類似のビジネスを営む上場企業が複数選定でき

ない場合には使用することが難しいですし、後述するようにコスト・アプローチはグループ内再編などのケースを除いて、継続企業を前提とした場合の評価にはあまり適さないという問題があります。そのため、消去法としてDCF方式が適切であるとして主要な企業価値評価方法とされているという実情があります。

＞収益還元方式

　インカム・アプローチでは基本的にはDCF方式が用いられるのですが、稀に用いられる方法として収益還元方式という評価手法もあります。これは、単年度の予想税引後正常利益を資本還元率（WACCを使用することが多い）で割り戻して事業価値を算出するという評価手法であり、上述したターミナル・バリューの計算と同様です。インカム・アプローチによって評価を行いたいが、DCF方式を採用するほどには、適切な事業計画を複数年にわたって入手することができないような場合に、現時点における正常収益力もしくは予想のしやすい単年度計画の数値を用いて、これを割り戻すことにより事業価値を算出してしまおうという評価手法です。

＞配当還元方式

　配当還元方式は、株主に還元される配当金に着目して評価額を計算する評価方法です。配当還元方式は、税法上の評価方法としての位置付けであり、非上場会社の評価方法としては極めて例外的です。なお、配当還元方式では、株価が通常低く算定されます。

5 ▪ コスト・アプローチ

　コスト・アプローチの評価手法は、純資産方式です。つまり、純資産額をもって株主価値とする評価手法です。ひとくちに純資産方式といっても、2つに大別されます。1つは資産及び負債を時価評価した上で純資産額を算定する時価純資産方式であり、1つは時価評価を行わずに帳簿価額のままで評価を行う簿価純資産方式です。

　ただ、通常のM&Aの局面において、コスト・アプローチを用いるケースは多くはありません。なぜなら、このような純資産方式に基づく評価は、

企業の静態的な価値を切り取ったものであり、事業の継続性などが考慮されていないためです。継続企業を前提とせずに、清算を前提とした解散価値などを算出しなければならない局面においては、非常に適した評価手法といえるのですが、通常のM&Aでは清算を前提としておらず、将来の成長を見込んで買収していくため、状況にそぐわないということになります。

そのため、同一の企業グループ内における再編の場合などを除いて、通常のM&Aにおいては基本的には用いられない評価手法であるといえます。

入札方式

日本における中小規模のM&Aの大半は、相対方式（マッチング方式）で行われています。つまり、買主1名を選定し、その買主のみがデューデリジェンスを実施し、価格交渉の上クロージングするという方法です。

これに対して、複数の買主が入札を行い、最高価格を入れた場合などの条件によりM&Aを実施する入札方式（ビッド方式）も存在します。入札方式を実施すると、複数業者のデューデリジェンス対応を行う必要もあり、手続が非常に煩雑になります。そのため、1回のディールが高額になる大企業の売買でないと実施されにくいという事情があります。もっとも、相対方式の場合に比べて、多くの企業を競わせることになるため、最終的な落札価格は上昇する傾向にあります。

なお、入札方式を採用した場合であっても、必ずしも入札価格のみで判断するわけではありません。企業買収においては、M&Aスキームやその後の経営方針、従業員の処遇など様々な要素が存在します。そのため、入札価格を考慮に入れた上でその他の点についても加味して選考するという扱いにされることが一般的です。

Scene 25
報告会

　夕方遅く、バウムクラストの会議室で社長の佐藤と堀田、それに法務・財務デューデリジェンスメンバーが席に着いていた。昨日堀田にもたらされた、ビッド方式で買主を決めるという方針につき急遽対策を練るためだ。堀田は緊張した面持ちであったが、佐藤は別件の飲み会を遅刻した状態にして会議に臨んでいるのか、スマホが気になっている様子だった。

　堀田が一同を前に口を開いた。

「相対方式で取引がなされると考えていたところ、突如としてビッド方式にて買主を決めると太田製菓側が述べてきました。まず確認しておきたいのですが、これまでこのような情報が全くもたらされていなかったことから、何らかの契約違反を追及できないのでしょうか」

　これに対し新堂がファイルをめくって書面を指し示した。

「その点について何らかの主張ができないかと関係書類を検討しました。ところが、基本合意書には独占交渉権や相対取引になることは記載されていません。また、御社が買収するか否かという点については、法的拘束力が認められていません。そのため、ビッド方式により買主を定めるとしても太田製菓側に義務違反は認められない状態です」

　理路整然とした説明だった。堀田はがっくりとうな垂れ、基本合意書を弁護士にチェックせずに締結したことがいけなかったのかと自問した。しかし、そのことを佐藤に追及されることをおそれ、これ以上基本合意書にこだわることはやめようと考え直した。

「分かりました。昨日以降、FAから伝えられたビッドの詳細ルールについてご説明します」

　そう言って、堀田は安積からのメールを皆に配った。そこには、決済日などの詳細が記載されている中で、以下の文字が躍っていた。

| 1　勝敗は支出する代金総額（株式譲渡対価、退職金等）の多寡で判断する
| 2　スキームは、原則として株式譲渡等の会社全体を譲り渡すものとする

　一目見て太郎もなるほどと思った。太田製菓は、ライバルと競わせることで買収価格を吊り上げたいのだ。
　「確か、太田製菓が当初希望していた金額は、買収対価として10億円でしたね。退職金はいくらになるんでしたっけ？」
　「計算上では約7億円です」
　西野が答えた。
　「ということは、ベースとなる金額は17億円ですが、御社としてはこんな金額は支払えないということでしたよね」
　「はいそうです。会社をひっくり返しても払えません」
　「実際問題、株価としていくらくらいが妥当なんですか？」
　新堂が西野に顔を向けた。
　「詳細なレポートは後日お渡ししますが、対象会社の修正純資産のサマリーがこちらになります。この図からも明らかなように、修正後純資産は約7億円のマイナス、役員退職給付引当金がほぼ同額ですので、これを支払わないとすると純資産0円となります」
　「ということは、株式譲渡対価と退職金を支払わないというところが、議論のスタートになるわけですね」
　「そうですね。ただ、これはBSベースの価値ですので、実質的には将来収益等を考慮してある程度金銭を支出することになると思いますが」
　会議に同席していた一同は頷いたものの、太田製菓が示した金額との開きの大きさに閉口していた。重い沈黙を破るように、太郎が発言した。
　「ところで、どこがライバル会社なんでしょう。その辺のことは聞いていますか？」
　「ええ。この点を追及したものの安積さんがハッキリしないため、一体あんたは誰の味方なんだと強く言ったのです。そうしたら、まだ内密にしてほしいとのことでしたが、コンバーティブルファンドというところだと教えて

くれました」
「コンバーティブルファンド？　聞いたことあるよ、それ」
それまで机の下でスマホをいじっていた佐藤が突然話に加わった。
「確か、最近できたファンドだけれども、バックに大手企業がいたと思う。後で知り合いに聞いてみるよ」
「それでは、ライバルの情報収集については、社長にお願いします。それと並行して、堀田さんと社長の方では、総額でいくらの金額で入札するのかのご検討をお願いします。期日までに集められるキャッシュの額と買収することによって得られる利益の総合考慮によってご判断することになると思います」
「落札額はいくらくらいになると思います？」
困り果てた顔で堀田が新堂に尋ねた。
「それは分かりませんよ。ただ、入札日まで1週間ほどあります。この間に可能な限り、ライバル会社が太田製菓に対していくらの値付けをしているかを把握する必要がありますね」
そう答えて、急遽開催された打合せは終了した。

バウムクラストを出たところ、夕焼け模様が一転し、すっかり夜になっていた。太郎は、会議の場では発言しなかったことを新堂に投げかけた。
「それにしても、太田製菓は酷いですよね。資料出しを拒むという不誠実な対応をしつつ、裏では別の会社に買収の話を持ち掛けているなんて」
「まあ、同族役員が最後の資産をできる限り高値で売却しようと知恵を絞っているんだろう。むしろ、裏で別会社への売却を検討していたからこそ、現地調査日について非協力的だったり、資料出しに消極的だったんだと合点がいったよ」
「ということは、ファンドの方が本命なんですかね」
「そうかもしれないな。ただ、ファンドもまだ金額は示していないだろう。金額次第では、バウムクラストが入札で勝つ可能性もあると思うよ」
そう言うと、新堂はさっと手をあげて停車したタクシーに乗り込んで行っ

てしまった。

　その後堀田から、社長がつかんだ情報がメール送信されてきた。それによると、コンバーティブルファンドは多額の金銭を運用しており、儲かると踏めば何十億でも出資することができるとのこと。ただ、どうしてそのファンドが太田製菓のような和菓子メーカーを買いたいと思っているのかは、分からないというものだった。
　そうこうしているうちに、安積を通じてビッドの具体的内容を決めるため、関係者一同にFA会社に集まってほしいと打診があった。直接コンバーティブルファンドのメンバーと接触できる機会ということで、デューデリジェンスメンバーもかなり無理をしてスケジュール調整を行い、同席することにした。
　太郎達がFA会社の部屋に通されると、既に堀田と見知らぬメンバー2名が着席していた。背が低く太めの40代と、20代くらいの若い男性だった。堀田に彼らがファンドの担当者であると聞いたため、太郎と新堂は彼らと名刺交換することにした。仕立ての良さそうなスーツの袖口から手渡されたのは、厚手の高級紙を使った名刺だった。40代の名刺には鯉渕と書かれていた。

「お忙しいところお時間いただきありがとうございます。本日は、来週実施されるビッドについて、詳細打合せを行いたくお集まりいただきました」
　太田製菓のFAである杉山が口火を切った。同席者全員を見回した後、言葉を継いだ。
「今回、売主様でいらっしゃいます太田製菓様のご意向により、ビッド方式により買主様を決めることとなりました。本来であれば、デューデリジェンス前にこのことをお伝えできればよかったのですが、売主様もビッド方式によるべきか迷われていたこともあり、お伝えすることが遅くなりました。まず、今回のビッドは既にご連絡差し上げていますとおり、買収総額により決せられます。会社全部の譲渡であれば形式を問いませんが、株式や退職金

等の支払うキャッシュの総額の多寡により、勝敗を決めさせていただくことになります」
　ここで新堂が口を挟んだ。
「具体的にどのような方法で入札を行うのですか」
「はい。公平を期すために、入札会場にて所定の用紙に買収総額を記載していただき、封筒に入れていただきます。それを双方関係者が同席する前で開封させていただきます」
　新堂が軽く頷いた。至ってシンプルな方法だ。
「金額が同額だった場合にはどうなるのですか？」
　鯉渕が発言した。
「その可能性は低いと思われますが、万が一同額になった場合には、時間をおいて再度入札していただきます」
「ビッドの勝者との間では、買収契約が必ず結ばれるという理解でよろしいですか」
「はい。スキームなどの詳細項目は追って協議にはなろうかと思いますが、買収総額については確定とし、買収契約が締結されることになります。その旨の書面も追って締結させていただきます」
　鯉渕はこちらをみてニヤリとした。太郎は自信ありげなその顔を目の当たりにし無性に腹が立った。
　その後、決済日や決済後のスケジュールなどの確認が一通り行われ、ある程度質問も出尽くした状態となった。そのタイミングを見計らって、新堂が鯉渕に話しかけた。
「御社でも対象会社のデューデリを行ったかと思いますが、いつ頃現地調査に入られたのですか」
　一瞬、鯉渕と若手が顔を見合わせ、若手が口を開いた。
「11月20日頃だったかと思いますが」
『うちらが現地調査に赴く前に既にファンドが現地調査を実施していたとは』
　太郎はその事実に驚いた。新堂は続けて質問を投げかけた。

「現地調査では、あまり資料が出てこなかったかと思いますが、契約書などは見られましたか」
「そうですね。歴史のある会社ではありますが、契約書などの書面はそれほど保管していない会社でしたね。まあ、よくあることですよね」
と言って鯉渕が自信満々な笑顔を見せた。
更に新堂が質問を畳みかけようとしていたのを見計らって、杉山が口を挟んだ。
「よろしいですか。ご両名は、これからビッドの当事者になるわけですから、直接のご質問等はお控えいただくようお願いします。もし質問があるようでしたら、私を通じてお願いします」
杉山の発言で新堂の顔が険しくなったが、ほどなくして打合せは終了した。
太郎はそのやり取りを聞きながら、得体の知れない違和感を覚えていた。ただ、その違和感が何によりもたらされているのか判然としなかった。

それから数日、太郎はレポート作成に追われていた。満足に睡眠時間を確保することもできなかった。また、他の訴訟案件なども後回しにしており、徐々に積み上がる滞留仕事に押しつぶされるようなプレッシャーを感じていた。
明日は報告会だ。前日までに報告書のドラフトをPDFで送ってほしいと堀田に言われていた。財務の報告書は順調に仕上がったようで、昼頃には既に提出されていた。チラッとファイルを開いたところ、パワーポイントベースのカラフルで綺麗な報告書が飛び込んできた。
太郎が必死になって作成しているワードベースの文字だらけの報告書と比べると、どうしても見劣りしてしまう。とはいえ、今さらパワーポイントで報告書を作ることなどできず、むしろ目の前の報告書を書き上げるので精一杯だった。深夜1時、何とか自分の修正箇所が終わり新堂の決裁も通った。ようやく速報版として堀田にメール送信したところで、太郎は力尽きた。

25 報告会　ストーリー

「そろそろ行くぞ」

飯嶋先生の声で飛び起きた。送信完了した状態で、そのまま机に突っ伏して寝てしまっていたらしい。慌ててモニター右下の時計を見ると12時を回っていた。報告会の午後1時まで後30分ほどであった。

「すみません。報告書を完了した時点で意識がなくなっていました」

「気にするな。俺も若いころは事務所で寝泊まりしたもんだ」

「ところで、今日の報告会、先生も同席されるんですか？」

これまでのデューデリジェンスの大半は新堂に任せっきりだったが、報告会は飯嶋先生も顔を見せるらしい。確かに、クライアントとしては飯嶋先生に同席してもらった方が安心かもしれない。

手早く身支度を整え、太郎は事務所をあとにした。

報告会場は、バウムクラストの会議室だった。参加者は、社長の佐藤と堀田、法務と財務のチームだった。まず財務側から報告が始まった。カラフルなパワーポイントがスライドに投影されていく。今度報告書を作るときには、パワーポイントで作成しようかと太郎は考えていた。

説明は澱みなく進んでいく。途中で5億円存在した純資産が、検出事項によってメキメキ毀損し、マイナスとなっていくスライドが表示された。最終マイナス額は約7億円であり、西野の説明によれば役員退職金がほぼ同額なので、これを支払わなくても良いというのであれば実質的に純資産は0円になると、以前と同様の説明がされた。ただ、これを前提としつつも、ビッドに勝つように入札金額を決める必要があると述べられ財務の報告が終了した。

Ⅳ. 調査基準日時点の修正貸借対照表(資産)

✓ 対象会社が××であることを考慮した仮払消費税の修正

調査基準日(××年×月末)時点の修正貸借対照表(資産)は以下のとおりである。

勘定科目 単位:千円	修正前BS 金額	構成比	修正仕訳 借方	貸方	修正後BS 金額	構成比
流動資産	××	99%	—	9,793	××	98%
現金・預金合計	××	55%	—	—	××	58%
現金	300	0%			300	0%
小口現金	348	0%			348	0%
預金	××	55%			××	58%
売上債権合計	××	31%	—	—	××	33%
棚卸資産合計	789	0%			789	0%
商品	789	0%			789	0%
その他流動資産	××	12%	—	9,793	××	8%
前払費用	3,524	2%			3,524	2%
未収入金	9,408	5%			9,408	5%
預け金	294	0%			294	0%
仮払消費税	9,793	5%		9,793	—	0%
本支店勘定	739	0%			739	0%
固定資産	××	1%	—	—	××	2%
有形固定資産	734	0%			734	0%
工器具備品	734	0%			734	0%
無形固定資産	2,091	1%	—	—	2,091	1%
ソフトウエア	2,091	1%			2,091	1%
資産合計	××	100%	—	9,793	××	100%

　次に法務の説明である。新堂がプリントアウトした報告書を各人に手渡した。

　新堂の説明も澱みなく、しかも分かりやすく展開されていった。財務のパワーポイントのスライドを見た後だとワードの白黒ベースの報告書が引けをとるのではないかと思ったが、むしろグラフを駆使する必要がない法務側からすると、ワードの方が報告書として相応しいのかもしれないと思い直した。

　法務の報告の締めとして、株券発行会社であるにもかかわらず、株券を交付していない株式譲渡がなされている点が最大の問題であり、この点をクリアせずに株式譲渡を受けるという手法をとることは考えられないと説明がな

された。報告を終えた新堂が社長の方を向いた。
「それでは、質疑応答に入りたいと思います。ただいまのご説明を踏まえ、疑問点等がありましたらお願いします」
「先ほどの説明ですと、株券発行会社であるのに株券交付をせずに無効な株式譲渡を繰り返していたということでしたね」
新堂が頷いた。
「この問題を解決する方法として、過去の株主全員の間で覚書を取り交わす方法があり、それは非現実的だということでした。それ以外にこの問題を解決する方法はないのでしょうか」
新堂が飯嶋先生と目くばせし、おもむろに飯嶋先生が口を開いた。
「実際問題、過去の株主は株式譲渡とともに代金を受領しているため、後で『私が真の株主だ』と権利主張することはほとんど考えられません。そのため、そのような権利主張をしてくる株主がもし出てくるのであれば、その際に売主の費用と責任で対処するという条項を買収契約の内容とすることが考えられます」
社長が大きく頷いている。
「けれども、この場合であっても御社は法的には株式を取得していない状態となります。このことは、御社が上場会社であることにもかかわるのですが、子会社として保有している株式割合などを有価証券報告書に記載する場合などに問題が生じかねません。また、そのようなディールを行ったことにつき、株主代表訴訟が起きるおそれもあります」
堀田の顔が引きつった。
「そこで、少々テクニカルなのですが、会社分割を用いて処理する方法が考えられます」
「会社分割？」
社長と堀田が顔を見合わせた。
「はい。対象会社の事業のうち、欲しい事業を会社分割の方法で貴社に吸収させることにします。この場合でも、法的には現在の株主では、会社分割に必要な特別決議の要件を満たさないことになりかねません。しかし、会社

分割のような組織再編の提訴期間は効力発生日から6か月と限定されていますので、後日対象会社の株主から争うことはできなくなります」
「なるほど。ただ、その手法をとった場合のデメリットはないのですか」
社長が慎重な意見を述べた。
「ええ。デメリットもあります。まず、株式譲渡のように短期間で終了せずに手続が複雑化します。それに伴い完了までの時間と費用がかさみます。また、対象会社の優良事業を持ち去ってしまうと、仕入先や金融機関等の債権者が被害を受けることになるため、これらの債権者との間で同意を得ておく必要があります」
「承知しました。ビッドの条件として会社全部の譲渡という事項がありましたが、この方法でも問題ないのですか」
「そうですね。実質的には、会社分割を行った後の会社は抜け殻としてほぼゼロの状態となります。そのため、実質的に会社全部を譲渡するという条件は満たしているものと考えられます」
「そうなると、次に問題となるのは買収額だな」
その言葉に堀田が反応した。
「ビッド方式という情報が伝えられてから必死に金策に走りましたが、結果としてこれまで掻き集められた金額は、合計約10億円になります。この金額で入札するかはさておき、仮にこれ以上の金額をファンドが入札した場合、どうしようもありません」
悲痛な叫びのように聞こえた。いつもはスマホを気にしている佐藤も、この時ばかりは何か思い描いているような表情を浮かべていた。

……Scene 26「入札・最終契約書」(306 頁) へ続く。

解　説

関係当事者：買主、法務、財務

〔該当する手続段階〕

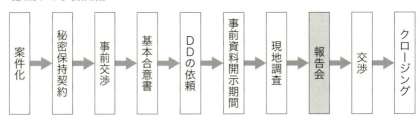

1 ▪ 報告書の形式

　通常、現地調査から1か月以内に報告会が実施されます。ただ、場合によっては報告会までに満足な時間がとれず、最終版の報告書が間に合わないこともあります。そのような場合には、中間報告書やエグゼクティブサマリーなどを用いて報告会を実施し、その後に正式な報告書を提出するという流れをとることになります。

　報告書は、問題点がそれほどない非上場会社であれば数十ページ程度に収まると思います。一方で、上場会社であったり、スコープが広く、子会社も多いなどの事情があると、百ページを超えることになります。いずれの報告書であっても、時間のない経営陣が概要を把握できるようにするため、エグゼクティブサマリーのような報告書の要約を行ったページを設けるべきでしょう。

　報告書は、各DDアドバイザーから各々独立して提出されることが一般的です。法務デューデリジェンスと財務デューデリジェンスを実施したのであれば、法務と財務から独立した報告書が提出されます。これに加え、バリュエーションを実施していたのであれば、バリュエーションに関する報告書も別途提出されることになります。法務の報告書は、ワード形式で提出されることが多く、財務の報告書は、パワーポイント形式で提出されることが多く見られます。ただ、どちらの形式であっても依頼者である買主にとっ

て、読みやすく理解しやすい報告書であるべきでしょう。

　なお、法務の報告書と財務の報告書は、対象会社の概要や歴史、業務内容などの点においては、かなり重複することになります。また、法務と財務は、基本的に独立してデューデリジェンスを実施しており、その間の情報連携もあまり行われないことから（124頁参照）、報告書間で矛盾が生じることもあります。そのような弊害を取り除くため、法務と財務のメンバーが共同して一体型の報告書を作成することも考えられます。

　ちなみに、海外の法律事務所や会計事務所に独自にデューデリジェンスを依頼している場合、報告会については、場所的、言語的な問題から実施されないことも見られますが、テレビ電話などで行われることもあります。

2 ▪ 報告会の注意事項

　報告書は、往々にしてかなりの分量になるため、どこが重要なポイントなのか口頭で説明を受け、質疑応答する場を設ける必要があります。書面だけを見ていると、問題となる点やリスクなどが指摘されているものの、それらの度合いやリスクが顕在化する可能性などについては、口頭でなければニュアンスを知ることができません。

　たとえば、非上場会社では、取締役会を3か月に1回は開催しなければならないところ、そのように開催されていないことは多く見られます。また、官報で決算書を公告すると定款に明記されているにもかかわらず、決算公告をしていない会社も多く見られます。このような違反のリスクは比較的軽微であるものの、報告書に書面として記載する際には問題点として指摘せざるを得ません。

　そのため、報告会では、報告書内の疑問点の確認は当然行うとして、問題点の程度やそれが顕在化する程度、解消手段を実施した場合の解消度合いといったような、書面に記載しにくい事実のニュアンスを把握するよう努めましょう。

3 ▪ 追加調査

　報告会が終了した後に協議した結果、更に追加の調査事項が生じることもあります。たとえば、当初株式譲渡のスキームを考えていたところ、法務デューデリジェンスで発見された問題を解消できないことが判明したため、会社分割にスキーム変更したとします。このような場合、会社分割を前提とした調査を行っていないため、この点についてのみ追加のデューデリジェンスを実施するといったような場合です。

　このような場合には、改めて納期と費用設定を協議した上、別途対応することになります。ただ、これまで調査を実施していたので対象会社に対する理解がありますし、現地調査等を通じて収集した資料が手元にあることから、それほど時間と費用がかさむことはないという傾向にあります。

Scene 26

入札・最終契約書

　ビッド開始まで15分。太郎は、ビッドの会場となるFA会社に到着した。受付で名前を告げると、バウムクラストの待合室に通された。既に堀田と社長の佐藤が到着している。堀田の顔には、あからさまに緊張が走っている。その様子を見て、太郎にも緊張感が伝染した。
「あの後、金策は進んだのですか」
　太郎が堀田に声をかけたが、堀田からはすぐに返事がなかった。しばらくして、口の前に人差し指をあてて太郎の方を向いた。
「ないとは思いますが、この部屋に盗聴器があるかもしれないので」
　それを聞いて太郎は「すみませんでした」と平謝りした。
　その最中、新堂と西野が待合室に入ってきた。太郎は、「盗聴器があるかもしれないので、話は控えましょう」と告げた。新堂と西野は頷いた。
「金策につきましては、この前お話しした金額から少しだけ上積みができました。ただ、先方次第でもあるので、安心はできませんが」
　堀田は慎重に言葉を選んで状況報告を行った。先日は、約10億円調達できると話していたので、それからいくらか上積みできたのだろう。

　定刻になり、大きめの会議室に通された。ファンドの鯉渕も既に会議室奥に立っていた。相変わらず大きな顔に余裕のある笑みを浮かべている。鯉渕の様子を見て堀田は悲痛な表情を浮かべた。太郎は堀田に聞こえないように小声で新堂に「勝てますかね」と尋ねた。
「さあね。ただ、これは法的判断じゃないから俺たちはどうしようもないよ」
　淡々と素っ気ない回答が返ってきて、太郎は自分との温度差を感じた。西野にも同じ問いかけをした。

「勝ってほしいけれども、正直あの金額で買う価値があるのかは疑問じゃない？」

確かに、勝つことに執着していたが、落ち着いて考えてみれば10億円を超える価値があるのかは疑問だった。

その時、おもむろに太田製菓の社長である太田守が入室してきた。ビッドの会場に太田社長が来るとは聞いておらず、太郎は目を見開いた。太田社長は満面の笑みをたたえている。自分の会社を高く買うために皆が集まっているのを確認しているようだ。

「これで関係者全員がお揃いですね」

杉山が場を進行させ始めた。

「太田社長には、今回のビッドの結果をその場で確認してもらうためにお越しいただきました。それでは、これから太田製菓様の買収総額を入札方式にて決めさせていただきたいと思います。手続は至ってシンプルです。ここに2通の用紙と封筒をご用意しました」

そう言って、会議室の机の上に線が入った白紙と茶封筒を置いた。

「各々、先ほどの控え室に用紙と封筒をご持参いただき、そこで金額を記入していただきます。その用紙を封筒に入れて、この会議室に戻ってきてもらい、皆さまの前で開封するという流れとなります」

「記入する時間はどれくらい頂けるのですか」

堀田が質問した。

「そうですね。既に金額は念頭にあるかと思いますが、念のため時間を決めておきましょうか。それでは、10分後にこの会議室に戻るという流れでお願いします」

堀田と鯉渕が用紙と封筒を受け取り、各々のチームがそれぞれの控え室に向かった。

控え室の空気は非常に重かった。誰一人として口を開かず押し黙っている。机の上には封筒と金額を記載する用紙が置かれている。

```
┌─────────────────────────────────────────────┐
│                  入札書                      │
│                                             │
│                                             │
│     入札金額　金                         円  │
│                                             │
│                                             │
│                   会社名                     │
│                                             │
└─────────────────────────────────────────────┘
```

「社長……。まだ書かないのですか」
　堀田が重い空気を破った。
「ん？　正直言って、まだ迷っている」
「えっ？　調達できる金額は先ほどお伝えしましたよね。何を迷っているのです？」
「いや。ファンドの奴らの余裕な態度が気になってね」
　太郎も同じ印象を受けていた。
「確かにファンドが高い金額を入れるかもしれませんが、当社の資金調達額のリミットは先ほどお伝えしましたとおりですから、それで負けるのであれば仕方がありませんよ」
「うーん」
「社長、もしかしてリミットを超えるつもりではないですよね。ビッドの詳細ルールに書かれていましたが、落札したら翌日までに落札額を支払えるだけの確たる根拠を示す必要があるのですよ。先ほどお伝えした金額は、社長の個人資産も考慮に入れた金額なのですよ」
　佐藤は黙って用紙を見つめている。
「もういいじゃないですか。あの会社は叩けば埃が出るような会社ですよ。大金を積んで買うような会社ではありませんよ。リミットを記載して負

けても、それはそれでよかったということになるかもしれませんよ」
「堀田さん。少し黙ってもらえますか……」
　佐藤の口調が突然敬語になった。それに驚き、堀田は後ずさった。
　佐藤はしばらく思案した後ペンを手に取ると、その場のメンバーにも見えないよう手で隠しながら金額を記入し、封筒に収めた。太郎は、控え室の空気の重さに耐えきれず、無音でため息をついた。堀田の顔を盗み見したが、相変わらず険しかった。

　ビッドの会場の会議室にバウムクラストの一団が入ったが、まだファンドの鯉渕らは会議室に居なかった。控え室にいるようだ。太郎が時計を見たところ、ビッド開始から８分経過したところだった。このまま制限時間を超えたら不戦勝かという思いが頭をよぎったときに、鯉渕ら２名が封筒を片手に入室した。相変わらず、余裕のある顔つきだ。大企業がバックについたファンドであり、しかも鯉渕もファンドの代表ではない。自分自身ともいえる会社の金銭を切り出している社長の佐藤とは、緊張感の土台が異なるのだろう。
「皆さま、金額のご記入は終わりましたか。それでは、封筒をお持ちください」
　佐藤と鯉渕が杉山の前に封筒を差し出した。
「それでは、これから開封いたします」
　どちらの封筒を先に開けるのか気になり、太郎の鼓動が早くなった。杉山は先にファンドの封筒に手を付けた。太郎は鯉渕の顔に視線を向けた。相変わらず余裕の笑みを浮かべている。
『おかしい。他人の金だとしても、こうも緊張せずにいられるのか』
　その瞬間、杉山が封筒を開封した。
　皆の視線がファンドのビッド金額に集まった。
『一、十、百、千、万……。えっ？』
「はい。ご覧のとおり、コンバーティブルファンド様の入札金額は、100万円でした」
　会場が驚きの声に包まれた。太郎は軽いめまいを覚えた。視線を鯉渕、杉

山、太田社長に移す。なぜか動揺の色が見られない……。
　『そうか！』
　太郎は、今まで感じていた違和感の原因が何だったのかハッキリと分かった。このビッドは、ファンドという当て馬をぶつけることで、バウムクラストの入札金額を吊り上げる目的だったのか。

「ふざけるな！！」
　会場に堀田の大声が響き渡った。
「どうされました。堀田様？」
　杉山が落ち着いた声で尋ねた。
「どうもこうもないだろう。何で100万円なんだ。こんな出来レースはおかしいだろう！」
　鯉渕が相変わらず余裕のある表情で、太田社長の前で大変失礼ではありますが、と前置きしつつ説明を始めた。
「御社もデューデリジェンスを実施したのでお分かりかと思いますが、対象会社の実態純資産は大きく毀損されています。そのため、弊社としましては金額が付かない状態であると判断しました。ただ、将来性を見越して値付けしました結果、そこにご提示の金額となった次第です」
　確かに財務レポートによれば、太田製菓は債務超過になっていた。ファンドの説明は筋が通っている。堀田は、拳を握り締めて悔しさに打ち震えていた。太田社長の策略にはまり、高値づかみをしてしまったことの後悔であった。

「よろしいでしょうか。それでは、続いてバウムクラスト様の入札額を開示します」
　太田社長が舌なめずりするような顔で封筒に視線を送っている。堀田は、苦悶の表情で目を瞑っている。
「えっ？」
　金額を見た杉山の口から疑問の声が漏れた。動揺して手が小刻みに震えて

いる。異変に気が付き、堀田が瞑っていた目を開いた。
「バウムクラスト様の入札金額は1億100万円です」
「えー！！」
　太郎は大声をあげた。会場にいる他のメンバーも同様に驚きの声をあげた。とっさに佐藤の方を向いたところ、佐藤は表情を変えず腕組みをしたまま佇んでいる。
「以上のとおり、入札の結果、バウムクラスト様が1億100万円で落札されました」
　冷静さを取り戻した杉山が場を取り繕ったところ、太田社長が真っ赤な顔をして怒鳴った。
「ちょっと待て！！　何でうちが1億円程度の価値しかないんだ！　こんなの無効だ。断固としてやり直しを求める！」
　太田社長の怒りに触れ動揺した杉山がオタオタとなだめようとしたが、怒りは収まらない。
　その様子を見て、佐藤が腕組みをしながら口を開いた。
「太田社長の心中お察し致します。私も会社を経営する身として、ご自身の会社が安く評価されることに憤りを覚えることは、至極当然です。ただ、会社経営は社会のルールに則って行う必要があります。ルールを逸脱する会社は、社会から放り出されることになりかねません。この入札も事前に取り決めたルールに基づき実行していました。弊社の入札もルールに則っています。そのため、入札のやり直しなどというルールを逸脱する発言は、社長としてお控えいただくようお願いします」
　太田社長は佐藤の言葉を聞いて苦虫を噛み潰したような表情で押し黙った。
「それでは、契約の詳細につきましては追って協議することとし、本日の入札を終了したいと思います」
　太田社長が怒っているからか、仲介手数料が低くなったからか定かでないが、閉会を告げる杉山は意気消沈していた。

　会場を後にしたバウムクラストの一団は、興奮さめやらない様子だった。

26　入札・最終契約書　ストーリー

「いやぁ。社長！　驚きましたよ。てっきり調達限度額の12億円で入札しているものだとばかり思ってました。100万円の入札額が開かれたときは、目の前が真っ暗になりましたが」

堀田はいつになく饒舌だった。

「それにしても見ましたか？　あの杉山の表情。今頃、太田社長をなだめるために必死になっているんじゃないですかね」

そう言って、FA会社が入っているビルを見返した。

「ところで、社長はいつから安い金額を書くつもりになったのですか？」

「ああ。最後まで迷っていたけれども、鯉渕があまりにも余裕綽々だったのでね。嘘臭さを感じて安値で入れてみた」

太郎が感じていた違和感に社長も気が付いていたようだ。それとともに、以前堀田が『社長の動物的勘は外れたことがない』と話していたことが頭をよぎった。

「それにしても100万円かー。もうちょっと安値で入れておくべきだったな。1億円損しちゃったよ」

そういって佐藤は闊達に笑った。

最終契約書[38]の調整はいろいろと困難を極めた。金額はビッドにより確定したものの、買収後も残る人材と退職させる人材の調整や、金融機関対応、COC条項がある取引先との対応にも骨が折れることになった。当初はビッドの結果を不満に思った太田社長は非協力的だったものの、太田社長が引き継ぐまでの1年間、役員報酬を倍増するよう佐藤が指示したことに気を良くしたのか、徐々に協力的な姿勢に転じた。

堀田は買収した太田製菓の取締役になり、再生業務で四苦八苦している。「こんなことになるなら、入札に負けてくれた方がよかった」などと苦笑いしていた。実際に買収した後に精査したところ、やはり問題が次から次へと出てくるとのことだったが、今まで扱ったことがない企業再生のような業務

---

[38] M＆A手続の総括としてM＆Aの具体的内容が記載された契約書。買収契約書とも言われる。

に携わっていることが新鮮だと話していた。

　太郎は新堂の事務所に今回のディールを監督してくれたことのお礼を告げに訪れた。
「先輩。例のディールでは大変お世話になりました。初のMAで海外出張もあり、非常に学ぶところがありました」
「そうだな。今回のディールではいろんなことが起きたよな。最後の入札もドラマチックな展開だったし」
「そうですよね。まさか、ファンドが100万円で札を入れるとは思っていませんでした。何となくファンドの動きはおかしいなとは思っていたんですが」
「ん？　どんなところがおかしかった？」
「ファンドの鯉なんとかがいつも余裕だったところですかね。金額が記載された封筒を渡す時でさえ、余裕満々でしたから。どんな人だって緊張するはずの場面でですよ」
「そうだな。俺もその点はおかしいと思っていたけど、他にもおかしいところがあったな」
「え？　どの辺ですか？」
「まず、最低売却価額がルールに記載されていないことかな。これがないと太田製菓としては安値で入れられてしまうおそれがあるからリスキーだよな」
「そうですね。ファンドが安値で入れるために最低売却価額を設けなかったのかもしれませんね」
「あと、ビッドのルール説明のときに、鯉渕が俺たちよりも前にデューデリに入ったと話していたよな」
「そうですね」
「だとしたら、普通キャビネット一杯の契約書も会議室などに運んで確認するはずなのに、契約書は整然とキャビネットに収まっていたからな。つまり、それほど真剣にデューデリをしなかったんじゃないかな」

「なるほど！」

　確かに太郎が格闘した契約書は、長年開かれた様子がない雰囲気を醸し出していた。デューデリジェンスを真剣に行っていない理由は、単にファンドが当て馬として負けることが確定していたからだろう。太郎は、あの時の新堂の質問にそんな意味が隠されていたと知り驚愕した。

「そのことを佐藤社長に告げたんですか？」

「いや。あくまでも憶測の範囲を出ないし、経営判断は法律家の役目ではないんでね」

　新堂は、あくまでもクールな法律家だった。

（完）

解　説

関係当事者：買主、法務、財務

〔該当する手続段階〕

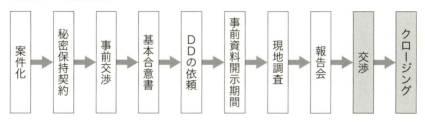

1 ▪ 交渉

デューデリジェンスを実施した結果、判明した問題やリスクについては、以下のような対処法が取られることになるのが一般的です。

① 買収価格交渉で考慮する
② 代金支払前の義務とする
③ 表明保証条項に組み入れる
④ 特別補償条項に組み入れる

① 買収価格交渉で考慮する

直接的な解決方法としては、当初予定していた買収金額から減額することなどにより、問題点を解消するという方法です。

たとえば、売掛金が1億円あることを前提として買収価格を設定していたところ、そのうちの3000万円は回収不能であることが判明し、引当金を設定することになった場合、当初予定していた買収金額から3000万円を控除するという方法で解決することが考えられます。また、対象会社が作成していた事業計画に基づきDCF方式（289頁参照）により買収金額を算定していたところ、事業計画を修正すべき事実が判明したことにより、買収金額が減額するということも考えられます。

このように、デューデリジェンスが終了した時点で確実な事情について

は、可能な限り買収価格で調整すべきでしょう。もっとも、交渉ごとなので、問題が発覚したとしても売主が減額に応じないことも往々にして見られますが、できる限り客観的な資料を示して説得に努めるべきです。

② 代金支払前の義務とする

買収契約書を締結しても、代金支払まで一定の期間を設けることが一般的です。その間に、デューデリジェンスで発見された問題のうち、売主が対処することで問題を解消することができる事項について対応してもらい、その対応が完了したことを条件として代金を支払うという対処法があります。

たとえば、契約書の確認作業において重要な契約書にCOC条項（188頁参照）が発見されたとします。COC条項が存在したとしても、契約の相手方がM&A実施後も当該契約を解除しない旨の覚書等を入手できれば、当該契約が解除されるおそれはなくなります。そこで、買収契約書を締結した後に売主を介して契約の相手方から、当該契約を解除しない旨の書面を入手してもらうのです。

また、対象会社において、買収に際して過剰人員のリストラを行うことを予定していたとします。この場合、代金支払後にリストラを実施したところ合意退職に応じなく、予定していたとおりにリストラが完了しないというリスクが残るおそれがあります。そこで、代金支払前に売主がリストラ対象者全員から退職に関する合意書を取得してもらうことにするのです。

これらの義務を完了させないと代金を受領できないとすれば、売主は必死になって義務を履行することになります。一方で、代金を支払ってしまった後では、たとえ売主の義務としていたとしても、売主のモチベーションが下がることは想像に難くありません。また、買主としても、一旦売主に代金を支払ってしまった後は、仮に売主が義務を履行しなかったとしても返金請求（賠償請求）することは、手間や費用の観点から非常にハードルが高くなります。

そのため、デューデリジェンスの結果、代金支払までに解消できる問題が発覚したときには、この問題の解消を代金支払前の義務としてリスクヘッジを図るべきでしょう。

③ 表明保証条項に組み入れる

　表明保証条項は、契約当事者が相手方に対して、一定の事項について真実かつ正確であることを表明し保証する条項をいいます。デューデリジェンスの結果、リスクがあると把握しているものの、そのリスクが現実化するか分からない場合、そして上述した代金支払前の義務としてリスクを解消することができない場合に、表明保証条項に組み入れられます。

　たとえば、税金を適切に納付しており、将来的に追徴課税等を受けるおそれがないと売主が説明していたとします。確かに、売主としてはそのような認識なのかもしれませんが、実際に税務調査が入ることになり追徴課税等を受けるリスクは否定できません。一方で、代金支払前にこのリスクを解消することはできません。

　このような場合に、売主の表明保証条項に「税金を適切に納付しており、将来的に追徴課税等を受けるおそれがないこと」を規定することにより、将来的に追徴課税等が生じた場合に損害賠償請求等により損失補填することができるように対処するのです。

④ 特別補償条項に組み入れる

　東京地判平成18年1月17日（判タ1230・206）によると、デューデリジェンスにより発見され買主が知っている事項や重過失により知らない事項については、表明保証条項違反として損害賠償請求を行うことができないことも懸念されます。そのため、デューデリジェンスにより発見されたものの、金額が未確定であるなどの理由により、買収価格や代金支払前の義務としてリスクヘッジできない事項については、特別補償条項として処理することが考えられます。

　たとえば、未払時間外手当として対象会社に約1億円の債務が存在することが判明したとします。これらの未払時間外手当が全額請求されることは現実的にありえませんが、将来的にいくらの請求がなされるか定かでありません。このような場合に、特別補償条項として、未払時間外手当の請求がなされた場合に対処するために要した費用を将来的に請求できる旨の規定を設けることになります。

2 ▪ 最終契約書の注意事項

　最終契約書は、これまで実施してきたM＆A手続の集大成であり、デューデリジェンスで発見された事項のリスクヘッジを行う場でもあります。買収金額が高額になることが多いことから、契約書が数十ページに及ぶことは珍しくありません。

　一方で、最終契約書は、他の契約書と比べて将来的に紛争の対象になりやすい傾向にあります。というのも、①買収金額が高額であること、②1回きりのスポット契約であること、③必ずしも予定どおりの将来収益を得られない場合があること、といった要素が存在するからです。

　まず、①買収金額が高額であるため、仮に契約違反等が存在した場合に請求する損害賠償額も高額になりがちです。そのため、通常であれば金額が軽微であるため、費用対効果の観点から訴訟にしない場合でも、損害賠償額が高額であるため訴訟になりやすいといえます。また、②1回きりのスポット契約であるため、当事者間に信頼関係が構築されにくいという問題があります。長年付き合いのある会社であれば、多少の問題があったとしても、担当者同士仲が良いので話し合いによる解決が可能な場合が多いでしょう。これに対し、M＆Aが終了してしまえば、その後買主と売主の接点は、通常なくなります。そのため、信頼関係に基づく解決が図りにくくなるのです。さらに、将来の事業計画はあくまでも計画であるため、③必ずしも予定どおりの将来収益を得られないという事態も生じ得ます。このような状態になった場合、「騙された」として損害賠償請求訴訟を起こすことになり得るのです。

　このように、最終契約書は分量が多いものの、訴訟に発展する可能性が高い契約書であるため、入念に確認する必要があります。

　最終契約書において、問題となり易い以下の重要な条項について説明を行います。なお、最終契約書の各条項につきましては、M＆Aとして選択されることが多い株式譲渡契約書を前提としています。

① 　譲渡代金
② 　代金支払前の義務

③　売主の表明保証
④　特別補償
⑤　クロージング後の義務
⑥　損害賠償

①　譲渡代金

買収金額が1株〇〇円というようにフィックスされており、それを一括払いするという内容が基本となる条項です。

〈条項例（一括払）〉

第〇条（譲渡代金）
本件株式の譲渡価額は、金●●円（1株●円）とする。

譲渡代金については、その一部については後払いとされることもあります。これは、賠償条項により損害賠償が発生したときの担保として機能するため、買主にとって非常に有利な状態となります。逆に、売主にとっては不利な状態に置かれることになるため、近いうちにリスクが顕在化する可能性が高いなど、よほどの事情がないと受け入れられないでしょう。一部後払に関する条項例は以下のとおりです。

〈条項例（分割払）〉

第〇条（譲渡代金）
(1)　本件株式の譲渡価額は、金●●円とする（以下「本件対価」という。）。
(2)　乙は、以下の期日までに、本件対価を甲指定の銀行口座に銀行振込の方法で支払う。
　①　譲渡決済日限り　　金●●円
　②　譲渡決済日より6か月が経過した日まで　　金●●円

その他、買収金額の一部の支払を特定の指標等にかからせて、条件を達成した場合に支払うというアーンアウト条項を採用することもあります。売主

が対象会社の代表者として、売却後も数年間代表取締役として業務を行うこともしばしば見られます。そのような場合、売主は既に株式を手放しているので、自分の会社ではないとして業務のモチベーションが落ちることも想像に難くありません。そこで、売主にインセンティブを与えて、対象会社が業績向上するよう働きかける役割を果たすのがアーンアウト条項です。

〈条項例（アーンアウト）〉

> 第○条（譲渡代金）
> (1) 本件株式の譲渡価額は、金●●円とする（以下「本件対価」という。）。
> (2) 乙は、以下の期日までに、本件対価を甲指定の銀行口座に銀行振込の方法で支払う。
>   ①譲渡決済日限り　金●●円
>   ②丙の売上が●年●月末時点で●円を超え、売上総利益率が●％を超えたとき　金●●円
>   ③丙の売上が▲年●月末時点で●円を超え、売上総利益率が●％を超えたとき　金●●円

② 代金支払前の義務

　代金支払前の義務に関する条項は、売主に一定の義務を課し、当該義務を代金支払や株式譲渡の履行の前提条件とするものです。前提条件とされる売主の義務は、代金支払いの前提となる以上、代金支払までに実施でき結果が明らかとなる事項が対象となります。

　売主が契約締結により、自らの手を離れることが決まったことから、代金支払までの間に放任経営を行うことになれば、対象会社の企業価値が減少するおそれがあります。そのため、このような事態が生じないように引き続き従前どおりの経営を行うことを売主の義務として規定する必要があります。

〈条項例（通常の経営）〉

> 甲は、本契約締結以降譲渡決済日までの間、丙の経営に関して、従前どおりの関与度合いで指導・監督し、かつ従前どおりの関与度合いで丙の現経営陣に引き続き従前どおりの経営を行わせしめるものとする。

　対象会社の買収により、役員の総入れ替えを行う場合には、滞りなく現役員から辞任届を取得する必要があります。仮に、買収後に辞任してもらうことになると、任意に役員が辞任しなかった場合、解任の手間暇が生じるばかりか、役員から損害賠償請求を受けるおそれがあります。そのため、役員の辞任届については、履行の前提条件とすべきでしょう。

〈条項例（役員辞任）〉

> 甲は、本契約締結以降譲渡決済日までの間に、丙の取締役、監査役から辞任届を提出させる。

　契約締結後、譲渡決済日までの間、高額な資産を購入したり、現預金を不当に流出することがあれば、譲渡決済日以後の経営に支障をきたすことは明らかです。そのため、このような不当な資産の流出等を防ぐため、書式例のような内容が売主の義務とされます。

〈条項例（損害発生防止）〉

> 甲は、丙に関し、通常の業務執行の範囲を超える事項、又は重要な財産の処分その他丙の財務内容、資産内容及び運営状況に重大な影響を及ぼすべき事項に関しては、本契約締結日までに既に乙に開示又は説明済みの事項を除き、予め乙の承認を得ない限りこれを行わせないようにするものとする。

　特定の契約書にCOC条項（188頁参照）が存在する場合、契約の相手方がこの条項による解除権を行使しない旨の同意書を取得する必要がありま

す。全てのCOC条項が存在する契約書について、このような同意書を取得することは困難かもしれませんが、対象会社の経営を持続する上で不可欠な契約については、代金支払の条件として同意書を要求すべきでしょう。

〈条項例（COC条項）〉

> 甲は、Q社が●年●月●日付商品供給契約に基づいて丙に供給している商品の供給について、乙が丙の株式を取得してもこれを継続する旨の文書によるQ社の同意を譲渡決済日までに取得し、これを乙に提示する。

③ 売主の表明保証

　表明保証条項は、契約当事者が相手方当事者に対して、一定の事項が真実であり正確であることを表明し、表明したことを保証する条項を意味します。表明保証条項は、買収契約において非常に重要な規定であり、後にこの条項を巡って紛争になることも多く見られるため、契約書締結時には十分注意しなければなりません。しかし、一般的な買収契約において、表明保証条項は多岐にわたる事項について表明保証を要求するため、その条項が契約書数ページに及ぶことは通常です。そのため、表明保証条項の妥当性について検討することは通常骨が折れる作業となるのですが、後に表明保証条項の文言を巡り紛争となることも大いに予測されるところであるため、この検討をないがしろにしてはいけません。

　表明保証条項は、通常損害賠償条項とセットで規定されています。そのため、表明保証条項違反が存在した場合には、損害賠償請求の問題となりえます。そして、表明保証条項では、対象会社が提出した決算書等に誤りがないことを通常保証させることから、デューデリジェンスにおいて虚偽の資料が提出されることを防ぐという効果も期待できます。

　このように、表明保証条項は、M＆Aの前後を通じて非常に重要な役割を担います。なお、表明保証条項は、売主と買主の双方に課されることが一般的ですが、対象会社に問題がないことを表明保証することが主目的となりますので、売主側の表明保証の方が圧倒的に重要になります。実際に最終契

約書を作成する際には、デューデリジェンスの結果を踏まえ、適宜リスクヘッジのためにカスタマイズされた表明保証条項が締結されることになります。

　参考までに表明保証条項の例をあげますが、通常はこれらに限らず非常に多くの内容につき表明保証することになります。

〈条項例（株式の所有等）〉

> 甲は、本件株式のすべてを適法に所有しており、ほかに本件株式に関し所有権等いかなる権利を主張する者も存在しない。本件株式には担保権、譲渡の約束等のいかなる制限又は負担も付いておらず、甲は、乙に対して本件株式を譲渡する権限を有している。ただし、丙の定款第●条に定める株式譲渡制限を除く。

〈条項例（許認可の保有）〉

> 丙は、現在営んでいる業務を現在の態様にて行うに当たって別紙●記載のとおり必要なすべての許認可の取得を行っており、これらの許認可は有効に存続していて、効力の停止、失効又は取消等はない。

〈条項例（決算書の正確性）〉

> 乙に交付済みの●年3月31日（以下「基準日」という。）現在の丙の貸借対照表、損益計算書及びその他の計算書類は、一般に公正妥当と認められている会計原則に従って作成されており、丙の通常の期中に作成されるものと同等の程度で正確なものであり、基準日現在の丙の資産及び負債を適切に表している。また基準日以降丙の資産及び負債は、丙の通常の事業の遂行に伴う変動を除き、大きな変動をしていない。

〈条項例（法令違反）〉

> 丙は、事業運営に重大な影響を及ぼす恐れのあるような法律、規則、命令等の違反を行っていない。

〈条項例（訴訟紛争）〉

> 丙を当事者とする、又は丙の資産に関する訴訟、仲裁、その他の司法上又は行政上の手続は、係属しておらず、また、甲の知る限りそれ以前の紛争で丙の事業に重大な影響を及ぼすものは存在しない。その他、丙を当事者とする、又は丙の資産に関する判決、仲裁判断、その他の司法上又は行政上の判断、決定、命令等で丙の事業に重大な影響を及ぼすものは存在しない。

④　特別補償

東京地判平成18年1月17日（判タ1230・206）によると、デューデリジェンスにより発見され買主が知っている事項や重過失により知らない事項については、表明保証条項違反として損害賠償請求を行うことができないことも懸念されます。そのため、デューデリジェンスにより発見された問題点について、特別補償条項として処理することが考えられます。

〈条項例〉

> 第〇条（特別補償）
> 甲は、乙に対して、以下の各号に関する事項に起因又は関連して、甲又は丙に損害等が生じた場合には、かかる損害等を補償する。
> 　①Q社を原告、丙を被告とする、東京地方裁判所●●号事件
> 　②丙における未払時間外労働手当
> 　③・・・

⑤　クロージング後の義務

クロージング（代金支払）後も、売主が対象会社の代表取締役である場合には、一定の義務を課したいと考えることがあります。たとえば、突然経営者が交替してしまうと引継等の問題が生じるので、一定期間は代表者として業務を継続してほしいと考えることは、しばしば見られます。そのような場合には、以下のような条項を用います。

〈条項例（取締役継続）〉

> 第〇条（クロージング後の義務）
> 甲は、本クロージング日から3年間、乙の事前の承諾を得ることなく、丙の取締役を任期満了前に辞任しないものとし、また、乙から要請がある限り、任期満了時において丙の取締役として再任されることを拒否しないものとする。但し、傷病その他これに準ずる理由によりその任務の遂行に堪えられないと乙が認める場合は、この限りでない。

　売主が対象会社の取締役の地位を継続したとしても、対象会社と競合する他の会社を経営することは、対象会社の企業価値を下げることになりかねません。そのため、以下のような競業避止義務を設けることが考えらえます。

〈条項例（競業避止義務）〉

> 第〇条（競業避止）
> 甲は、丙の役職員等としての地位にある間、及び丙の役職員等でなくなった日から2年間、丙と競業する行為を一切行わないものとする。

　売主が対象会社の従業員を引き抜き、対象会社と類似する事業を営むことになれば、対象会社の企業価値が著しく下がることになりかねません。そのため、以下のような引抜き防止に関する条項を設けることがあります。

〈条項例（引抜き防止）〉

> 第〇条（勧誘禁止）
> 甲は、丙の役職員等としての地位にある間、及び丙の役職員等でなくなった日から2年間、直接又は間接を問わず、丙の役職員等に対し、かかる役職員等が既にその現在の職を辞する意思を有していた場合か否かにかかわらず、転職、独立若しくはその他の理由による離職の仲介又は他の職における就業の勧誘を行わないものとする。

⑥ 損害賠償

　表明保証条項違反は、損害賠償規定と結びつくことによって、その実効性が担保されます。契約当事者としては、損害賠償請求をおそれるがために、表明保証条項を遵守しようと努めるからです。また、実際に表明保証条項等の違反が発覚した場合には、損害賠償規定に基づいて賠償請求を行うことになります。そのため、損害賠償規定がいい加減に規定されていると、いざ賠償請求を行う段階で満足する賠償を受けることができないという事態に陥りかねません。そのため、損害賠償規定については、十分注意を払う必要があります。

　損害賠償規定を設ける場合には、賠償可能期間の制限を設けることが多く見られます。これは、買収以後も対象会社はありとあらゆる事業経営を行っており、新たな法律関係が築かれているところ、何年も前に実施された買収の瑕疵について賠償請求を受けることは酷であるとの判断に基づきます。

〈条項例（期間制限）〉

第○条（損害賠償）
(1)　甲に、「甲による表明及び保証」に定める表明及び保証の違反又はその他本契約の違反があった場合には、乙は甲に対して、譲渡決済日から2年以内に限り、当該違反により被った損害の賠償を請求することができる。ただし、公租公課に関する表明及び保証の違反の場合は、乙は甲に対して、譲渡決済日から5年以内に限り、当該違反により被った損害の賠償を請求することができる。
(2)　乙に、「乙による表明及び保証」に定める表明及び保証の違反又はその他本契約の違反があった場合には、甲は乙に対して、譲渡決済日から2年以内に限り、当該違反により被った損害の賠償を請求することができる。

　期間制限とは別に、損害賠償額の上限を定めることも往々にして見られます。買収による損害額は、予想外に高額となるおそれがあるため、そのリスクヘッジのために売主が上限制限を希望することが多いからです。また、損害賠償請求が可能となる最下限を定めることも考えられます。あまりに低額

の賠償請求を頻繁に行われると、当事者としてもその対応に余計な手間暇がかかってしまうからです。

　損害賠償額の上限と賠償請求が可能となる最下限を定める規定の一例を以下のとおりご紹介します。

〈条項例（賠償額制限）〉

> 第○条（損害賠償）
> 各当事者の、本条に基づく損害賠償請求及び本件対価の減額請求は以下の制限に服する。
> 　①一件の違反につき500万円を下まわる額については損害賠償ないし減額を求めることはできない。
> 　②甲に、丙に関する表明保証事項に関する違反があった場合の損害賠償と本件減額請求額の合計金額は、本件対価（ただし本件減額請求前のもの）の50パーセントの金額を上限とする。

〈株式譲渡契約書の記載例〉

> **株式譲渡契約書**
>
> 　●●●●（以下「甲」という。）と●●●●（以下「乙」という。）は、●●●●（以下「丙」という。）の株式（以下「本件株式」という。）の譲渡に関し、以下のとおり契約を締結する（以下「本契約」という。）。
>
> 第1条　（株式の譲渡）
> 　　本契約に定める条項に従い、●年●月●日又は甲乙間で別途定める日（以下「譲渡決済日」という。）をもって、甲は、本件株式を乙に譲渡し、乙はこれを甲から譲り受ける（以下、本契約に基づく本件株式の譲渡を、「本件株式譲渡」という。）。
>
> 第2条　（本件株式）
> 　　本契約に基づいて甲から乙に譲渡される本件株式は以下のとおりとする。
> 　①発行者：株式会社●●●●
> 　②種類：普通株式

③株数：●●株

第3条　（譲渡価額及び支払方法）
(1)　本件株式の譲渡価額は、金●●円とする（以下「本件対価」という。）。
(2)　乙は、譲渡決済日までに、本件対価を甲指定の銀行口座に銀行振込の方法で支払う。

第4条　（株券の引渡）
　　甲は、乙による本件対価全額の支払いと同時に、乙に対し、本件株式を表象するすべての株券を引き渡す。

第5条　（甲による表明及び保証）
(1)　甲は、乙に対し、本契約締結日及び譲渡決済日において、甲について以下のとおり表明及び保証する。
①甲は、日本法の下で適法に設立され、有効に存続している法人であり、またその財産を所有しかつ現在行っている事業を遂行するために必要な権利能力及び行為能力を有している。
②甲は、本契約の締結及び履行に関し、会社法、定款、取締役会規則、その他甲の会社規則に従った必要な社内手続をすべて履行している。
③本契約は、甲の適法、有効かつ法的な拘束力のある義務を構成し、甲に対しその条項に従った強制執行が可能である。
④本契約の締結及び履行は、ⅰ甲を当事者とし又はその資産を拘束する契約に本契約の締結及び履行に重大な悪影響を与える態様では違反せず、ⅱいかなる適用法令にも本契約の締結及び履行に重大な悪影響を与える態様では違反せず、かつⅲ甲に対する又はこれを拘束する判決、命令又は決定にも違反しない。
(2)　甲は、乙に対し、本契約締結日及び譲渡決済日において、本件株式について以下のとおり表明及び保証する。
①甲は、本件株式のすべてを適法に所有しており、ほかに本件株式に関し所有権等いかなる権利を主張する者も存在しない。本件株式には担保権、譲渡の約束等のいかなる制限又は負担も付いておらず、甲は、乙に対して本件株式を譲渡する権限を有している。ただし、丙の定款第●条に定める株式譲渡制限を除く。
②丙が発行する株式はすべて普通株式であり、その発行済株式総数は本契

約締結日現在●●株であって、甲は、発行済株式総数のうち●●株を所有している。
③丙について、本件株式以外には、株主及びその資本構成に変動を及ぼす新株予約権、その他いかなる証券又は権利も甲又は第三者に対して設定又は付与されていない。
(3) 甲は、乙に対し、本契約締結日及び譲渡決済日において、丙について以下のとおり表明及び保証する（以下「丙に関する表明保証事項」という。）。なお、本項において「甲の知る限り」という用語が使用される場合、別紙1に記載する丙の役員の認識も含まれるものとする。
①丙は、日本法の下で適法に設立され、有効に存続している法人であり、またその財産を所有しかつ現在行っている事業を遂行するために必要な権利能力及び行為能力を有している。
②丙は、現在営んでいる業務を現在の態様にて行うに当たって別紙2記載のとおりの必要なすべての許認可の取得を行っており、これらの許認可は有効に存続していて、効力の停止、失効又は取消等はない。
③丙は、破産、民事再生手続開始、会社更生手続開始等のいかなる倒産手続の申立ても行っていないし、甲の知る限り、そのような申立は丙に対してなされていない。
④乙に交付済みの●年3月31日（以下「基準日」という。）現在の丙の貸借対照表、損益計算書及びその他の計算書類は、一般に公正妥当と認められている会計原則に従って作成されており、丙の通常の期中に作成されるものと同等の程度で正確なものであり、基準日現在の丙の資産及び負債を適切に表している。また基準日以降丙の資産及び負債は、丙の通常の事業の遂行に伴う変動を除き、大きな変動をしていない。
⑤丙は、譲渡決済日現在、期限切れ等出荷に値しない棚卸資産を、合理的な範囲を超えて過大には保有していない。
⑥丙は、譲渡決済日現在、その支払遅延が丙の事業の運営に重大な悪影響を与えない少額の債務を除き、弁済期限の到来した債務をすべて支払済みであり、いかなる債権者に対しても支払遅延を行っていない。
⑦丙は、他のいかなる会社の債務の保証もしていない。
⑧丙は、事業運営に重大な影響を及ぼす恐れのあるような法律、規則、命令等の違反を行っていない。
⑨丙は、私的独占の禁止及び公正取引の確保に関する法律（以下「独占禁

止法」という。）の違反、とりわけ再販価格維持行為又は再販価格維持を目的とするその他の行為で不公正な取引方法として独占禁止法上違法とされる行為で、それによって丙の事業運営に重大な影響を及ぼす恐れのあるような行為は一切行っていない。
⑩丙は、本契約書締結日以前に納付期限が到来した、丙に課せられた法人税その他の公租公課につき適法かつ適正な申告を行っており、その支払を完了している。
⑪丙を当事者とする、又は丙の資産に関する訴訟、仲裁、その他の司法上又は行政上の手続は、係属しておらず、また、甲の知る限りそれ以前の紛争で丙の事業に重大な影響を及ぼすものは存在しない。その他、丙を当事者とする、又は丙の資産に関する判決、仲裁判断、その他の司法上又は行政上の判断、決定、命令等で丙の事業に重大な影響を及ぼすものは存在しない。
⑫丙は、別紙3に記載されている特許権・商標権につき特許権者・商標権者より使用許諾を得ている。甲は、譲渡決済日において、自己の有する別紙4記載の商標について、丙へ譲渡する旨の譲渡契約を締結済みであり、かつ、甲から丙への商標権の移転登録を申請済みである。
⑬甲の知る限り、丙の商品について、丙の責めに帰すべき「欠陥」（当該商品が通常有すべき安全性を欠いていること。）の指摘を受けていない。
⑭甲の知る限り、丙は、環境関連法に基づいて遵守すべきすべての義務を遵守している。

第6条　（乙による表明及び保証）
　乙は、甲に対し、本契約締結日及び譲渡決済日において、乙について以下のとおり表明及び保証する。
①乙は、日本法の下で適法に設立され、有効に存続している法人であり、またその財産を所有しかつ現在行っている事業を遂行するために必要な権利能力及び行為能力を有している。
②乙は、本契約の締結及び履行に関し、会社法、定款、取締役会規則、その他乙の会社規則に従った必要な社内手続をすべて履行している。
③本契約は、乙の適法、有効かつ法的な拘束力のある義務を構成し、乙に対しその条項に従った強制執行が可能である。
④本契約の締結及び履行は、ⅰ乙の定款、取締役会規則、その他の会社規則

に違反せず、ⅱ乙を当事者とし又はその資産を拘束する契約に本契約の締結及び履行に重大な悪影響を与える態様では違反せず、ⅲいかなる適用法令にも本契約の締結及び履行に重大な悪影響を与える態様では違反せず、かつ乙に対する又はこれを拘束する判決、命令又は決定にも違反しない。

第7条　（甲の義務）
(1)　甲は、丙の経営につき、以下の義務を負担する。
①甲は、本契約締結以降譲渡決済日までの間、丙の経営に関して、従前どおりの関与度合いで指導・監督し、かつ従前どおりの関与度合いで丙の現経営陣に引き続き従前どおりの経営を行わせしめるものとする。
②甲は、本契約締結以降譲渡決済日までの間に、丙の取締役、監査役から辞任届を提出させる。
③甲は、丙に関し、通常の業務執行の範囲を超える事項、又は重要な財産の処分その他丙の財務内容、資産内容及び運営状況に重大な影響を及ぼすべき事項に関しては、本契約締結日までに既に乙に開示又は説明済みの事項を除き、予め乙の承認を得ない限りこれを行わせないようにするものとする。
(2)　甲は、本件株式譲渡についての行政手続及び第三者への通知・承諾につき、以下の義務を負担する。
①甲は、譲渡決済日までに、丙の取締役会をして、本件株式の甲から乙への譲渡を承認する決議を行わせ、その取締役会議事録の写しを乙に交付するものとする。
②甲は、本件株式の譲渡に関し、法令により要求されている行政上の許認可にかかる手続を、譲渡決済日までにすべて完了するものとする。
③甲は、本件株式の譲渡に関し、第三者との契約上要求されている通知の実施及び承諾の取得を、譲渡決済日までに完了するよう合理的な努力をするものとする。
(3)　甲は、商品供給の確保につき、以下の義務を負担する。
甲は、Q社が●年●月●日付商品供給契約に基づいて丙に供給している商品の供給について、乙が丙の株式を取得してもこれを継続する旨の文書によるQ社の同意を譲渡決済日までに取得し、これを乙に提示する。

第 8 条　（乙の義務）
　(1)　乙は、甲及び丙が「甲の義務」に規定する事項を実行することについて全面的に協力するものとする。
　(2)　乙は、譲渡決済日以降、丙をして譲渡決済日現在の丙の貸借対照表（以下「決済貸借対照表」という。）及び●●年4月1日から譲渡決済日までの貸借対照表以外の財務諸表（従来丙が作成していたものに限る。以下「その他の財務諸表」という。）を作成させる義務を負い、譲渡決済日から 30 日以内に決済貸借対照表及びその他の財務諸表の作成を完了したうえ、甲に提出する。
　(3)　乙は、譲渡決済日以降の合理的な期間中、丙の本年度の決算資料の提供等、甲が経営管理上又は本件株式譲渡に関連して合理的に必要とする丙に関する情報・資料の提供等につき、丙に協力させる義務を負う。

第 9 条　（丙の役員及び従業員の処遇）
　(1)　乙は、甲より丙に出向している別紙1記載の役員が譲渡決済日以降も丙において経営陣として雇用されるよう、丙から当該役員に合理的な雇用条件を提示させるものとする。
　(2)　乙は、譲渡決済日時点における丙の従業員が、譲渡決済日以降も継続して雇用されるよう最大限努力するものとする。
　(3)　甲は、丙の従業員の雇用継続に関し、丙をして、譲渡決済日までに丙の従業員と乙との面談の場を設定させるものとする。
　(4)　甲は、譲渡決済日後3年間、丙の従業員につき、甲、甲の子会社又は関連会社への就業を勧誘してはならない。

第 10 条　（甲の履行の前提条件）
　　甲は、譲渡決済日の時点において次の前提条件が成就していることを条件として、本件株式にかかる株券の引渡を履行する。
　①「乙による表明及び保証」が譲渡決済日において真実かつ正確であること。
　②「乙の義務」及び「丙の役員及び従業員の処遇」に定める乙の義務を履行したこと。

第 11 条　（乙の履行の前提条件）

乙は、譲渡決済日の時点において次の前提条件が成就していることを条件として、本件対価の支払を履行する。
　　①「甲による表明及び保証」が譲渡決済日において真実かつ正確であること。
　　②「甲の義務」及び「丙の役員及び従業員の処遇」に定める甲の義務を履行したこと。

第12条　（特別補償）
　　甲は、乙に対して、以下の各号に関する事項に起因又は関連して、甲又は丙に損害等が生じた場合には、かかる損害等を補償する。
　①Ｘ社を原告、丙を被告とする、東京地方裁判所令和●年（ワ）第●●号事件
　②丙における未払時間外労働手当

第13条　（損害賠償期間）
（1）　甲に、「甲による表明及び保証」に定める表明及び保証の違反、前条における特別補償又はその他本契約の違反があった場合には、乙は甲に対して、譲渡決済日から３年以内に限り、当該違反により被った損害の賠償を請求することができる。ただし、公租公課に関する表明及び保証の違反の場合は、乙は甲に対して、譲渡決済日から５年以内に限り、当該違反により被った損害の賠償を請求することができる。
（2）　乙に、「乙による表明及び保証」に定める表明及び保証の違反又はその他本契約の違反があった場合には、甲は乙に対して、譲渡決済日から３年以内に限り、当該違反により被った損害の賠償を請求することができる。

第14条　（契約の解除）
　　甲に、「甲による表明及び保証」に定める表明及び保証の違反又はその他本契約の違反があり、それが乙に重大な悪影響を及ぼす場合には、乙は、譲渡決済日後１年間に限り本契約を解除することができる。

第15条　（反社会的勢力の排除）
（1）　甲及び乙は、次の各号のいずれにも該当しないことを表明し、将来に

わたって次の各号のいずれにも該当しないことを確約する。
① 自ら又は自らの役員（取締役、執行役または監査役）が、暴力団（暴力団員による不当な行為の防止等に関する法律（平成3年法律第77号）第2条第2号）、暴力団員（暴力団員による不当な行為の防止等に関する法律　第2条第6号）、暴力団員でなくなった時から5年間を経過しない者、もしくはこれらに準ずる者、又は暴力団もしくは暴力団員と密接な関係を有する者（以下、これらを個別にまたは総称して「暴力団員等」という。）であること
② 自らの行う事業が、暴力団員等の支配を受けていると認められること
③ 自らの行う事業に関し、暴力団員等の威力を利用し、財産上の不当な利益を図る目的で暴力団員等を利用し、又は暴力団員等の威力を利用する目的で暴力団員等を従事させていると認められること
④ 自らが暴力団員等に対して資金を提供し、便宜を供与し、又は不当に優先的に扱うなどの関与をしていると認められること
⑤ 本契約の履行が、暴力団員等の活動を助長し、又は暴力団の運営に資するものであること
(2) 甲及び乙は、相手方が次の各号の一に該当するときは、何らの通知、催告を要せず即時に本契約を解除することができる。
① 第1項に違反したとき
② 自ら又は第三者をして次に掲げる行為をしたとき
a　相手方に対する暴力的な要求行為
b　相手方に対する法的な責任を超えた不当な要求行為
c　相手方に対する脅迫的な言辞又は暴力的行為
d　風説を流布し、又は偽計もしくは威力を用いて、相手方の信用を毀損し、又は相手方の業務を妨害する行為
e　その他前各号に準ずる行為
(3) 甲及び乙は、前項の規定により本契約を解除した場合、相手方に損害が生じても、これを賠償する責を負わないものとする。

第16条　（秘密保持）
(1) 乙は、本件株式譲渡並びに本契約の締結及び履行に関して甲又はその代理人から乙又はその代理人に対して開示された情報については、甲乙間で締結した●年●月●日付秘密保持契約に基づく秘密保持義務の対象

となることを確認する。
(2) 甲及び乙は、本件株式の譲渡及び本契約の締結の事実（交渉経緯を含む。）及びその内容については、譲渡決済日の前後を問わず、その秘密を保持し、相手方の事前の書面による承諾のない限り、第三者に開示・漏洩しないものとする。

第17条 （競業禁止）
　甲は、譲渡決済日から2年間、日本において、丙が現在行っている事業と同一若しくは類似する営業を行わず、また、甲の子会社又は関連会社に行わせないものとする。ただし、丙が現在行っている事業と同一若しくは類似する営業を本契約締結日の時点で行っている甲の子会社若しくは関連会社（これらの子会社若しくは関連会社を含む。）が行う営業を除く。

第18条 （公表）
　本契約において企図された取引の公表については、当事者間で事前に十分協議するものとし、いずれの当事者も、他方当事者の事前承諾なく公表を行わないものとする。

第19条 （本契約の譲渡等）
　本契約のいずれの当事者も、他方当事者の書面による事前の承諾なく、本契約に基づく権利義務又は本契約上の地位を第三者に譲渡することはできない。

第20条 （完全なる合意）
　本契約は、本件株式譲渡に関連する当事者間のすべての合意を構成するものであり、本件株式譲渡に関連する従前の合意、了解事項、交渉及び協議に取って代わるものであり、かかる従前の合意等はすべて失効するものとする。

第21条 （協議解決）
　本契約に定めのない事項、又は本契約の解釈について疑義が生じたときは、甲乙誠意をもって協議のうえ解決する。

第 22 条　（準拠法及び管轄裁判所）
　　甲及び乙は、本契約の準拠法を日本法とし、本契約に関し裁判上の紛争が生じたときは、東京地方裁判所を専属的合意管轄裁判所とすることに合意する。

　本契約締結の証として、本契約書2通を作成し、甲乙相互に署名又は記名・捺印のうえ、各1通を保有することとする。

●年●月●日

　　　　　　　　　　　　　　　　甲

　　　　　　　　　　　　　　　　　　　　　　　　　　　　　㊞

　　　　　　　　　　　　　　　　乙

　　　　　　　　　　　　　　　　　　　　　　　　　　　　　㊞

別紙1　甲からの出向役員
（省略）

別紙2　許認可
（省略）

別紙3　使用許諾を受けている特許権・商標権
（省略）

別紙4　丙に譲渡される商標権
（省略）

事項索引

【アルファベット】
COC 条項 ················ 182, 188, 316, 321
DCF 方式 ································ 289, 315
EBITDA ································· 198, 288
FA ··· 3, 9
J-Plat Pat ······································ 234
NDA
  ··· 13, 14, 15, 16, 18, 20, 24, 25, 55
NNS ······························· 1, 4, 13, 26
QA シート ······························ 252, 257
WACC ·· 290

【あ行】
あ　アーンアウト ······························ 320
　　アーンアウト条項 ······················ 319
　　相対方式 ···································· 292
い　委任契約書 ································· 80
　　違約金 ··· 49
　　依頼資料リスト ······················ 91, 99
　　インカム・アプローチ ··· 282, 287, 289
　　インサイダー ······························· 55
　　インタビュー ····························· 244
　　インフォメーション・パッケージ ··· 8
う　受取手形 ···································· 178
　　売掛金 ································ 171, 178
　　運転資本分析 ····························· 199
え　エグゼクティブサマリー ············ 303
お　オフィス見学 ····························· 144
　　オンサイト ································ 127

【か行】
か　海外子会社 ······················· 89, 259
　　買掛金 ······································ 224
　　会社分割 ························· 33, 36, 301
　　確認状 ······································ 178
　　貸付金 ······································ 180
　　加重平均資本コスト ··················· 290
　　合併 ··································· 33, 38
　　株券交付 ·································· 155
　　株券発行会社
　　　················· 63, 114, 122, 151, 154
　　株式移転 ······························ 33, 39
　　株式交換 ······························ 33, 38
　　株式譲渡 ························· 33, 34, 155
　　株式譲渡契約 ····························· 151
　　株式譲渡契約書 ··························· 73
　　株主総会議事録 ················ 160, 166
　　株主代表訴訟 ···················· 59, 66, 68
　　株主名簿 ·································· 150
　　過労死 ······································ 215
　　過労死ライン ············· 89, 202, 247
　　監査役会議事録 ························· 166
　　勘定科目明細 ····························· 191
　　ガントチャート ··························· 81
　　官報公告 ······················ 34, 37, 38
　　管理監督者制度 ················ 203, 212
　　関連会社 ·································· 241
き　企画業務型裁量労働制度 ············ 213
　　企業価値 ······································· 7
　　企業価値算定 ························· 9, 10
　　企業結合規制 ····························· 136
　　議事録 ······························ 160, 166
　　キックオフミーティング ··· 64, 70, 77
　　基本合意書 ·························· 43, 48
　　キャッシュ・フロー分析 ············ 198
　　競業禁止条項 ····················· 182, 189

337

	競業取引 167		資産 169
	競業避止業務 325		資産除去債務 179, 219
	許認可 270		市場株価方式 288
	金種表 177		実在性 177
	偶発債務 226		シナジー 30
	クロージング後の業務 324		シナジー効果 7, 34, 35, 38
け	経営会議議事録 166		収益還元方式 291
	経営計画 42		収益力分析 197
	契約書 181		什器備品 179
	現金実査 177		守秘義務 135
	現金出納帳 177		純資産方式 291
	現金預金 177		譲渡代金 319
	原始定款 151, 155		紳士協定 43
	減損 172	す	スタンド・アローン問題 192, 243
	現地調査 87, 133	せ	税金 226
	現預金 171		成功報酬 46
こ	工場見学 138, 144		誠実交渉義務 48
	口頭契約 191		正常収益力分析 197
	子会社 237, 241		設備投資分析 200
	国際会計基準 266		専門業務型裁量労働制度 213
	コスト・アプローチ 282, 288, 291	そ	想定問答集 166
	固定残業代制度 203, 211, 247		組織再編 157
	固定資産 146		組織再編行為 37, 38
	コベナンツ 219		組織再編税制 79
	コベナンツ条項 226, 250		訴訟紛争 227
	コンプライアンス 276		

【た行】

た	ターミナル・バリュー 290
	代金支払前の業務 320

【さ行】

さ	債権者保護手続 34, 37, 38		第三者割当 34
	最終契約書 306, 312, 318		貸借対照表分析 200
	財務制限条項 226		退職給付引当金 209
	裁量労働制度 212		退職金 214
	詐害的会社分割 37		滞留債権 178
し	時価純資産方式 291		滞留在庫 178, 250
	事業計画分析 200		滞留調査 171
	事業譲渡 33, 35		

事項索引

棚卸資産	146, 173, 178
ち チェックリスト	116
チェンジ・オブ・コントロール条項	68, 182, 188
知的財産権	229, 234
中間報告書	303
つ 追加調査	305
て 定額残業代制度	203, 211
データルーム	73
適時開示	56
と 同族会社	5
投融資	180
独占権利条項	182, 190
独占交渉期間	254
独占交渉権	48, 49
特別補償	324
特別補償条項	317
特別利害関係人	167
特許情報プラットホーム	234
取締役会議事録	153, 155, 160, 166

【な行】

に 入札方式	292
の ノンネームシート	1, 2, 8, 26

【は行】

は 買収価格	68
買収契約書	312
配当還元方式	291
バリュエーション	9, 10, 72, 79, 279, 286
反社会的勢力	277
ひ 引当金	171, 225
引抜き防止	325
非上場会社	40
ビッド	284

秘密保持契約書	13, 16
評価の妥当性	177
表明保証条項	192, 214, 227, 228, 316, 322
ふ ファイナンシャル・アドバイザー	3, 9
負債	217
不動産	179
フリー・キャッシュ・フロー	198, 289
分割払	319
分析	174, 193
へ 別表2	152
ほ 報告会	293
報告書	303
法的拘束力	48, 50
簿外債務	71, 72, 114
簿価純資産方式	291
保証債務	227
補償条項	214, 227, 228

【ま行】

ま マーケット・アプローチ	282, 287, 288
マネジメントインタビュー	127
マルチプル方式	288
み 未払時間外労働手当（未払残業代）	114, 121, 210, 227, 246
む 無形固定資産	180
め 名義株主	153, 157
免責事項	91
も 網羅性	224

【や行】

や 役員報酬	166
ゆ 遊休資産	179

339

【ら行】

- ら ライセンス契約 …………………… 235
- り リース物件 …………………… 146
  - 利益相反取引 …………………… 167
  - リストラ …………………… 193, 316
  - 稟議書 …………………… 167
- れ 連結子会社 …………………… 273
- ろ 労災 …………………… 141, 145
  - 労働審判 …………………… 246

《著者紹介》

横張　清威　（弁護士・公認会計士）
（よこはり　きよたけ）

平成12年明治大学法学部卒業。平成13年司法試験合格。平成24年公認会計士試験合格。令和3年弁護士法人トライデント設立。令和5年司法試験予備試験考査委員（民事訴訟法）。M＆A・契約書・労働問題を専門とし、法務財務両面から一括してデュー・デリジェンスを実施するサービスを多数の上場・非上場会社に提供している。著書に『ストーリーでわかる営業損害算定の実務　新人弁護士、会計数値に挑む』（日本加除出版）、ほか多数。

弁護士と公認会計士の双方の資格を有する者のみで構成される法律事務所。
「トライデント」の由来は、ギリシア神話の海の神ポセイドンの武器である三叉槍にちなみ、主軸である「経営陣の経営」を法律と会計の双方槍でしっかりガードする意味を込めている。企業経営を遂行する過程では、法務の問題と財務の問題が頻繁に生じる。これらの問題を同時に解決するためには、法務と財務双方の知識を一人に集中させる必要がある。このことを可能にすべく設立したのが、弁護士法人トライデントである。

ストーリーでわかる　初めてのM&A
会社、法務、財務はどう動くか

2019年12月12日　初版発行	
2024年11月28日　初版第6刷発行	

著　者	横　張　清　威
発行者	和　田　　　裕

発行所　日本加除出版株式会社
本　社　〒171-8516
　　　　東京都豊島区南長崎3丁目16番6号

組版・印刷・製本　㈱アイワード

定価はカバー等に表示してあります。
落丁本・乱丁本は当社にてお取替えいたします。
お問合せの他、ご意見・感想等がございましたら、下記まで
お知らせください。

〒171-8516
東京都豊島区南長崎3丁目16番6号
日本加除出版株式会社　営業企画課
電話　　03-3953-5642
FAX　　03-3953-2061
e-mail　toiawase@kajo.co.jp
URL　　www.kajo.co.jp

© K. Yokohari 2019
Printed in Japan
ISBN978-4-8178-4611-2

JCOPY〈出版者著作権管理機構　委託出版物〉

本書を無断で複写複製（電子化を含む）することは、著作権法上の例外を除き、禁じられています。複写される場合は、そのつど事前に出版者著作権管理機構（JCOPY）の許諾を得てください。
また本書を代行業者等の第三者に依頼してスキャンやデジタル化することは、たとえ個人や家庭内での利用であっても一切認められておりません。

〈JCOPY〉　HP：https://www.jcopy.or.jp、e-mail：info@jcopy.or.jp
　　　　　電話：03-5244-5088、FAX：03-5244-5089

好評シリーズ第1弾！

相手方の責に帰すべき事由により、プロジェクトが中止に…
逸失利益を正確に算定し立証するには？

ストーリーでわかる 営業損害算定の実務

新人弁護士、会計数値に挑む

横張清威・伊勢田篤史 著

2016年11月刊 A5判 276頁 定価2,970円（本体2,700円） 978-4-8178-4346-3 商品番号：40649 略号：営算

- 営業損害の算定方法という、法律と会計が交錯する分野について、弁護士・公認会計士の視点から考え方と具体的な主張・反証の方法を提示。
- 実務に即したストーリーとそれを補足する解説で「なぜそのように算定するか」「実際にどのように会計数値を用いるか」が容易に理解できる。

【 主な収録内容 】

第1話　会社全体の営業停止
- scene1　4億円の内容証明
- scene2　限界利益
- scene3　判例
- scene4　回答書
- scene5　訴状
- scene6　答弁書
- scene7　決算書の開示請求
- scene8　固変分解
- scene9　求釈明
- scene10　裁判官の交代
- scene11　尋問
- scene12　判決
- scene13　祝勝会

第2話　1プロジェクトの営業停止
- scene1　固定費と損害額
- scene2　経費配分
- scene3　訴訟

補講
- 第1　決算書ができる過程
- 第2　固変分解の手法
- 第3　監査人の監査手法
- 第4　共通費等の配賦について

日本加除出版
〒171-8516　東京都豊島区南長崎3丁目16番6号
TEL（03）3953-5642　FAX（03）3953-2061（営業部）
www.kajo.co.jp